谨以此书纪念潘序伦

先生诞辰 130 周年

| 潘序伦研究文丛 |

潘序伦教育与
会计思想研究

主　编　解　超
副主编　李文亮　王　妍

立信会计出版社
LIXIN ACCOUNTING PUBLISHING HOUSE

图书在版编目(CIP)数据

潘序伦教育与会计思想研究 / 解超主编. —上海：立信会计出版社,2023.12
（潘序伦研究文丛）
ISBN 978-7-5429-7443-3

Ⅰ.①潘… Ⅱ.①解… Ⅲ.①潘序伦(1893-1985)-会计学-研究 Ⅳ.①F230

中国国家版本馆 CIP 数据核字(2023)第 184265 号

责任编辑　张翠芳
助理编辑　汪玉玲

潘序伦教育与会计思想研究
PANXULUN JIAOYU YU KUAIJI SIXIANG YANJIU

出版发行	立信会计出版社
地　　址	上海市中山西路 2230 号　　邮政编码　200235
电　　话	(021)64411389　　传　真　(021)64411325
网　　址	www.lixinaph.com　　电子邮箱　lixinaph2019@126.com
网上书店	http://lixin.jd.com　　http://lxkjcbs.tmall.com
经　　销	各地新华书店
印　　刷	常熟市人民印刷有限公司
开　　本	710 毫米×960 毫米　　1/16
印　　张	20.75　　插　页　4
字　　数	268 千字
版　　次	2023 年 12 月第 1 版
印　　次	2023 年 12 月第 1 次
书　　号	ISBN 978-7-5429-7443-3/F
定　　价	95.00 元

如有印订差错，请与本社联系调换

序一

站在中国近代企业会计改革里程碑上的伟人[①]
——纪念潘序伦先生诞辰130周年

潘序伦于1923年获得哈佛大学企业管理硕士学位后,又于1924年取得哥伦比亚大学政治经济学博士学位,这为他一生从事会计事业奠定了扎实的研究与工作基础。加之在会计学学位课程方面师从美国著名学者Kester教授[②],又为他打下了深厚的会计专业与研究功底。1924年秋,潘序伦学成归国,顺道考察了西欧各主要国家,从理论与实际结合的角度加深了对会计的认识,这些都为他引领中国近代企业会计改革创造了先决性条件。

一、潘序伦引领中国近代企业会计改革三大支柱的树立

潘序伦抱着满腔爱国热情,立志振兴中国近代民族企业经济,决定辞去大学教职,投身中式会计改革事业。首先,他以树立近代会计思想与组织制度为立足点,于1927年创办潘序伦会计师事务所,次年

---

① 本文发表在《会计与经济研究》2023年第4期,第3-8页。
② 潘序伦.求学经过的自述[J].立信会计季刊,1935(7):357.

将其更名为立信会计师事务所,以其作为推动企业会计改革的基地。潘序伦以"立信"为纲,决心把会计师事务所办成"信以立志,信以守身,信以处事,信以待人"的、以独立审计为支撑的会计改革指挥机构。立信会计师事务所由一支优秀的专业团队组成,拥有一批著名专家从事会计改革建制,策划设计改革程序与方案。据《立信会计月报》统计,立信会计师事务所有目的地组织了以上海为中心的大中型企业改革事项,切实推动了企业会计改革进程。

立信会计师事务所在大中型工商业与金融业企业中树立了一批会计改革典型案例,会计改革事项受理面很广。据统计,1927—1936年,会计改革受理事项达5 566件,委托改制客户中著名的企业有首都电厂、淮南煤矿、中国国货公司、华生电器厂、章华毛纺厂、大中华火柴厂、南洋兄弟烟草公司、美亚绸厂等①。这些企业通过建立近代会计制度与改革方法体系,将改革目标具体落实到资产负债表和损益表编制与分析应用方面,实现了一个会计年度决算中全部账目的核算平衡。尤其是在以实现管算结合为目的、指导企业合并报表方面成效显著,历年来使企业管与算始终保持一致。1937—1940年,立信会计师事务所档案中所保存的南洋兄弟烟草公司上海与香港两个分公司合并资产负债表的主要数据②,揭示了立信会计师事务所在企业会计改革中进行"算为管用"的实践成就。

其次,围绕为企业会计改革服务,潘序伦创办会计、审计教育事

---

① 选自《立信月报》第六期,1937年1月15日,第9-10页。
② 中国科学院经济研究所,上海社会科学院经济研究所.南洋兄弟烟草公司史料[M].上海:上海人民出版社,1958:588.

业，系统地向企业输送会计核算与管理人才。潘序伦指导会计和审计教育改革并进，兼顾普及与提高，适时满足了企业对会计改革人才的需求，卓有成效地推动了中国近代企业会计改革的发展。早在1928年，潘序伦便筹办了会计人才普及班，1935年将普及班发展到全国各地，很快实现了连续向企业输送会计改革人才的目的。1930年通过增设函授学校，实现滚动式教学，迅速使函授教育方式遍及全国各地，乃至海外诸多国家和地区。1935年又创办了早期阶段的"日校"与1937年"暑期班"，针对性地实现了对企业会计人才需求的填空补缺，做到哪里进行会计改革，哪里便有会计人才的及时输送与安排。1937年，潘序伦先后在广西、重庆组织开设了立信会计分校，随即又建立了立信会计专科学校，实现了会计教育普及与提高的双轨并进。1939年立信会计专科学校正式招生，1941年便有了首批毕业生，自此实现了由以教育支持改革向满足高层次会计改革人才需求的转变。潘序伦创办会计教育事业支持会计改革如雪中送炭，立竿见影，很快便在推动企业会计改革方面见诸成效。据不完全统计，立信创办会计教育事业前后输送普及性人才达10万人以上，培养与输送高级会计、审计人才2000人左右，而通过短训培养的人才则遍地开花，这类应急性人才输送在企业会计改革中随处可见。立信会计师事务所人才济济，不断深入企业会计改革一线，名副其实地发挥了改革基地作用。立信教育事业各层次的教师，辛勤播种全国各地，桃李天下。

围绕指导近代中国企业会计改革，潘序伦开拓的立信会计出版事业规模与气势尤为宏大，而立信创办的刊物则推动了企业会计理论研究与实务改革的结合，使中国近代企业会计、审计改革始终保持先进水平，从而保证了企业会计、审计工作的质量。"立信会计丛书"遍布天下，在企业会计、审计改革中影响了千家万户。1936年年底，潘序伦编辑出版了首批教科书，带动了当时的大学教学改革；后又迅速拓展了各门类企业会计改革丛书，引发了第一次会计书刊出版促动的会计改革浪潮。1941年6月，在全面抗战时期，为启动与推进后方的企业会计改革，立信又把出版内容扩大到法律制度，特别是会计法律制度方面，先后组织出版的教学用书与改革用书达200余种，对推动抗战时期的企业会计改革发挥了重要作用。潘序伦的指导思想还在于，将"立信会计丛书"出版与办刊并重，推动企业会计改革典型案例传播，并突出成本会计学理论与实务的密切结合研究，编译出版答疑性读物，以排解成本会计中的疑难问题，加强工业企业中的成本核算与管理。潘序伦在引导企业会计改革中指出，成本会计是带动企业会计改革的一个关键、一个重点，企业改革必须高度重视这个关键与重点。

潘序伦从始至终以身作则，引领与指挥企业的会计改革。一方面，他亲自撰写对企业会计改革具有影响的教科书。如1929年他撰写并出版了《公司会计》，1938年又在反复修订《公司会计》的基础上，出版了《股份有限公司会计》，这部教科书在企业会计改革中发挥了示范性作用，影响遍及国内外。另一方面，他又在立信刊物上撰文，带动学员研究企业会计改革中的重点问题。1933年创办的《立信会计季刊》，1936年创立的《会计学报》，以及1941年出版发行的《立信会计月报》，都体现出潘序伦从学术研究角度对企业会计改革各领域与前沿性问题的关注与指导。

潘序伦从企业会计改革总体上，把创办会计师事务所，开展各类会计教育工作，组织会计图书编译出版发行、以办刊带动研究视为一体，既体现出各自的特色，又注重各自在引领改革方面的互补作用，协同推动了中国近代企业的生产和经营以及管理改革。这种全方位指导企业会计改革的思想、理论与科学方法一体推进的做法是史无前例的，改革成效前所未有。

二、改革与改良中式会计之争中的互动作用

晚清之际（1840—1911年），由封建社会向近代社会演进数千年之变局，是在西方外部势力入侵，中国沦为半殖民地半封建社会这一重大背景下进行的。中国的民族工商业与金融业在这种情况下产生，意味着中国近代企业从一起步便面对解决适应性改良问题，并且客观上，企业必须在改良基础上顺势试行改革。然而，由中国从小农经济进入近代经济变局中的突发性与特殊性所决定，以及受中国近代企业在求生存、求发展中的局限性，对步入近代经济阶段准备不足的影响，当时的改良思想与行为产生了一系列不相适应的现象，如一开始面对改良便处于惊慌失措状态，在"改不改"与"如何改"之间左顾右盼、摇摆不定而无所适从，成效无从谈起，而教训却十分深刻。

潘序伦回国后，直到1927年1月，所见工商界对待会计改良的实际情形，感觉到的是"亟待改良"①，但通过实际调查，他改变了认识，他认为改良中式会计只能是一个过渡，而其关键在于会计改良

---

① 罗银胜.潘序伦传[M].上海：上海人民出版社,2007：25.

必须迅速通过这个过渡而创造条件转变到改革上来，只有改革才能使中国近代企业生产与经营发展进入正常状态，也才能使企业立足于近代经济社会、向前发展。也正是中国近代企业在起步改良阶段犹疑不决与踟蹰不前的状态所形成的深刻影响，引发了20世纪三四十年代徐永祚发起的改良中式会计与潘序伦所引领的改革中式会计运动，并因此引发了改良与改革之争。改革与改良双方所展开的研究讨论，以改良为过渡，进展到全方位实现对中国近代企业会计、审计改革，并由此带动了近代企业财务的产生，形成了中国企业会计改革的大趋势。

徐永祚也是中国近代著名会计学家，他在这场运动中的贡献在于，改变了改良企业会计的大方向，坚定了企业改良中式会计的决心与信心，并切实制订了改良企业会计制度与方法的方案。改良对象除了侧重中小商业企业，也有号称上海金融界的盐业、金城、中南与大陆的"北四行"和天厨味精，天原化工厂之类的工业企业，以及出版界的商务印书馆与中华书局。尤其是到20世纪40年代后期，徐永祚会计师事务所总结了经验与教训，在改良企业会计中也进行了改革的尝试，故其业务开展已进入慎昌洋行、英美烟草公司等海外企业。这表明，在改革企业会计影响之下，徐永祚的改良中式会计也不是一成不变的。

潘序伦与徐永祚及其所创办的两家会计师事务所，都坚持德行与人格上的一致，也都以诚信为本，立信守身。彼此相互敬重，各自所持改革与改良立场固然不同，但在思想上、会计学原理坚持上，却彼此沟通与协调一致，并未把会计改革与改良行为对立起来。双方立场上的一个共同点，则在于把改良作为一种必要的过渡，并与改革的目标最终保持一致。潘序伦首次就改良与改革问题回复徐永祚时礼节很周全:"玉书(徐永祚名号)我兄先生惠鉴"①,用语谦恭而文雅。"近来吾兄从事于改良中式簿记工作,努力服务社会之精神,深可钦佩。"②这里潘序伦以充分肯定为前提,并称赞其以改良服务于社会,肯定也恰到好处,始终用商讨的语气让对方乐于接受。即使后来潘序伦属下对徐永祚改良中式簿记提出批评,也是从研究讨论问题出发,做到以理服人,坚持在改革原则问题上不让步。双方行文都把握了争议与批评中的度,而把改革与改良都体现在对中国近代企业会计立法改制行动上,寻求在改革与改良成效上的竞争,让事实说话,以改良与改革成效服人。所以,要公正评价中国20世纪三四十年代所发生的改革与改良会计之争,这场争议没有政治上的偏见与以势压人,也没有火药味,结局是良好的,改革达到了最终目的,对后世形成了良好影响,改良也确实起到助力改革的过渡作用。20世纪三四十年代改革与改良中式会计之争是值得后人从正面加以评价的一场运动。

三、潘序伦在中国近代会计改革史上里程碑式的引导作用与杰出贡献

中国近代会计发展史上的这场运动,在很大程度上提高了中国近代民族资本主义企业会计核算与管理水平,改革提升了会计、审计管算结合的能力,并相应促进了企业财务的产生与初始作用的发挥,从

---

①② 潘序伦.潘序伦文集[M].上海:立信会计出版社,2008:204.

而在一定程度上促进了中国近代企业经济的发展演进。据统计，1937年中国近代企业已拓展至3 935家①，其中各类企业的发展水平都有不同程度的提升。就商业而言，1931年起一度进入市场危机状态，1932年至1935年间，商店营业额几乎以年均10%的速度递减。但在经历了这场会计改革运动之后，1936年中国的商业经济发生了转机，1937年便恢复到20世纪30年代初的发展水平。尤其是上海的商业发展水平还出现了上升趋势。以国内市场商品价值为例，将会计改革运动前后作比较，1920年的商品价值仅为92.46亿元，而到1936年便上升到168.07亿元②，增长了81.78%，平均年增长率达到3.81%。就企业中的个案而言，工业中的大生纱厂、永安纺织印染公司、南洋兄弟烟草公司等，农业中的农牧垦殖公司等，商业中的上海永安公司、华年实业股份有限公司、中法药房股份有限公司等，金融业中的农工银行、金城银行、上海商业储蓄银行等，其会计改革业绩与成效无疑都能得到证实。

潘序伦先生，既是中国近代史上的一位赤诚爱国者，一位顶天立地的近代企业会计改革的引领者，又是一位立足于开拓创新的智者，他在中国近代会计发展史上树立起一座引领企业会计改革的里程碑，在中国近代会计发展史上产生了十分重要的影响，潘序伦先生是站在这座历史丰碑上的伟人。后辈不仅要尊崇先生的品质与人格，学习他

---

① 陈真.中国近代工业史资料（第四辑）[M].上海：生活·读书·新知三联书店，1961：92.
② 许涤新,吴承明.中国资本主义发展史（第三卷）[M].北京：人民出版社，1993：224-243.

的改革创新精神，还要学习他一生脚踏实地从事会计、审计研究，著书立说，教书育人，建立中国近代企业改革大业的高尚德行。纪念潘序伦先生诞辰130周年，以继承与发扬他的事业为重，不断追求会计改革进取，不断开拓务实创新，让先生乐见中国年轻一代会计学者、会计工作者改革有成，创业有成。

郭道扬

2023年7月25日

序二

赓续大师精神　谱写时代华章[①]
——纪念潘序伦诞辰130周年

2023年是我国杰出的会计学家、教育家、被誉为"中国现代会计之父"的潘序伦诞辰130周年。作为中国会计界一代宗师，潘序伦将现代会计的复式簿记方式及其理论引入中国，奠定了中国现代会计学的发展道路；开创"三位一体"会计事业发展先河，是培养我国会计人才和发展我国会计事业的先驱；引领中国现代会计理论研究，饮誉海内外，被评为"上海社科大师"。潘序伦是上海立信会计金融学院的创校校长，是立信人心中永远的"潘老"。

纪念潘老，我们要赓续以爱国主义为核心的伟大民族精神。潘老毕生服膺爱国主义，一言一行都以民族利益为先。潘老出身于江苏宜兴书香门第，成长于军阀混战、社会动荡、新旧思想交锋的战乱年代，传统文化滋养和风雨飘摇困境交织，催生了"教育救国""实业救国"的思想。潘老认为："国家好比一架飞机，一翼是军工科技，一翼是财经会计，只有这样，国家才能腾飞于世界民族之林。"1924年，潘老

[①] 本文已发表在2023年8月2日《中国教育报》第4版。

在美国取得哈佛大学硕士学位和哥伦比亚大学博士学位后，毅然回到祖国怀抱，基于当时国内民族工商业发展对改革旧式簿记和懂得经营管理会计人才的迫切需求，于1927年1月在上海创立"潘序伦会计师事务所"，自此将个人梦想与国家、民族命运更加紧密地联系在一起，开启了立信会计事业腾飞之路。

在国家危难之际，潘老挺身而出投入抗日救亡洪流，开展舆论宣传、募捐赈灾、慰问前线将士等活动，不遗余力服务战时经济；同时，潘老暗中支持党的事业，突破封锁，保障共产党主办的《新华日报》顺利发行。垂暮之年，潘老唯一挂念的仍是如何迅速培养为国家经济建设服务的会计人才。

纪念潘老，我们要赓续以敬业育人为核心的无私奉献精神。"十万弟子，桃李芬芳"是对其教育人生的真实写照。1928年，潘老创办了立信教育事业，1937年，他创立的中国历史上第一所专门培养高级会计人才的学校——立信会计专科学校在战火硝烟中问世。在极为艰苦的环境中，特别是学校内迁重庆北碚"一无办学经费、二无校舍"的境遇下，他从未放弃对教育事业的执着追求。他邀请人民音乐家冼星海，中国当代经济学家、人口学家马寅初，教育家黄炎培等一批名家大师执教立信，写就一段烽火岁月育英才的教育佳话。

潘老紧跟工商业发展对现代会计人才的职业能力诉求，见微知著提出"管教务期严格、学生学验并重"的教育理念，把教学质量作为学校发展的生命线，规定"一学期内学生缺课三分之一以上，不能参加期终考试""70分为及格，不及格者不准毕业"。潘老颇为重视职业指导，经常组织学生到工商企业和政府机关参观、实习，设立立信会计职业咨询所，帮助介绍会计人才就业。在学校历经波折复办之际，潘老更是倾其所有，把自己所有存款，甚至海外校友资助自己生活的汇款等均捐赠学校，设立"潘序伦奖学金"；将两千余册存书捐赠立信图书馆；将立信会计师事务所收入和立信编译所的"立信会计丛书"版税，悉数投入会计教育。从立信会计师事务所办公室的一席补习之地，到鼎盛时仅上海就设有11所分校；从仅有22名学生的簿记训练班，到培养出数十万财经人才遍布海内外……潘老呕心沥血将毕生心力倾注于会计人才培养，在中国财经教育史上写下了浓墨重彩的一笔。

纪念潘老，我们要赓续以公正诚信为核心的诚实守信精神。从会计人生到教育人生，从"学科之父"到"社科大师"，一路走来，"立信"始终是念兹在兹的"道之本者"。潘老认为："立信，乃会计之本。没有信用，也就没有会计。"潘老把信用比作会计工作的生命线，把"信"字熔铸于一生的立信会计事业。自创业之始，潘老取《论语》中"民无信不立"之意，将创办的学校、事务所、图书用品社（现为立信会计出版社）均冠以"立信"之名，并将"立信"引申为"信以立志，信以守身，信以处事，信以待人，毋忘'立信'，当必有成"24字训条，构筑起立信精神的思想内核。

一生以信立身、以信立校、以信立业，是立信精神最为厚重的表达。潘老给各地立信学校定下一条铁律：考试作弊者一律开除学籍。在病危之际为出国深造学生的推荐信签字时，潘老仍不忘告诫学生："学识经验及才能，在会计师固无一项可缺，然根本上终究不若道德之重要"。20世纪40年代，在对全国会计人员的演讲中，潘老呼吁"务要不为威屈，不为利诱；不造假账，不隐弊端"，这四个"不"字，在今天读来依然振聋发聩。

纪念潘老，我们要赓续以锐意改革为核心的开拓创新精神。作为我国一代会计泰斗，潘老始终站在会计教育改革的潮头，全身心致力于会计工作和会计教育"日日新月月新"。20世纪20年代，在深入了解中国工商业发展情况的基础上，潘老率先把"新式簿记"这一近代科学的会计方法在我国加以推广应用。早期办学时期，潘老带领立信会计专科学校教师"立足会计、发展会计"，站在会计学科前沿，及时引进西方发达国家会计学术，建设适合中国国情的现代会计学科，引领中国现代会计学发展。1980年，在立信会计专科学校复办时期，潘老卓有远见地提出"收费走读，不包分配，择优推荐，供需见面"的改革措施。

在旧式会计日渐式微之时，潘老勇领风气之先，开创立信会计师事务所、立信会计学校和立信会计图书用品社"三位一体"的立信会计事业，将会计师业务开展、会计专业人才培养与学术研究、会计专业书籍编辑出版融合起来，探索形成产教融合协同育人的雏形。潘老在1985年的一次谈话中提及"三位一体"的创办初衷时，指出，凡是立信所办的各项事业都是一个整体，这些单位有主有从，相互促进。立信"三位一体"的办学模式至今深刻影响着中国现代大学产学研合作模式的演化和推进。

纪念潘老，我们要赓续以艰苦创业为核心的勇于拼搏精神。视艰苦奋斗为人生天职，以"成功道路多艰难，奋力前驱能过关"与青年人共勉。求学美国三年间，他从未看过一场电影，也未到餐馆吃过一顿饭，从清晨到深夜，都是在自己租赁的宿舍内或学校图书馆里度过的；有时连饭也没有工夫吃，只好买个面包就着一杯温水充饥。当时的同学中常常有人说："潘序伦这种勤奋节俭的生活是谁都过不来的。"正是这种"谁都过不来"的拼搏意志，支撑潘老闯过了人生中每一段艰难困苦的岁月。耄耋之年，除担任名誉校长外，潘老还身兼中国会计学会和上海市会计学会顾问、上海会计师事务所董事长等数职，贡献自己的"余热"。

纪念潘老，我们要赓续以优良家风为核心的以俭修身精神。潘老一生信奉"廉洁勤奋为归"，经常用"贤而多财，则损其志；愚而多财，则益其过"来鞭策自己、教育家人。在潘老子女心里，父亲给予更多的，不是物质上的丰裕生活，而是精神上的以俭修身之道。潘老晚年生活勤俭淡泊，长期居住于旧式里弄斗室，除一床、一几、一柜、一桌、四椅外，屋内唯有成堆的书籍，别无他物。在生命的最后一天，潘老写下力透纸背的遗愿："我一生最喜欢节约一切物力、人力、财力，为建设新中国服务。"他没有留给后代一分遗产。女儿、女婿将其留下的书籍、名人字画等全部捐给立信会计专科学校。这位会计界的传奇人物，用几近跨越一个世纪的人生，写出了"取之于社会，用之于社会；取之于会计，用之于会计；取之于学生，用之于学生"的立信风骨。

潘老的一生，以仁者的担当、勇者的无畏和智者的拓展，为我国现代会计事业奠定了坚实基础。他的一生，是为会计的一生，是为教育的一生，是为国家的一生。他用一生的坚持兑现了"毋忘立信，当必有成"的人生信条，他的一生是中国现代会计事业发展的生动缩影。他的崇高精神、高尚品德、大师风范，是引领上海立信会计金融学院奋发向前的精神旗帜，更是"三位一体"立信会计事业发扬光大的永远丰碑。

今日之立信定将胸怀"国之大者"，为民族复兴伟业挺膺担当。我们要责无旁贷接过历史接力棒，守正创新推动"三位一体"立信会计事业与国家经济社会发展需求充分对接，实现教育链、人才链、产业链、创新链有机衔接，形成推动服务上海、服务全国经济社会高质量发展的倍增效应，努力谱写无愧于时代、无愧于人民、无愧于先辈的时代华章。

解 超

2023 年 8 月 2 日

前言

今年是"中国现代会计之父"潘序伦先生诞辰130周年暨上海立信会计金融学院建校95周年。为了更好地挖掘并梳理学校创始人潘序伦老校长的教育思想与会计思想,缅怀大师风范、弘扬大师精神,学校专门组织力量编撰了《潘序伦教育与会计思想研究》。

潘序伦先生一生跨越两个世纪三个时代,虽历经坎坷,却初心不改,他以满腔的热忱、坚韧的毅力、无畏的勇气、务实的智慧,创建并开拓了"三位一体"的立信会计事业。先生倾其毕生精力投入会计教育、会计研究与会计实践,"教育"与"会计"可谓先生心之所念、情之所系、业之所为、功之所成。

本书聚焦潘序伦先生的教育思想与会计思想开展专题研究,深入挖掘并梳理潘序伦在人才培养、诚信教育、职业教育、会计实践等方面的丰富思想内涵与时代价值。全书分为九章,第一、第二、第三章总述潘序伦的人才观、育才思想和人才培养理念,第四、第五、第六章分述潘序伦的诚信教育、职业教育、会计教育思想,第七章总结潘序伦"三位一体"的办学模式,第八、第九章论述潘序伦会计思想及其对中国现代会计的贡献。各章基本从形成背景、主要内容、基本特征和当代启示几方面阐述,着重考察潘序伦教育与会计思想形成的时代背景和思想渊源,蕴含的教育理念及其丰富内涵,展现出的鲜明特色以及值得借鉴的价值启示。本书按专题编撰,各章之间既相互联系,又独立成篇;一些重要史料在各章均有所见,但并不简单重复,而是围绕各章专题论述各有侧重。

本书的顺利编撰出版,凝聚了多位作者的心血和力量,得到了各方的支持和帮助。上海立信会计金融学院党委书记解超教授策划本书选题,牵头制定全书编撰大纲,全面审定各章内容;李文亮、王妍分别负责本书编撰出版的具体组织与全书统稿工作,并撰写部分章节;会计史学家、中南财经政法大学郭道扬教授受邀为本书作序;何佩莉、罗银胜担任本书史料顾问;立信会计出版社华春荣、张翠芳、汪玉玲对本书出版给予专业指导;万金城、潘勇军、孙丽娜、王璐、许冰、刘燚、赵晓红、张炜炜等多位老师为本书的出版筹备、统筹协调、文字编校等工作付出辛勤劳动,在此表示衷心感谢。

党的二十大报告指出,教育、科技、人才是全面建设社会主义现代化国家的基础性、战略性支撑。习近平总书记在《扎实推动教育强国建设》(《求是》2023年第18期)中强调:"纵观人类历史,教育兴则国家兴,教育强则国家强","要在全社会树立科学的人才观、成才观、教育观"。高等教育是建设教育强国的龙头,要坚持不懈用习近平新时代中国特色社会主义思想铸魂育人,以科学理念为指引,立足时代发展之维,弘扬优秀教育传统,深化内涵式发展,不断提升教育质量。本书梳理总结了潘序伦老校长的办学经验和教育思想,其面向社会的教育观、学验并重的教学观、诚信为本的德育观、全面发展的成才观、服务经济的职业观、不拘一格的人才观等等，无不在当下也熠熠闪光。潘序伦老校长的教育与会计思想启发我们要始终与时代同频共振，厚植家国情怀，立足实际，勇于探索，大胆创新，坚持走特色发展之路，为服务国家富强、民族复兴贡献力量。

潘序伦先生学贯中西，其教育和会计思想博大精深，本书的论述难免挂一漏万，不足之处恳请方家和读者批评指正。

编者

2023 年 10 月

目 录

第一章 潘序伦人才观 1
 第一节 潘序伦人才观的形成背景 3
 第二节 潘序伦人才观的主要内容 11
 第三节 潘序伦人才观的基本特征 23
 第四节 潘序伦人才观的当代启示 26

第二章 潘序伦育才思想 31
 第一节 潘序伦育才思想的形成背景 35
 第二节 潘序伦育才思想的丰富内涵 41
 第三节 潘序伦育才思想的基本特征 50
 第四节 潘序伦育才思想的传承与弘扬 57

第三章 潘序伦人才培养理念 65
 第一节 潘序伦人才培养理念的形成背景 66
 第二节 潘序伦人才培养理念的主要内容 72
 第三节 潘序伦人才培养理念的基本特征 86
 第四节 潘序伦人才培养理念的当代价值 90

第四章　潘序伦诚信教育思想 ... 99
第一节　潘序伦诚信教育思想的形成背景 ... 102
第二节　潘序伦诚信教育思想的主要内容 ... 108
第三节　潘序伦诚信教育思想的基本特征 ... 118
第四节　潘序伦诚信教育思想的当代启示 ... 124

第五章　潘序伦职业教育思想 ... 133
第一节　潘序伦职业教育思想的形成背景 ... 135
第二节　潘序伦职业教育思想的丰富内涵 ... 147
第三节　潘序伦职业教育思想的当代价值 ... 162

第六章　潘序伦中国现代会计教育思想 ... 171
第一节　"高标准"打造教师队伍 ... 173
第二节　"三重理念"推进教育教学 ... 180
第三节　"三讲原则"编制会计教材 ... 190

第七章　潘序伦"三位一体"办学模式 ... 201
第一节　潘序伦"三位一体"办学模式的时代背景 ... 203
第二节　潘序伦"三位一体"办学模式的主要内容 ... 205
第三节　潘序伦"三位一体"办学模式的运行特征 ... 217
第四节　潘序伦"三位一体"办学模式的现代意义与启发 ... 221

第八章　潘序伦会计思想 ... 223
第一节　潘序伦会计思想的形成背景 ... 225
第二节　潘序伦会计思想的主要内容 ... 232
第三节　潘序伦会计思想的基本特征 ... 242

第四节　潘序伦会计思想的当代启示 250

第九章　潘序伦对中国现代会计的贡献 257
　　第一节　潘序伦对会计理论研究的贡献 259
　　第二节　潘序伦对中国会计制度建设的贡献 285
　　第三节　潘序伦对会计实践工作的主要贡献 290
　　第四节　潘序伦对会计文化传播的贡献 296

第一章

潘序伦人才观

引言

习近平总书记在2021年中央人才工作会议上强调了实施人才强国战略的重大意义，发出深入实施新时代人才强国战略的动员令，为做好新时代人才工作指明了前进方向、提供了根本遵循。党的二十大报告提出"强化现代化建设人才支撑"，对加快建设人才强国作出战略谋划。人才是实现民族振兴、赢得国际竞争主动的战略资源。进入全面建设社会主义现代化国家、实现第二个百年奋斗目标的新征程，我们比历史上任何时期都更加渴求人才。如何"把各方面优秀人才集聚到党和人民事业中来"，为全面建成社会主义现代化强国提供更加坚实的人才支撑，是当前面临的一个重大任务和重要使命。

近代以来，在面临民族生存危机之时，许多仁人志士积极探索爱国救国之路，以潘序伦为代表的有识之士从振兴实业、兴办教育的角度提出了救国良方。潘序伦从事会计事业六十多年，为我国会计工作、会计教育和会计理论研究作出了卓越贡献，与他休戚与共的是立信会计事业。潘序伦亲手创立的立信会计事业永存中国会计发展史册，其中一个成功经验就是"气度大，善于用人"①。立信学校讲坛上一度名师荟萃、贤达云集，一部

---

① 潘序伦.潘序伦回忆录[M].北京:中国财政经济出版社,1986:67.

立信的发展史是一部坎坷奋进、筚路蓝缕的奋斗史,也是一部尊师重教、人才强校的发展史。潘序伦在立信会计事业发展实践中形成的人才观,内涵丰富、寓意深远,值得发掘、研究、继承和发扬。

本章遵循尊重历史、信守真实的原则,对有关潘序伦的回忆文字、档案资料、人物谈话以及潘序伦本人的著作等史料、观点进行梳理总结,梳理了潘序伦人才观的形成背景,结合立信会计事业的发展史诠释了潘序伦人才观的主要内容和基本特征,探讨了具有当代启示价值的人才工作思路与举措,对深入实施新时代人才强校战略、加快推进一流大学建设具有积极的现实意义。

第一节 潘序伦人才观的形成背景

潘序伦是中国现代杰出的会计学家和著名的教育家,是培养我国会计人才和发展我国会计事业的先驱,创建了事务所、学校、图书用品社"三位一体"的立信会计事业,被誉为"中国现代会计之父"。潘序伦的一生,是风云跌宕、跨越九十载的传奇人生,既是一则励志的成才故事,又是一则识人用人、爱才聚才的故事。

潘序伦跨越了清末民国和中华人民共和国,经历了抗日战争、改革开放等重要历史时期,见证了中国共产党从"星星之火"到"燎原之势"的艰辛历程。动荡的格局和多元的思潮对潘序伦人才观的形成产生了深远影响。

一、潘序伦人才观的理论背景

一种思想的产生总可以追溯其发轫的源头。潘序伦世代书香,从小接受私塾教育，深受中华传统文化影响；赴美留学期间，博览广学，深入研读了马克思的《资本论》；在立信会计事业发展过程中，潘序伦即使受封建主义和资本主义思想很大影响，却依然坚信中国共产党的领导并完全接受社会主义思想，究其原因是对中国传统人才思想的传承和弘扬，并受到中国共产党人才思想的影响和感染。

（一）中国传统人才思想的传承和弘扬

在源远流长的中国传统文化中，从不缺少人才思想的一席之地，在争论和治国之策的更迭中形成了富有浓郁传统文化气息、极具人性化的人才思想。历代先贤从不同视角提出了对人才的认识，其内涵博大精深，主要包括以下三点：一是充分肯定人才的重要作用。尊贤重才，既是中华民族的传统美德，又是历代治国经验的科学总结。《吕氏春秋·不苟》云："得十良马，不若得一伯乐；得十良剑，不若得一欧冶（欧冶，春秋时期铸剑巧匠）；得地千里，不若得一圣人"，古人的重才思想源于对人的自身价值和社会价值的认识。二是德才兼备成为公认的选贤任能标准，成为中国社会传统人才观的精髓。司马光曾在《资治通鉴》中给"德才"下了这样的定义："才者，德之资也；德者，才之帅也。"可见"德"与"才"的地位并不是平等的，而是非常重视"德"对"才"的统帅和主导作用。三是更加强调用人之道。要"因材而用"，让人才在熟悉精通领域中发挥作用；要"佚于使人"，应充分信任，以便人才发挥自己的最大潜能；要"扬长避短"，"任人之长，不强其短，任人之工，不强其拙。此任人之大略也"。

1893年潘序伦出生在江苏省宜兴县蜀山镇的书香门第，从小接受私塾教育，熟读"四书五经"、《史记》等古典作品，深受中国传统文化影响。在创办立信会计教育事业过程中，他非常重视教师的重要作用，广纳贤才确保教育质量，黄炎培、马寅初、黎照寰、黄逸峰、章乃器、胡翼青等一批知名教授曾受聘在立信任教。他要求严格,一切坚持"认真",其创办的学校、事务所、图书用品社"三位一体"的会计事业,均以"立信"命名,取自《论语》的"民无信不立",强调必须在立志、守身、处事、待人等方面建立诚实信用。建立信用,被潘序伦奉为圭臬,成为办学至高无上的信条和选人用人的首要标准。此外,潘序伦唯才是举,从不囿于世俗偏见,大胆使用优秀人才。如1942年国民党当局强令各大学不准聘经济学家、教育家马寅初任教,潘序伦仍坚持敦请马寅初登上立信学校的讲台;国民政府教育部要求潘序伦立即解聘马寅初,潘序伦寥寥数语予以回击:"立信者,立信于人也。既已下聘书,就不能无故解聘!"[①] 立信始终云集教育界、经济界、实务界知名人士的智慧和力量办学,并形成了从严治学、从严治教、从严治校的优秀传统,为培养又多又好的高素质财会人才奠定了基础。

潘序伦对人才价值的认识、选用标准和开发利用等方面的观念,特别是对"民无信不立"的坚守与秉承,可以从中国传统文化中的人才思想追溯渊源。潘序伦人才观传承和弘扬了中国传统文化中的人才思想。

(二)中国共产党人才思想的影响和感染

中国共产党历来高度重视人才工作,在历史发展的各个时期,都制定和实施了一系列人才工作方针政策,不仅为党和人民事业发展积聚起规模宏大、素质优良的人才队伍,而且形成了具有中国特色的人才思想理论体系。

在新民主主义革命时期,中国共产党人才思想围绕"救国"这个关键,强调团结人才、任人唯贤和"治病救人",通过思想教育扫除"思想

---

① 罗银胜.潘序伦传[M].上海:立信会计出版社,2017:73.

尘埃"。到改革开放和社会主义现代化建设新时期，教育成为全党工作的重点内容，培养人才的第一要义强调不拘一格选拔人才，建立了分类管理的人事工作制度。自1928年建校到1980年复校，潘序伦始终秉承"教育救国"，广纳贤才，将"信任人才、尊重人才、不拘一格使用人才"贯穿于办学治校始终，使得立信办学过程中始终能聚集行业实务专家和热爱教育事业的优秀人才。在其创办立信会计事业的过程中，中国共产党也重视开展对教师和校方的团结工作。"在教师中，一方面注意发展政治进步的教员并多方面加以联系，有的还发展作为党员的对象；另一方面把一些公开发行的进步书刊分送给同情学生的教师阅读，有的也送给校长潘序伦。1949年，毛泽东为新华社撰写的新年献词《将革命进行到底》发表，党支部及时将献词寄给潘序伦校长宣传党的政策。"[1] 潘序伦虽然是无党派人士，但积极拥护抗日救国，在顾准等一批批进步青年的影响下，他的思想和政治认识逐步转变和提高，着力培养和保护各类有志爱国人才。他在1983年立信复校后首届毕业生毕业典礼上发表讲话，提出了殷切希望："你们首要的学习任务，是要继续好好学习马克思学说的基本理论，树立全心全意为人民服务的共产主义理想；目前还要仔细学习《邓小平文选》关于知识、人才、科学和教育等问题的论著，以提高你们的政治思想水平。"[2]

潘序伦"三位一体"立信会计事业的创建过程与中国共产党从"星星之火"成长为"燎原之势"的艰辛历程同步，同时立信会计学校涌现了一批批优秀共产党员不断影响着潘序伦的个人认识和思想觉悟，其人才观的形成过程深受中国共产党人才思想的影响和感染。

---

① 罗银胜.潘序伦传[M].上海：立信会计出版社，2017：111.
② 金家富.潘序伦教育思想和办学实践研究[M].上海：立信会计出版社，1998：12.

二、潘序伦人才观的实践背景

"一个人要想做成一点有益于人民的事业,的确是不容易的,犹如在大海中航行的船舶,其中只有很少数会偶然遇到一片平洋,得以顺风而行,到达目的地;而绝大多数情况下,总会遇到风浪与暗礁,总得熬着颠簸、折腾的痛苦,才能到达胜利的彼岸。"[①] 凭借满腔的创业热情和坚韧不拔的努力,潘序伦汇集同仁在实践探索中跨越克服重重艰难险阻创办立信会计事业,可谓遍地荆棘、举步维艰。潘序伦人才观伴随会计事业而成长发展,萌芽于"实业救国"的爱国思潮,成长于"三位一体"立信会计事业的创新探索,发展于抗战西迁和返沪办学的斗争实践,成熟于改革开放和立信复校的信念坚守。

(一)萌芽于"实业救国"的爱国思潮

清末民初,接踵而至的丧权辱国、积贫积弱的乱世局面,深深刺激了爱国知识分子和民族工商业者,"实业救国""教育救国"的思想在他们中间激荡,并引起共鸣。潘序伦的人才观也正是在这一时期开始萌芽的。

在经历了许多坎坷之后,1919年,经黄炎培举荐,潘序伦破格进入圣约翰大学深造,两人结下了终生的师生情谊。1921年,受南洋兄弟烟草公司资助赴美留学,潘序伦采取了"人弃我取"的方针,选定了会计作为他的终身职业[②]。留学期间,潘序伦善于忍耐、勤学苦读,获哈佛大学企业管理硕士学位和哥伦比亚大学经济学博士学位,于1924年学成归国。中国知识分子素有"天下兴亡、匹夫有责"的观念意识,彼时的潘序伦

---

① 潘序伦.创业散记[J].人物,1983(11).
② 潘序伦.求学经过的自述[J].商业会计,1983(9).

是一位具有爱国主义情怀的青年,"受到旧民主主义'实业救国'的思想影响,赴美留学回国后立志把一生献给祖国的会计事业,以期实现'实业救国'的理想。创办立信会计学校,培养会计人才,是他实现这一理想的实际行动。"① 这种观念顺应了时代发展和社会经济发展的历史潮流,在当时具有鲜明的进步性和爱国性。立信会计事业是我国旧民主主义革命时期"实业救国"运动中的产物,潘序伦人才观源于"实业救国"理想的初衷。

(二)成长于"三位一体"立信会计事业的创新探索

潘序伦于1927年创办了潘序伦会计师事务所,彼时正值我国民族工商业发展时期,当时会计界涌动着一股改革与改良的思潮。他力倡引进和推广新式簿记制度,主张以西方复式簿记取代传统的中式簿记,成为改革派的代表。在潘序伦会计师事务所创立初期,潘序伦深感改革会计制度和培养专业会计人员的重要性,同年创办了第一个簿记训练班,后发展为立信会计补习学校。1928年,潘序伦取《论语》中"民无信不立"之意,改"潘序伦会计师事务所"为"立信会计师事务所",并正式创办立信会计补习学校。在此后的30年里,事务所和学校始终以"建立信用,争取社会的信任"为第一主旨。1937年立信会计专科学校建立,1941年6月立信会计图书用品社成立。至此,凭借满腔的创业热情和坚韧不拔的努力,潘序伦开创了事务所、学校、图书用品社"三位一体"立信会计事业新模式,即事务所可以为学校提供师资,图书用品社可以为学校提供教材和补助部分办学经费,学校培养出来的会计人才毕业后协助事务所和图书用品社发展业务,形成了相互支持、相互促进,密切配合、

---

① 顾福佑,王成杰.潘序伦与立信会计学校[J].财务与会计,1980(1-3).

协同办学的"立信模式"。

作为现代会计"产学研"一体化的拓荒者,"三位一体"的"实业组合链"是会计实务创新与发展的平台,为会计人才教育培养作出了突出贡献,在此阶段逐步形成了独具特色的潘序伦人才观。潘序伦气度宽宏、善于识人、唯才是举、用其所长,不囿于世俗偏见,不拘泥学历、年龄等条件,形成了独特的引才方式和举措。他聘请了顾准、李鸿寿、李文杰、顾询、陈文麟等事务所职员在学校传授现代会计知识、编辑"立信会计丛书",留用韩曼涛、管锦康、蔡经济等优秀学生培养为教员,聘请了黄炎培、马寅初、黎照寰、章乃器等一批知名教授,使得立信成为名流云集、名师荟萃的学府。拥有一支理论联系实际的高素质专业化教师队伍是潘序伦办学实践的宝贵财富和重要法宝。

(三) 发展于抗战西迁和返沪办学的斗争实践

1940年,潘序伦下定决心把立信会计专科学校从早已沦为"孤岛"的上海迁到重庆,与重庆的分校合并,为抗日战争服务。在那段时间里,即使生活艰苦,身体疲惫,甚至随时都有生命危险,都没有使其在事业上松劲,在潘序伦的脑子里只有六个字:立信会计事业。潘序伦当时虽是无党派人士,但是拥护抗日,并在力所能及的范围内做一些有益于抗战的事情。如对顾准的革命活动,他和立信同仁总是采取默许态度,有时还暗中支持,乃至积极参与。

这一时期,潘序伦倾其所有办学的执着和热情,以及学校团结友爱的校风、追求卓越的氛围、厚植聚才的良好环境,使得立信广泛汇集社会力量在重庆、上海等地办学。立信的讲坛上名师云集,不仅传授专业知识,还教学生明辨是非,做一个真正的中国人。在潘序伦的组织领导下,学校制定了《私立立信会计专科学校教职员服务规程》,对教师职责、薪酬机制、聘任管理、考勤管理等方面作了具体详尽的规定。这些规定体现了潘序伦一贯主张的从严治教、从严治校的精神，学校形成了具有立信特色的一套严格、规范、科学的教师队伍管理制度，团队凝聚力不断增强，全体同仁同舟共济、真诚合作，真正实现服务留人、事业留人。

（四）成熟于改革开放和立信复校的信念坚守

党的十一届三中全会后，潘序伦1957年被错误批判和处分的问题得以纠正，使其深受鼓舞，更加关心党和国家大事。在党的"广开学路，各方办学"方针的指引下，1980年潘序伦联合马一行、顾树桢、胡远声、段力佩、黄朝治、陈敏之、顾濂溪、陆修渊、张更生和顾福佑等10位教育界、经济界知名人士向上海市有关部门发出倡议书，建议复办立信会计专科学校。同年10月，上海市人民政府同意立信会计专科学校复办，中断了28年的立信教育，终于又复办起来了。这一时期，在政府和社会各界的积极支持下，许多知识分子来到立信从教，学校从此进入一个新的发展时期。

潘序伦在回忆录中提到，"能使我自觉自愿地乐意地接受社会主义思想，真正认识到'只有共产党才能救中国'的真理，则是在党的十一届三中全会以后。我现在起步虽晚了点，但我要竭尽有生之年，积极响应'肝胆相照、荣辱与共'的号召，在社会主义的大道上前进"①。他积极投身经济建设，首次提出人才会计理论，倡导人才会计的研究，提议有关部门重视人才培养和使用，做到人尽其才。潘序伦"人才会计"理念的提出和分析，体现了其对祖国建设事业的满腔热情。复校之初，学校面临"无资金、无校舍、无师资"的"三无"困境，步入耄耋之年的潘序伦仍不畏艰难曲折、矢志不渝。在办学师资方面，学校体制力求精干，依靠社会各学

---

① 潘序伦.潘序伦回忆录[M].北京：中国财政经济出版社，1986：53-54.

术团体的支持，建立了一支高水平兼课教师队伍。

潘序伦以强烈的家国情怀重整立信，坚持诚实守信、团结协作、艰苦奋斗，强调严谨认真、脚踏实地，坚守理念创新、方法创新、制度创新和个性发展，他的人才观就是立信发展史的真实写照。

第二节　潘序伦人才观的主要内容

潘序伦在创办立信会计事业的实践中，汲取中国传统文化中的人才思想和实践成果，从思想到实践，再从实践到思想，历经时代的洗礼和变迁，形成了具有鲜明时代特点的人才观，其主要内容包含坚守德才兼备的人才选用标准、树立经世致用的人才培育理念、构建"三位一体"的人才管理模式、营造信任开放包容的人才发展环境。

一、坚守德才兼备的人才选用标准

（一）以德为先，突出职业道德地位

潘序伦在业务活动中特别注重信誉和公道，强调"建立信用"是会计工作者的立身之本，对人才的选用遵循德才兼备、以德为先。第一，选用人才需注重真才实学。在他看来，"以为普通一般之会计师，欲期望其业务有相当之成就者，其必须具备之学识及经验，实校之法定之最低限度，高出甚远。仅有充分之学识，断不能即为优良之会计师，必有充分之经验以佐之方可胜任。在上列学识经验两项之外，会计师尚应具有相当之才能，即对事对物应有精细敏速之观察，公平准确之判断"。因此，潘序伦认为，学识、经验、才能三者是会计师必须具备的资格。第二，选用人才要以德

为先。对于学识、经验和才能与道德之间的关系,他指出:"夫学识经验及才能,在会计师固无一可缺,然根本上究不若道德之重要。"潘序伦认为,如果会计师有不道德行为,那么自身就丧失信用,背离了国家和社会的期望,会计师的职业也就失去了存在的意义。潘序伦把道德建设列为会计人员首先必备的条件,把"立信"二字定为学校的"校训",坚定不移、矢志不渝地守信重诺,一以贯之于毕生致力的会计事业和会计教育事业实践。

潘序伦从会计人员的地位、作用和工作特点出发,提出了会计人员的职业道德。他认为,在新形势下会计人员必须具备思想品德、社会责任和业务技术等三方面的职业道德。具体而言,在思想品德方面,要热爱党、热爱社会主义、热爱祖国、坚持四项基本原则,把自己的知识与才能贡献给革命事业;要做到遵纪守法、以身作则、坚持原则、廉洁奉公,忠诚老实、勿忘立信。在社会责任方面,做任何工作都必须具有高度的主人翁责任感,要尽职尽责、如实反映、勤俭办一切事业。在业务技术方面,要精益求精,既要有基本功,又要勤奋学习新知识。① 潘序伦认为,职业道德对人的行为影响极其深刻,强调会计人员的职业道德有利于形成会计人员的行动自觉和共同舆论,有利于促使党风、民风的根本好转。

(二) 不拘一格,培育堪当大任的时代人才

潘序伦不仅具有爱才之心,还有很高的识才之能。在立信会计事业发展中,他独具慧眼,善于发现聪颖人才并大胆加以重用。潘序伦气度宽宏、唯才是举、广纳贤才,善于识人、用其所长,不囿于世俗偏见,不拘泥学历、年龄等条件,培育符合时代需要、堪当时代重任的优秀人才。在识人用人方面,顾准和韩曼涛是两个显著的事例。

---

① 潘序伦.谈谈会计人员的职业道德[J].财务与会计,1983(3).

顾准的成长与潘序伦的关怀是不可分离的,两人超越年龄、政见,缔结了深厚友谊。1927年春,潘序伦会计师事务所开张不久,刚满12岁的顾准经人介绍进入事务所成了一名练习生。在1940年参加新四军之前,顾准在立信度过近14年。顾准聪颖好学,勤奋努力,很快掌握了会计学科知识,加上潘序伦大胆提拔,对其委以重任,他从一名练习生升任会计员、会计教师和夜校部主任。为教育工作需要,潘序伦任命顾准担任银行会计课教师,顾准在教学中边教边改,编成《银行会计》一书,并列为大学教科书,当时他只有19岁。潘序伦很赏识顾准的才华,推荐他到之江大学、圣约翰大学、沪江大学兼任教授,顾准开始登上大学讲坛,以后又陆续撰写了不少有关会计的著作和论文。在与潘序伦的联合著作中,他提出的独特见解和大胆探索,深为社会所称许和赞誉。1940年顾准离开立信到达延安后,因生活十分艰苦,潘序伦还汇钱给他补充衣食之用。潘序伦对顾准非常器重,曾考虑让他当立信会计事业的接班人,给予其父辈般的照顾,从经济上、事业上加以培养。

韩曼涛是立信会计补习学校的一名学生,善于识人的潘序伦发现他反应敏锐、头脑缜密、成绩优异,韩曼涛学习一结束,潘序伦就热情挽留其担任会计教师兼立信会计师事务所查账主办。韩曼涛于20世纪20年代就参加了党的工作,曾是中国共产党早期领导人之一,因与党失去联系后化名为韩曼涛来立信学习会计,以便谋生。潘序伦在获知这一情况后仍毫无顾忌地将他提升为计核科副主任,专门负责会计疑难案件。只在遇到一些风声时,潘序伦派他到外地查账,以"避风头",正如对顾准一样。

此外,潘序伦不任人唯"亲",宜兴潘氏家庭人员到上海投靠他进入立信学校或事务所的,先后有23人,约占事务所的教职员总数的四分之一。但没有一人在事务所内占据重要职位,都是锻炼一段时间后经介绍再到别处工作①。潘序伦的女婿管锦康虽然家境清寒，但勤奋好学，潘序伦培养他进入大学。管锦康留学美国回国后，在京、津、沪等执行会计师业务，但潘序伦没有让他继承立信会计师事务所的领导职务。

二、树立经世致用的人才培育理念

（一）学验并重，倡导理论与实务结合

潘序伦深受黄炎培等人提倡的职业教育思潮的启迪，坚持实践成才，非常重视理论与实务的结合。在课堂教学方面，要求学验并重、边学边做，将理论运用到具体实践中；在教材编写方面，要求有理论、有实例，内容必须符合实际需要，教材通过多次试讲、反复补充修订后才能出版发行；在师资配备方面，要求学校既有较高理论造诣的专任教师，又有丰富实践经验的兼任教师，有利于理论联系实际。

潘序伦结合自己的人生经历，认为"会计是一门应用科学，完全以企业经营和管理实务为根据。要掌握会计这门科学，如同医师一样，必须亲自动手实践，才能真正学到手"，"教授务求学理与实务并重，尤注重于实习"，即理论研究和实践经验必须并重。他认为："若夫会计师之积极资格，则由学识与经验两端。夫学识重在会计专门之学识，非仅卒业于学校之谓。经验重在会计专门之实务，非仅办事于公司之谓。"② 鉴于此，聘请的授课老师大多是来自会计师事务所的有执业经验的会计师，由于实践经验丰富，他们精通案例解析、实务操作，讲解生动、通俗易懂；同时，利用事务所与工商企业接触较多的有利条件，学校为师生提供大量实务操作和企业见习的机会，不断强化学习训练，收效显著。不过潘序伦强调实

---

① 罗银胜.潘序伦传[M].上海：立信会计出版社，2017：93.
② 潘序伦.中国之会计师职业[J].立信会计季刊，1933(7).

务性时并没有否认理论学习的重要性,反而对学生要求非常严格,正规日校学生要苦练珠算、书法和应用文等基本功,考试成绩以70分为及格,学校经常举办簿记、珠算、会计等学习竞赛。

潘序伦不但培养了众多的人才,而且十分爱惜人才,做到人尽其才、才尽其用。中华人民共和国成立前,失业是一个非常严重的社会问题,一个青年如果没有一技之长和至亲好友的介绍,要找到一份工作是非常困难的。潘序伦不仅对德才兼优的学员大力进行培养,还尽力介绍社会上的会计人才就业。如会计师事务所新成立时,从东南大学和暨南大学商科毕业学生中,潘序伦选用了顾询、许敦楷、蔡经济、王澹如等学员就业,还登报招考录用了韩曼涛等同仁就业。对自办的会计学校毕业生,除留用一些成绩优良的学生在会计师事务所工作外,潘序伦总是竭尽全力介绍他们到机关、企业去工作。他还特地于1940年设立了立信会计职业咨询所,尽可能介绍会计人才就业。此外,他还通过《立信月报》鼓励业界失学青年,特地撰文《为自习会计敬告职业界失学青年》,讲授"如何自习会计"的途径和方法。

(二) 人才为本,提倡男女教育平等

潘序伦治学讲求严谨,重视教育质量,注重教育方法和效果。他亲自主持校务,凡事坚持"认真"二字,对师生都是高标准、严要求:对教师要求认真备课,认真批改作业;对学生要求认真听讲,认真做练习题。考试也很严格,考试作弊者要开除学籍;一学期缺课三分之一者,不得参加期终考试;迟到早退三次者,以旷课一次计算,等等。潘序伦十分重视学生品德教育,经常对师生进行会计职业道德和纪律教育[①],以培养严谨求

---

① 潘序伦.潘序伦回忆录[M].北京:中国财政经济出版社,1986:34.

实的优良学风和敬业笃实的工作作风。

同时，潘序伦认为，会计人员是企业经营管理的"参谋长"，财会人员要当好参谋手、发挥好防腐剂的作用，就要与时俱进、不断提高自身素质。他指出："提高财会人员素质，实是当务之急，要培养出一批有真才实学、有学历、有能力、有魄力的人才。学历来自勤学苦练；能力来自实际工作锻炼和经验；魄力来自深入调查研究，从获得的第一手资料中，做到心中有数，分析情况，临机善断，才能完成党和国家所赋予的重要任务。"① 就如何提高财会人员素质问题，潘序伦突出强调要"总结经验与学习引进相结合，研究我国自己的管理会计。"党的十一届三中全会以后，随着对内搞活经济、对外经济开放的推进实施，出现了许多新情况、新问题。潘序伦强调，在吸收新鲜事物，虚心学习有关西方管理会计的译著文章的同时，"一定要结合我国国情和当地、当时本单位的实际情况，绝不可互抄互搬'一刀切'。还要认真总结自己过去的经验教训和所走过的弯路，绝不可重蹈覆辙"。由此可见，潘序伦认为，与时俱进、顺应社会形势的变化发展是财会人员提高素质能力的关键。

此外，潘序伦在办学过程中还有一个非常突出的特点就是广收女性学生、大胆聘用女教师。受传统思想影响，其他各校中女生所占比例很小。社会上很多人对妇女就业仍有歧视，妇女求职困难。然而潘序伦则认为，妇女大都具有安静、细致、谨慎的性格，适宜担任财务会计工作。因此他强调在教育面前机会均等，招收学生不分男女，一律以成绩为标准决定是否录用，这为妇女就业创造了有利条件。立信女生入学人数逐步上升，后期有些班级女生超过半数。为适应女生逐渐增多的新情况，潘序伦聘请中

---

① 潘序伦,丁苏民.紧跟形势要求 提高财会人员素质[J].武汉财会,1984(1).

国第一位女会计师张蕙生和中国第一位会计学女教授钱素君加盟立信。潘序伦依靠社会力量办学，广泛聚集实务界人才，大胆聘用女教师，进一步提升办学层次，适应办学实际情况的需要。

三、构建"三位一体"的人才管理模式

（一）专兼结合，把握聚贤用才现实路径

潘序伦认为，立信会计专科学校迅速发展壮大的重要原因是拥有一支理论结合实际的师资队伍，聘请高水平的教师和编制高质量的教学计划是保障教育质量的关键。20世纪三四十年代，立信会计专科学校俊彦咸集、群英荟萃，从海归名师到实业专家，从地下党员到留校教员，广泛征聘了数百位优秀人才，形成了一支专兼结合、数量可观、质量超群的教师队伍。立信会计专科学校的师资队伍来源主要有以下几个方面。

一是聘用立信会计师事务所的会计师兼任教师。1928年秋，潘序伦和事务所的同仁钱迺澂、顾询、李鸿寿、陈文麟等一起正式创办立信会计补习学校，白天在事务所办公，晚上加一些长课桌和长板凳则成为教室授课。后来，随着立信会计师事务所业务的发展，顾准、郭驹、张蕙生、钱素君、王逢辛、唐文瑞、施仁夫、管锦康等会计师，以及李文杰会计师兼律师、周鲲律师等都先后来立信会计师事务所工作，也加入了办校的行列。就拿李鸿寿来说，20世纪30年代初就在吉祥里补习学校教课，每星期有六个晚上有课；1939—1945年他又在立信会计专科学校教课达6年之久，对立信有深厚的感情。此外，事务所职员在学校不仅负责传授现代会计知识，还要编辑"立信会计丛书"，编著学校使用的教材。

二是留用一部分优秀学生当助教，有条件的培养为教师。潘序伦从东南大学和暨南大学毕业学生中，选用了蔡经济、顾询、许敦楷、王澹如等

优秀学员进入立信会计师事务所并担任学校教师，留用立信会计补习学校的韩曼涛担任会计教师兼立信会计师事务所查账主办。特别是蔡经济，潘序伦从美国留学后在暨南学校任教期间，与蔡经济结下终身友谊。蔡经济于 20 世纪 20 年代末进入事务所工作，抗日战争期间发起并主持在桂林设立事务所分所和立信会计学校，抗日战争胜利后继续在广州创办立信会计高级职业学校等"三位一体"的立信会计事业，1949 年再到中国香港设立香港立信会计专科学校，直至 20 世纪 60 年代末。蔡经济呕心沥血，培养出数以万计的会计人才，在海内外为立信赢得了美好声誉。

三是聘请一批著名学者、专家及外籍教师来校任教。为实现办学层次的提升，在人力方面尽量争取"外援"，除事务所的同仁外，潘序伦不断扩宽视野渠道，聘用著名教育家、会计学家、经济学家和实业界的巨子，如黄炎培、马寅初、潘震亚、黎照寰、黄逸峰、章乃器、胡絜青、王思立、祝百英等一批知名教授先后在立信担任教职。著名经济学家、闻名遐迩的"七君子"之一的章乃器在立信讲授商业通论课程，他从"日中为市"讲起，条理清晰，深入浅出、切合实际，很受学生欢迎。著名经济学家、教育家马寅初到北碚立信会计专科学校讲授经济与哲学，他讲课不用教材，全凭口授与板书，理论联系实际，他的讲稿后来被整理成经济学著作，流传颇广。著名教育家黎照寰曾任立信全校总导师兼教授，讲授工商管理、经济学和财政学等课程，学生反映听他的课时间过得最快，而且获益良多。王思立的统计学授课条理清晰、中英对照、图文并茂，深受学生欢迎。祝百英的货币银行课程讲得生动幽默，下课铃响了学生都意犹未尽。在北碚办学时，潘序伦得知老舍的窘境后便出手相助，专程邀请胡絜青（老舍的夫人）为国文教员。在胡絜青的悉心教导下，立信学子多次在国文比赛中夺魁。学校除聘任优秀专家授课外，为提高学生英文水平，还特聘外籍教师来校,增开英语会话课程。

  潘序伦直到晚年还倡导立信校友们回校担任教职,他在重庆立信会计学校由市财政局接班之际,"希望同学们在重庆市财政局的领导下,团结一致,通力合作,不论在职的或是退休的,在健康条件许可下,都能担任专职或兼职教师,为母校出力。"① 他充分肯定了"师资队伍"和"历届同学"这两类人员在学校发展中的重要作用,晚年回顾早年办学历程时曾说,"我校因为有一套严谨的教育制度,有一支理论结合实际的师资队伍,有一套完整系统的自编教材,有一批热爱母校的历届同学支持,使立信会计专科学校迅速发展壮大"②。

(二)分工协同,健全人才管理体制机制

  "管理务必严格"是"三位一体"立信会计事业的一个显著特点。为实现从严治学、从严治教、从严治校,潘序伦主张分工协作,既要求分工明确,又强调互相沟通、相互协同。在教学方面主要表现在教学和实习分两人处理,因学校课程习题太多,一个教授无法批改,所以学校聘用专人为之批改,批改中发现的问题,则由批改人一一摘出,交给有关教授在上课时答疑,务使学生弄懂为止。这样教授既可按时教授学科,而习题解答仍可照常进行。后来上海各大学对于会计学科的教学,也采用了潘序伦的方法。在管理"三位一体"的立信会计事业中,潘序伦善于用人所长,结合人才专长、经历和特点,倡导分工协作提高整体效能。他将沪渝事务所业务先后交由顾准、钱迺澂、李鸿寿、陈文麟、王逢辛等主持;立信会计专科学校、高级会计职业学校、会计补习学校、会计函授学校由李鸿寿、

---

① 潘序伦.立信会计在重庆[J].重庆会计,1984(8).
② 潘序伦.潘序伦回忆录[M].北京:中国财政经济出版社,1986:35.

陈文麟、蔡经济、管锦康、甘允寿、顾树桢、孙庆元等主持；"立信会计丛书"编辑部由顾准、黄组芳、王澹如、施仁夫等主持；立信会计图书用品社由蒋春牧等主持。一大批立信同仁心甘情愿地在潘序伦领导下为立信事业效力立功，成为立信事业兴旺发达的重要因素。

潘序伦历来提倡节约，讲究精打细算、勤俭办学，他认为，有贝之"财"来自无贝之"才"，立信同仁人员精干，一人往往需要身兼数职。补习学校专任职员人数极少，所支薪金在整个学期的工薪总额中所占比重很低；教师大部分都由立信会计师事务所的会计师或会计员兼任，每授课一小时支薪一元，补习学校校长、教务主任、分校主任等全都不支付兼薪；低级助理人员则分任改卷的助教，这样不仅解决师资问题，他们还能边教边学，也起到培训干部的作用。此外，为适应教学需要、解决办学教材问题，在立信最初建校的十几年间，所用教材都是由潘序伦组织事务所有学识和经验的同仁编著，经自编讲义、先行试讲、不断修订，最后形成一整套切合实用的"立信会计丛书"。潘序伦对人才开发进行了战略性、系统性谋划，善于充分调动骨干力量的积极性和创造性，有效提升了人才利用效率。

此外，潘序伦在办学过程中注重加强对教师队伍规范管理，形成公平公正的激励机制和人才成长机制。随着办学层次提升和师资规模的扩大，在潘序伦的组织领导下，学校制定了《私立立信会计专科学校教职员服务规程》，对教师的职责、薪酬、考勤等方面作了明确、详尽的规定。一是分专任与兼任教师明确职责要求，"专任教授、副教授、讲师于任课以外，须担任学术研究及导师工作。助教均为专任，其义务为协助研究及教学工作。本校之行政事务由专任教员兼任，于聘请时约定之。"二是按照教薪、膳费、周车费等细化教师薪酬，"专任教员之薪给，概以十二个月计算，按月致送。其专任教员之膳费由本校按照其在校实际服务时间支给之,其数额另行规定。兼任教职员薪金依授课时数计算,专科每小时致送薪金;训练班每小时十五元及米一升。兼任教职员来校之舟车费经学校特约同意后,得由学校支付之,其支付标准另定之。"三是通过规范请假、考勤等方式严格教师管理,"助教在办公时间必须在校工作。教员无故连续缺课至每月所授学程时数二分之一者,致半个月薪,连续缺课至每月所授课程者,得予解约。"此外,潘序伦非常重视人的全面发展,他治学严谨,对师生的要求都是高标准,提出德、智、体三育并举的方针,不仅看重会计人员的学识、经验和才能,而且十分重视品德教育和体格锻炼,每天早晨都要带领师生一起做早操,并经常对他们进行会计职业道德和纪律教育,以培养好的学风和工作作风[①]。

潘序伦对立信会计事业的管理既严格又科学,明确权责的同时激励人才奋发前进,增强了立信团队凝聚力,全体同仁同舟共济、通力合作,共同推进立信会计事业的蓬勃发展,真正做到了人人爱所如家、爱校如家。

四、营造信任开放包容的人才发展环境

潘序伦结交广泛、待人真诚,政治倾向进步,具有甘愿担当一定政治风险的勇气和胆识,对有志气、有抱负、有才华的青年很器重和爱护,积极支持立信师生的进步活动,对此总是不遗余力加以培养和关爱保护,强烈的家国情怀和信任包容的人文环境促使立信汇集了一批富有革命心和进取心的进步人士。

---

① 潘序伦.潘序伦回忆录[M].北京:中国财政经济出版社,1986:34.

1931年由顾准等人发起成立了以"敦睦友谊，切磋学术"为宗旨的立信同学会，以顾准、李建模、李少甫、陈怀德等为代表的进步青年在立信校园研讨时事政治、探讨社会进步，并邀请社会名流和进步人士如马寅初、李公朴、章乃器等在立信校园作马克思主义理论、经济时势、哲学等学术讲座或时事报告。1936年，立信同学会组织了"立信歌咏队""立信剧团"，以及舞蹈组、图书室、读书会，积极宣传抗日救亡、民主进步。著名音乐家、戏剧家、作曲家和导演，如冼星海、吕骥、徐韬等都曾亲临指导。立信同学会成立后的近20年中，吸引和团结了大批校友。潘序伦当时虽是无党派人士，但对抗日是拥护的，爱国之心和同学们是相通的，对同学会很支持，并在力所能及的范围内做一些有益于革命的事情。立信会计师事务所和立信同学会曾掩护不少中共地下工作同志，如顾准、李建模、黄逸峰、黄埔、陆修渊、周信、高云樵、唐根才等。在黄炎培、邹韬奋、杜重远等的带动下，潘序伦在抗日、救国、民主革命运动中捐款出力，反映了他追求进步的爱国主义精神。此外，潘序伦还十分关注台湾回归祖国的工作。王云五是他的旧识，潘序伦曾在中国香港《大公报》发表公开信，劝王云五回归大陆。可惜在看到这封信前，王云五已在中国台北去世，但这封信在海外影响很大①。

"许多30年代夜校的老同学，至今还对立信有很深的感情，我想是和学校的尊师爱生、团结友爱的校风分不开的；特别是立信同学会做了大量团结友谊的工作，发挥了很好的作用。"立信独特的人文环境，聚集了一批家国情怀浓厚的专兼职教授，为高质量教学提供了有力支撑。

---

① 潘序伦.潘序伦回忆录[M].北京:中国财政经济出版社,1986:67.

第三节　潘序伦人才观的基本特征

潘序伦人才观内涵丰富、思想深邃，经历六十多年的实践和发展，形成了独具特色的内容和特征。其基本特征主要包括把握人才培养的政治性、注重人才发展的实践性、突出人才管理的系统性和强调人才环境的包容性四个方面。

一、把握人才培养的政治性

潘序伦是一位具有爱国主义思想的教育家，强烈的爱国精神贯穿他的教育活动始终。他于1924年学成回国后，看到国家现状后深感国家要振兴、民族要富强，必须走"实业救国""教育救国"道路，大力培养具有爱国主义精神的新式会计人才，由此走上了会计事业改革之路。"九一八"事变后，他的爱国热情进一步被唤起。在立信会计事业发展过程中，潘序伦认识到只有国家和民族解放，才有民族经济与教育的发展，才能从根本上解决生计问题。在爱国之心的感召下，潘序伦积极参加抗日救亡活动和爱国民主运动，和黄炎培、邹韬奋、杜重远、陈光甫等进步人士一起投身抗日救亡潮流，开展舆论宣传、募捐赈灾、慰问前线将士等活动。潘序伦于1932年12月19日在《上海商报》创作发表《义勇军赋怀》，"前仆后继胫膝没血，将军誓愿阵前殁。如此义勇气盖世，宁可秦越相坐视。匹夫兴亡与有责，投袂撄冠尚何俟"，发出时代的正义之声，声援抗日战争。除此之外，为解决当时共产党的《新华日报》纸张供应紧缺的难题，他利用立信会计图书用品社资源与中共地下党人合作创办中兴造纸厂，有效保障了党的秘密战线，为《新华日报》提供充足的纸张来源。立信会计事业是我国旧民主主义革命时期"实业救国"运动的产物，随着国家民族的振兴而不断发展壮大，充分体现了潘序伦的强烈家国情怀，潘序伦也因此成为中国会计学界改革的精神领袖，被誉为"中国现代会计之父"。

二、注重人才发展的实践性

潘序伦在从事会计事业的过程中树立经世致用的人才培育理念，明确自身的责任和使命，胸怀国家和民族梦想，脚踏实地，将个人价值和社会价值有效融合。一方面，潘序伦人才观源于实践。潘序伦早期求学就业的屡次失败，造就了其必须掌握专门技能的认知和在逆境中善于忍耐的精神。同时受黄炎培等人职业教育思想的影响，潘序伦从实用和有利于就业考虑，赴美留学时选定了会计作为其终身职业。后来"理论与实务结合"一直贯穿其六十多年的会计事业经营管理过程中。另一方面，潘序伦人才观指导实践。潘序伦以社会需要为办学的出发点和原动力，提出"社会需要什么会计人才，我们就培养什么会计人才"，坚持严格和实用的方针，先后创办了立信会计补习学校、函授学校、专科学校和高级职业学校等不同层次和类型的会计学校，形成了职教和普教结合、学历教育与非学历教育结合、职前教育和职后教育结合、长距离教育和短距离教育结合、面授和函授结合的教育体系，向社会输送了大量实践能力强的会计专门人才。

三、突出人才管理的系统性

潘序伦创新人才管理机制，逐步构建了"三位一体"的人才管理模式。他的会计事业包含立信会计师事务所、立信会计学校和立信会计图书用品社，三者之间存在密不可分的联系，学校、事务所和图书用品社是立信会计事业三个不可分割的组成部分,起着相互支持、相互促进的作用。立信会计师事务所为学校提供师资,立信会计图书用品社为学校提供教材和经费,学校培养的会计人才同时反哺事务所和图书用品社开展业务。这种以会计事业发展促进学校发展,以办学促会计事业发展的办学思想和把事务所、学校、图书用品社融为一体的办学模式是潘序伦的独创。潘序伦通过"三位一体"的办学新模式实现了人才培养、引进和发展的循环上升式发展,促进了人才队伍综合能力提升。

随着办学层次提升和师资规模的扩大,学校制定了《私立立信会计专科学校教职员服务规程》,对教师的职责、薪酬、考勤等方面作了明确详尽规定,明确权责的同时激励人才奋发前进。以顾准的薪酬为例,其刚入职的半个月,除供膳外,领到薪水为4元,第二个月提高到6元,以后逐月增加2元,到该年11月薪水为12元,这样维持一年半以后又有增加。立信严谨公正的教师管理体制确保了高质量办学,这些规定同时也体现了潘序伦一贯主张的从严治教、从严治校的精神。

四、强调人才环境的包容性

潘序伦前半生亲历了清朝封建社会、北洋军阀、国民党反动统治几个时代,他一心想为国家培养会计人才,对有志向、有作为的青年,不管其政治倾向如何,都爱护备至,不遗余力加以培养,学校形成了尊师爱生、开放包容、团结友爱的文化氛围。顾准进入立信会计师事务所时虽然非常年轻,但"立信"的训条及开放包容的人文环境对其身心熏陶、性格塑造产生了巨大影响。韩曼涛在立信22年,在白色恐怖的上海滩毫发未损,同样得益于潘序伦及立信同仁的保护。当时国民政府曾训告潘序伦,要其"注意赤色分子的活动",潘序伦对国民党的警告未予理睬,对顾准的革命活动总是采取默许态度，有时还暗中支持甚至积极参与。

此外，为保护立信同仁干事创业的激情，潘序伦创造性地创建了立信特色的人才保障制度。如他把教师月薪分为两部分：一半是正薪，另一半则是加薪。加薪部分如果在非常时期无力支付，可以不发。此外，抗日战争时期国民政府滥发纸币，物价猛涨，教师生活非常清寒，学校经费也非常拮据，潘序伦千方百计确保教师安心教学，确保教师每学期能上满20周课。与其他多数学校教师一学期只能上16～17周课相比，立信就更加名声在外了。潘序伦精打细算、勤俭办学、多措并举、科学应变，是学校抗日战争时期仍能多地办学、留住人才的重要保障。

第四节　潘序伦人才观的当代启示

潘序伦人才观具有很强的前瞻性和先进性，是其教育思想的重要组成部分。探析其人才观的时代价值，对于深入实施新时代人才强国战略，促进高等教育事业高质量发展具有重要借鉴意义。

一、牢固树立"人才是第一资源"理念

潘序伦创办的立信会计事业发展史就是一部集聚人才、团结人才、造就人才、壮大人才的历史。他一生高度重视会计教育事业，积极倡导教育与政治、经济相适应，办教育是为了"培养人才、发展实业、振兴中华"。在旧中国半殖民地半封建社会时期，潘序伦艰苦奋斗、全力以赴开拓适应中国国情的会计研究事业，广纳教育界、经济界、实务界人才推进办学；在抗日战争时期，他以国家、民族利益为重，毅然将学校西迁，爱惜人才

并致力于保护顾准等爱国人才；改革开放后，他仍以全部精力投身教育事业，为国家教育事业发展培养一批批具有家国情怀、创新精神、实践能力、综合素养的德才兼备的人才，其办学模式的成功，系统地回应了人才培养、选拔、使用和发展的实践需求。

党的十八大以来，党和国家高度重视人才工作。党的二十大报告指出，"教育、科技、人才是全面建设社会主义现代化国家的基础性、战略性支撑"①，必须坚持"人才是第一资源"，深入实施人才强国战略，坚持人才引领驱动，大力营造信任人才、尊重人才、支持人才、关爱人才的浓厚氛围。

高等教育事业要广泛吸收和借鉴有利于人才发展的成果，牢固树立"人才是第一资源"理念。要重视人才，树立强烈的人才意识，力求做到寻觅人才求贤若渴、发现人才如获至宝、举荐人才不拘一格、使用人才各尽其能，确保各类人才得到最佳配置，发挥最大效能；要创新举措培育人才，激活人才发展的内生动力；要尊重人才发展规律，建立健全鼓励人才创新创造的评价和激励机制，形成人人渴望成才、人人努力成才、人人皆可成才、人人尽展其才的生动局面。

二、始终确立人才引领发展的战略地位

潘序伦开创了会计师事务所、会计职业学校和会计图书用品社"三位一体"的立信会计事业发展模式，立信的品牌由潘序伦缔造，经过几代人的不懈努力，持久焕发出卓越的生命力和潜在价值，立信的发展与时代发展息息相关，立信培养和造就了几十万名的会计人才，其核心就是高水平

---

① 习近平.高举中国特色社会主义伟大旗帜 为全面建设社会主义现代化国家而团结奋斗[N].人民日报,2022-10-26(001).

师资队伍推进立信会计事业创新发展、高质量发展。

习近平总书记在《全面贯彻新时代人才工作新理念新战略新举措》中指出，坚持人才引领发展的战略地位，这是做好人才工作的重大战略。这一论述深刻总结了人才引领国家民族兴盛的经验，对深入实施人才强国战略，加快建设世界人才中心和创新高地具有重要意义。党中央明确提出，在北京、上海、粤港澳大湾区建设高水平人才高地。

上海是高水平人才高地之一，而高校是高层次人才的聚集地，上海高校要牢牢坚持人才引领发展的战略地位，要有意识地发现和培养更多具有战略科学家潜质的高层次复合型人才，形成从骨干人才、拔尖人才、领军人才到战略科学家梯队培养的人才结构；要以人为本，信任人才、尊重人才、善待人才、包容人才，赋予人才更大的自主权；要为科研人才"松绑"，简化科研项目申报、立项、管理和考核等程序，帮助科研人才把更多精力聚焦到科技攻关上来，把人才优势转化为发展动能，让人才引得进、留得住、用得好。

三、深入推进教育、科技、人才"三位一体"融合发展

潘序伦的教育思想博大精深，强调"诚信为本、学验并重"，曾提出立信学校要配合国家经济、适应时代需要培养会计专门人才。潘序伦坚持用一流的教学内容、一流的师资队伍、一流的教学管理来培养一流的财会人才，并与市场需求和时代需要接轨，实行"三位一体"发展模式，为国家经济建设培养了几十万名会计人才。潘序伦办学实践注重教育与实业相结合、理论与实践相结合，形成了"三位一体"的"实业组合链"。在识才用才方面，潘序伦围绕如何选人用人的问题通过大量实践提供了方法路径，智慧地处理了人才成长和环境变化发展的关系，构建了富有立信特色

的应用型教师队伍培育模式。潘序伦的"三位一体"人才管理模式随着时代的发展不断被学习复制并衍生出新的内涵，为高等教育的可持续性发展提供了范式参考。

党的二十大报告强调，教育、科技、人才是全面建设社会主义现代化国家的基础性、战略性支撑。这是首次将教育、科技、人才进行统筹部署，从全局和战略性高度强调教育、科技、人才一体发展，为新时代高等教育改革发展指明了前进方向。

要探索打造教育"先行区"，不断建立教育培养的体系优势，高校要形成新时代教育、科技、人才"三位一体"推进策略。一是以深化教育改革为动力，落实立德树人根本任务，为人才提供系统化、科学化的知识培训和技能培养，使人才具备扎实的基础知识和技能。二是强化科技赋能，运用人工智能等技术，建立现代化的教育信息化平台，优化升级数字化学习环境，构建人人皆学、处处能学、时时可学的学习体系。三是营造人才科技创新氛围，加强科技和人才的融合，提高科技成果的转化和应用能力，大力推进产教融合科教并进，打造校企命运共同体，创造有利于科技创新的体制机制和工作生活环境，形成重才、爱才、尊才、惜才的氛围。

四、加快创新驱动激发人才创新活力

敢为人先、创新改革是潘序伦创办立信会计事业的鲜明特点之一。20世纪20年代前后的中国，民族工商业出现勃兴势头，传统的中式簿记已不再能够适应日趋繁复的财务活动，潘序伦认识到会计革新势在必行，于1927年创办了潘序伦会计师事务所。与此同时，他深深感到革新会计制度必须训练专业会计人员。为此，他一面创办会计学校，一面印行"立信会计丛书"，把开展会计师业务、培养会计专业人才，进行会计学术研究、编辑会计著作教材有机融合起来,立信会计事业新格局初见端倪,并不断发展壮大。后期,在潘序伦的全力支持下,不同层次、不同形式的立信会计学校先后办起,在更广泛的范围内扩大了培育和吸纳会计人才的基地,增强了立信对全社会的辐射力。这充分体现了人才是推动发展的第一资源,创新是引领发展的第一动力。

党的二十大报告提出,"深入实施科教兴国战略、人才强国战略、创新驱动发展战略,开辟发展新领域新赛道,不断塑造发展新动能新优势"。习近平总书记在主持 2022 年中央全面深化改革委员会第二十六次会议中指出,"要遵循科技创新规律和人才成长规律,以激发科技人才创新活力为目标,按照创新活动类型,引导人尽其才、才尽其用、用有所成"。

面对新时代发展所提出的人才创新活力课题,激发人才更好发挥作用,高校就要做好以下工作:首先,坚持党的领导,强化政治引领和政治吸纳。要做好顶层设计,创新人才政策体系;做好上下协调,健全人才工作机制;做好人才服务,完善服务保障机制;树立榜样力量,带动思想引领。其次,创新人才发展体制,构建具有全球竞争力的人才制度体系。要构建具有国际竞争力的引才用才机制;创新人才评价机制,完善科技成果评价机制;健全人才顺畅流动机制。最后,优化人才创新生态环境,营造崇尚创新的科研氛围。要构建宽松自由的学术文化环境,搭建科研学术交流平台;营造以人为本、管理高效的人文服务环境。①

(刘永琴　唐　堰　张　琼　万金城　董　艳)

---

① 刘永琴,熊哲宏.新发展阶段人才创新活力理念的时代内涵与实践路径[J].学校党建与思想教育,2022,(10):85-87.

第二章

潘序伦 育才思想

引言

党的二十大报告从"实施科教兴国战略,强化现代化建设人才支撑"的高度,对"办好人民满意的教育"作出专章部署,凸显了教育的基础性、先导性、全局性地位,为我们在新时代新征程中推动教育改革发展,办好人民满意的教育,建设教育强国,指明了方向、提供了根本遵循。办好人民满意的教育,加快建设教育强国,是满足广大人民群众对更好教育期盼的重要途径,事关国家安全和人民幸福。这是光荣的历史使命,也是沉甸甸的历史责任。

中国知识分子素有位卑未敢忘忧国的传统,追求"为天地立心,为生民立命,为往圣继绝学,为万世开太平"的理想。在中国共产党人进行反帝反封建革命斗争的同时,另一批爱国知识分子也在探索着一条不流血的救国之途。"教育救国论"就是其中最典型最重要的代表之一。主张教育救国的人,多半是成长于近代的从事文化教育事业的爱国知识分子,他们为实现教育救国的目标,克服重重障碍和阻力,进行了大量实践活动,为后人留下了宝贵经验。其中,我国职业教育奠基人、著名政治活动家黄炎培就是"教育救国论"的主要代表。与之相交并深受其影响的潘序伦在青年时代受到"实业救国"的思想影响,赴美留学回国后立志把一生献给祖国的会计事业,以期实现"实业救国"的理想。潘序伦在设立会计师事务所初期，就深感革新会计制度非训练专业会计人员不可。为此，他一面创办立信会计学校，一面培养会计人才。立信会计教育事业，是从潘序伦1927年在事务所内开办簿记训练班开始的，之后训练班正式改名为立信会计补习学校，后又发展为立信会计函授学校。1937年潘序伦与事务所同仁决意创建立信会计专科学校，以培养既精通业务，又具有管理能力的高级会计审计人才。经过半个多世纪的风雨历程，立信会计各级各类学校先后共培养了数十万会计人才，桃李芬芳。广大立信校友分布于中国各个省市以及世界20多个国家和地区，有相当多的校友学有专长，勤勉工作，成为财经工作的中坚力量。还有相当多的校友卓有建树，被公认为会计专业方面的知名专家、学者，成为推动我国发展为会计强国的社会栋梁。

专家学者、立信后人纷纷就其思想源头"经过一番爬罗梳理"，发现诸多因素共同构成了潘序伦的育才思想渊源。金家富和罗银胜指出，潘序伦教育思想来源于"实业救国"的思想、伴生于"会计革新"运动、受益于黄炎培等人提倡的职业教育理论。[1] 马元驹在论潘序伦的会计职业道德思想时指出，早年潘序伦取《论语》中"民无信不立"之意，作为"立信"校名。后来，他在给立信会计学校的校训题词时，以"信以立志，信以守身，信以处事，信以待人，毋忘'立信'，当必有成"的24字校训精辟地阐述了他的"立信"思想，并将其作为贯穿会计职业人才培养的价值追求。[2] 可见，中华优秀传统文化也是其育人思想形成和发展的重要精神源泉。此

---

[1] 金家富,罗银胜.潘序伦教育思想的渊源探索[J].立信会计高等专科学校学报,1999(03):47-48.

[2] 马元驹,杨世忠.对我国会计职业群体"希波克拉底誓言"的期盼——兼论潘序伦的会计职业道德思想[J].会计之友(上旬刊),2009(04):13-15.

外，作为爱国民主人士的潘序伦深受社会主义先进文化感召。朱肖鼎指出，潘序伦十分注重用社会主义思想教育会计人才。他平时常常对自己的学生这样说，一个会计人才培养出来，应当为社会主义服务，为人民服务，这是我们办会计教育的根本方针。① 因此，社会主义先进文化也构成了潘序伦育人思想的理论之基。总之，潘序伦育才思想生发于这些思想的深刻交融，受养于半个多世纪的育人实践。

过往围绕潘序伦教育思想尤其是针对其育才思想的研究成果大多回答了"教育思想实质是什么""核心理念是什么""育人方法是什么"等问题，但对于潘序伦育才思想的时代价值为何，育人效果如何，潘序伦育才思想对于新时代财经人才培养、教师队伍培养等有哪些现实启示等"论证性""展望性"研究成果较少，这也是本章致力于重点解决的问题。

通过文献梳理、实地调研、口述访谈等方法，本章从潘序伦创办事业的精神动力——乐于奉献的爱国情怀出发，结合近年来围绕潘序伦育才思想研究的一些新成果，对潘序伦关于人才培养的5个主要观点，即面向社会的教育观、服务经济的事业观、与时俱进的创新观、追求卓越的效益观、建立信用的诚信观加以阐释，从形成背景、丰富内涵、基本特征等方面系统论证潘序伦育才思想的教育体系，思考潘序伦教育思想对于高校培养专业领域高素质人才和全面建设社会主义现代化强国的现实启示，并通过创新研究，形成人才培养新方案、人才管理新办法。

---

① 朱肖鼎.潘序伦会计教学思想初探[J].财经研究,1992(7):60-62.

第一节　潘序伦育才思想的形成背景

潘序伦出生于1893年，一生跨越了清末、民国和中华人民共和国，经历许多重要历史时期。动荡的时局和多元的思潮对他的育才观念产生了深远影响：潘序伦的育才思想，既来源于"实业救国"的思想，又伴生于"会计革新"运动，更受黄炎培等人提倡的职业教育思潮的启迪，也是他个人经历体验的结果，既根植于中华优秀传统文化，又从社会主义先进文化中汲取力量。

潘序伦出生于江苏省宜兴县蜀山镇的一个书香世家，一生致力于会计事业和教育事业，自幼读私塾，初中时便受到黄炎培的赏识，与黄炎培既有师生之谊，又有同道之好。因而，潘序伦、黄炎培二人的育才思想也存在着一定的相通之处。1919年，潘序伦在圣约翰大学获得文学学士学位后，以优异的成绩考取了南洋兄弟烟草公司招考的留学生，保送进入哈佛大学商学院，"我生性颇接近理工各科，但在中学校里，未能把算学、理化好好读过，现在到美国大学去入工学院，程度是接不上的，再读文科，仍非专门，读法科、师范科等，又不是南洋兄弟烟草公司所期望于我的，所以决计读商科"[①]，又自觉"商科之中我国学生选读银行系、理财系的已是很多，而选读会计的倒还很少"[②]，于是选学会计学科。1923年，潘序伦获得哈佛大学企业管理硕士学位；1924年，获哥伦比亚大学政治经济学博士学位。潘序伦后来回忆说："我在哈佛大学商学院尽力选学有关

---

①② 潘序伦.求学经过的自述[J].商业会计,1983(9).

会计的学科,我一生会计学的基础,就是在这里奠定的。"①

一、潘序伦育才思想来源于"实业救国"的爱国情怀

"实业救国"是近代中国有识之士面临民族危机之时提出来的,是具有爱国进步性的。随之而来的是"教育救国""科学救国"等爱国知识分子和民族工商业者救亡图存的先进思想。潘序伦在青年时代受到"实业救国"思想影响,接着赴美国留学,回国后立志把一生献给祖国会计事业,以期实现实业救国的理想。创办会计学校,培养会计人才,是他实现这一理想的实际活动。

1924年,潘序伦留美归国,到上海商科大学担任教务主任兼会计系主任。不久后,他敏锐地认识到我国高等商业教育存在诸多问题——师资缺乏、科目混授、多校兼职、教材不精等,决计投身改革。他先后引进复式簿记、创办会计学校。在暨南学校大学部任职期间,潘序伦提出《改进暨南学校商科大学旧制高中计划书》,后为适应工商业发展的需要,培养会计人才,创办会计学校。他认为:"设立学校的宗旨第一要单纯为培养人才,不可夹杂了其他的目的。现在国内的商业学校,其设立人的宗旨是否多是如此,很难断定。但照我所亲知的几校看来,十校里有五六校是单纯为着牟利而设的。"② 1928年,潘序伦创办立信会计补习班,最初只是为会计师事务所附设,后来逐渐发展为职业学校,培育十多万桃李,致力于培养高素质会计人才,以服务社会经济建设。

---

① 潘序伦.潘序伦回忆录[M].北京:中国财政经济出版社,1986:20-21.
② 潘序伦.近来中国之高等商业教育[J].教育与人生,1924(2).

二、潘序伦育才思想伴生于"会计革新"的历史运动

受"实业救国"思潮的积极影响,民族工商业逐步勃兴,作为经济核算、经营管理的传统会计也走到了尽头,会计学界涌起一股改革的思潮,会计革命便是这股思潮的直接产物。以徐永祚为代表的改良中式簿记派和以潘序伦为代表的引进西方会计改革派是这场思潮中的论争主力。两个派别之间友好交流、互相尊重,又彼此不愿妥协,但究其本质,都是为了革新会计,服务于社会经济。其中,以潘序伦为代表的引进西方会计改革派积极投身引进、推广西方会计的革新运动,引进并普及如借贷平衡原理、成本计算和经济分析等西方先进的会计学理论,培养了数以万计的新式簿记人才。"20年前,序伦与立信会计师事务所诸同仁,鉴于我国工商组织之不健全,经济情况之不振,以为必须确立现代会计制度,使工商业依循正轨,始能获得稳固的发展与繁荣。因即立下信心:以教育会计人才供国家社会应用为己任。"[①] 可见,潘序伦的育才思想与这场"会计革新"运动相伴相生。

三、潘序伦育才思想受益于黄炎培等人提倡的职业教育理论

1908年,黄炎培时任上海浦东中学校长,潘序伦就读于上海浦东中学,由此两人结下师生情谊。浦东中学是一所传承着革命基因、红色薪火,培养了大批革命志士和社会良才的学府。知名校友有革命先驱张闻天、李一氓、何挺颖,行业名家闻一多、叶君健、马识途、谢晋等。提及恩师,潘序伦道:"讲课时,讲得有声有色,富有兴趣,发人深思,学生

---

① 潘序伦.中华职业学校是我办学的榜样[M]//中华职业教育社.社史资料选辑:第一辑.上海:中华职业教育社,1983:149.

认为是难得的乐事。任师真是一位教育家和心理家,我们和他谈话,犹如见到了严父,又遇着了慈母"。① 潘序伦决心出国深造之际,找到黄炎培为他指导,黄炎培为他写举荐信,潘序伦以旁听生身份入圣约翰大学读书。在毕业之际,黄炎培又修书给校方,保荐他为南洋兄弟烟草公司招考的留学生,这为潘序伦赴美留学,投身会计创造了契机。后来,潘序伦创办立信会计专科学校,聘请黄炎培出任教授。"兴教育,办学堂"是黄炎培早期救国思想的主要内容,他认为"要救中国,只有办学堂。"②。由此,潘序伦兴办学校与黄炎培的救国思想是一脉相承的。黄炎培认为,"教育必须与职业沟通",其丰富内涵曾给予潘序伦等诸多追随者启迪,用职业技能来培训学生解决社会生计问题,这种救国救民的精神,激励着后来者对于职业教育和育人育才的不懈追求,也启迪潘序伦育才思想的形成与发展。

四、潘序伦育才思想从中华优秀传统文化中汲取精神源泉

潘序伦自少时受中华传统文化浸润,受封建科举制影响颇深,其曾祖父和胞伯曾中清朝举人,故他幼时名嗣曾(成年后更名为序伦),这是父辈给予的期许和厚望,希望他能像曾祖父一样中举,光耀门楣。从少年时期始,潘序伦入私塾,学孔孟,深受诗书经纶、典籍歌赋的哺育和熏陶。潘序伦十四岁(科举废除的第二年)被选入东坡书院正科(正科毕业即为秀才),除却史书典籍,英文、日文、数学、历史、地理、体操、音乐等

---

① 潘序伦.缅怀黄任之老师[C]//中华职业教育社.社史资料选辑:第一辑.上海:中华职业教育社,1983:137.
② 黄炎培.川沙公立小学校史最初的一页[M]//上海市川沙县县志编修委员会,川沙县志.上海:上海人民出版社,1990:7.

都是学校的授课范围。从孔子的"舍生取义""信善性善",孟子的"行天下之大道",东坡的"行成于廉""浩然正气",至谭嗣同的"肩承社稷,肝胆昆仑",这一脉相承的中华传统和文人墨客一以贯之的人格追求,深深地渗入他的心灵深处,影响着他的价值观念。

长期的熏陶和浸润的结果,体现在他一生躬亲的教育事业和毕生践行的"立信"精神之中。培养什么人?追求什么事业?他将毕生精力奉献给会计事业与教育实践,立足时代,着眼现实,将对祖国的热爱和对人民的赤诚转化为对学术的执着和对事业的追求。他的一生追寻,处处闪烁着人文主义关怀,教书育人,办学育才,传道授业,著书立说。孔子"民无信不立"的思想亦对潘序伦产生深远影响,他一生恪守"立信"二字,并以此命名他的三大事业——会计师事务所、会计学校和图书用品社。他将"坚定不移地守信重诺,严禁弄虚作假"看作会计从业者的必备品格,致力于培养"立信"人才。他在一位毕业生的纪念册中题词道:"昔孔圣有言:去食去衣,无信不立。则因以立信为建国之首务矣。若退而言会计,则立信为尤要……必基石稳固而后可以尽其功能。此虽常言,实为先圣之所昭示,昭并日月,愿与诸同学拳拳服膺而信守也。"[①] 他深谙孔孟之道,践行儒学思想,顺承诗书礼易,以"信德"为本人职业素养、职业道德的中心。

五、潘序伦育才思想从社会主义先进文化中获得前行力量

潘序伦是中国民主同盟会盟员,在回忆录中他讲道:"我接受社会主义思想,改造世界观,是有一个漫长过程的。好比攀登一座大山,在登山

[①] 姜韵宜,董乃祥.潘序伦与立信文化知行教程[M].北京:经济科学出版社,2006:13.

过程中确实感到艰难痛苦，但现在回味起来，真觉得'无限风光在险峰'呢！"① 尤其是在党的十一届三中全会以后，他更加深刻地接受社会主义思想，认识到"只有共产党才能救中国"的真理②，纵使年过八旬，仍剃须明志，主动关心党和国家大事，积极参与学习、实践活动。通过阅读十一届三中全会以来的重要文献和历次全国人大、政协会议的工作报告，特别是学习《关于建国以来党的若干历史问题的决议》，潘序伦更加觉得党的光荣、正确和伟大。无论是政治决议还是主张措施，都是以人民为本，为人民服务，是深得民心、顺应民意的。1980年立信会计专科学校复校，了却了他的平生夙愿，他深受党的关怀和社会主义的鼓舞，更加积极地投身于"四化建设"。在潘序伦晚年的不少论述中，他直言自己备受党和政府的教育和改造之恩，深受社会主义先进文化的影响，坦言自身"起步虽已晚了点，但我要竭尽有生之年，积极响应'肝胆相照、荣辱与共'的号召，自觉自愿、全心全意地为人民多作贡献，坚决沿着党所指引的方向，在社会主义大道上前进！"③

引进苏联会计理论服务于社会主义经济、开辟社会主义职业教育新道路，都是他在社会主义先进文化的指引下的积极实践。潘序伦不仅自身如此，也教导学生、勉励同行积极投身社会主义建设，加强对于马克思列宁主义、毛泽东思想和邓小平理论的学习。他鲜明指出，热爱党、热爱社会主义事业、热爱祖国，坚持四项基本原则是会计人员职业道德的首要条件，与资本主义会计师的职业道德有着本质的区别。他所形成的会计道德、从事的会计教育，皆为社会主义建设服务。"有劳动能力的人，都应当竭智尽忠，为国家，为人民作出力所能及的贡献……能力差的就是为社

---

① 潘序伦.潘序伦回忆录[M].北京:中国财政经济出版社,1986:51.
②③ 潘序伦.潘序伦回忆录[M].北京:中国财政经济出版社,1986:53-54.

会主义建设添一砖、铺一瓦、做一枚小小的钉子,也是一样有功的"①,足见社会主义先进文化深深影响着他的理念与实践。

第二节 潘序伦育才思想的丰富内涵

潘序伦在逾 60 年的会计教育生涯中,形成了先进的育才理念和丰富的教育内涵,概括而言主要包括——面向社会的教育观、服务经济的事业观、与时俱进的创新观、追求卓越的效益观,建立信用的诚信观,而这些丰富内涵都源自潘序伦创办会计教育的精神动力——励志"实业救国"、乐于奉献的爱国情怀。

一、乐于奉献的爱国情怀

起初,同大多数教育家一样,潘序伦希望通过会计教育解决社会生计问题,为人们带来一技之长,通过教育来促进国家的富强。当他从哥伦比亚大学博士毕业学成之时,没有丝毫犹豫,毅然决然回到中国,用满腔的热情投入会计教育事业之中,先后创办立信会计师事务所和立信会计补习学校,立信会计补习学校仅在上海一地便设立了 11 所分校。至 1931 年,"九一八"事变唤起了他内心更为强烈的爱国之心,更使潘序伦认识到,只有民族解放,才能促使民族经济与教育的发展,才能从根本上解决社会生计问题。于是,他在积极推进会计教育的同时,参加抗日救亡活动和民主运动。他积极参与抗日将士和民主人士募捐,为《生活周刊》等报刊义

---

① 金家富,罗银胜.潘序伦教育思想和办学实践研究[M].上海:立信会计出版社,1998:116.

务审计，并从会计教育、会计实务、会计出版等各个不同层面，有效促进了战时经济的发展。此外，他鼓励、支持立信师生的进步活动，保护爱国师生。

早在创办立信会计学校之初，潘序伦就明确提出办教育是为了"培养人才，发展实业，振兴中华"，他积极倡导办学与政治、经济相适应，主动为经济建设服务。在旧中国半殖民地半封建社会的条件下，潘序伦艰苦奋斗，全力以赴，开拓适应中国国情的会计教育事业。尽管道路坎坷、挫折多磨，他依然不妥协不退缩、锲而不舍，千方百计将事业办得精益求精。抗日战争时，他以国家民族利益为重，毅然将立信会计学校由上海迁至重庆。新中国成立后，他虽年事已高，却仍然将全部精力投身于会计教育事业。尽管遇到了诸多挫折，但是他依然坚持会计教育事业，直至十一届三中全会后，恢复上海立信会计专科学校、立信会计师事务所、立信会计出版社等，为国家培养大批人才。潘序伦说，他的一生夙愿，就是立信会计事业在中国共产党领导下得到发扬光大。① 他教导学生要牢固树立为人民服务的宗旨意识，加强政治学习，学有所获，学有所得，学有所用，为服务于社会发展和经济建设献力献策……

潘序伦的育才思想更源于他的无私奉献。潘序伦的一生为会计事业和教育实践倾尽心血，正如他创办事业的最初目标"取之于社会，用之于社会，取之于会计，用之于会计，取之于学生，用之于学生"。他艰苦朴素、勤俭节约，从不奢靡享受。1980年上海立信会计专科学校复校，他贡献一生积蓄，设"潘序伦奖学金"，兴建校舍，购置教具，捐赠图书两千余册。他励精图治、废寝忘食，办公时间与普通职员保持同步，甚至常常独

---

① 潘序伦.潘序伦回忆录[M].北京:中国财政经济出版社,1986:58.

自加班加点。物质上竭尽所能，精神上全力投入，他把自己与会计事业、教育实践紧密联系，践行"天下兴亡，匹夫有责"的观念意识，与民族进步、社会发展同进退。

爱党爱国，跟党前进；兴办学校，教育救国；投身会计，实业救国；潜心学术，科学救国；笃实诚信，行稳致远。潘序伦的育才思想在他浓浓的爱国情怀的激励下不断发展，形成了丰富的思想体系。

二、面向社会的教育观

潘序伦非常注重教育适应社会需要，他认为，符合社会需求，学校才有发展前途，才能更好地发挥教育功能。立信会计专科学校的设立，便是潘序伦出于"社会演进"的需求创办的。潘序伦认为，随着社会的进步，经济实业的发展，"更予工商业改进会计之工作以极大推动。值此时机，我侪从事会计工作者之责任，自将益趋重大，而社会对于会计人才之需求，亦必愈见殷切"。[①]

潘序伦认为，他所创办的立信会计补习学校是职业教育，职业教育当遵循"使无业者有业，使有业者乐业"。他说："没有相当职业的人，大约因为没有职业上相当的知识和技能，要想得着相当的职业，一定要把职业上的知识和技能学会，这是正式职业学校的任务，有了职业的人，对于职务上不能胜任的愉快，便叫做不能乐业。考其原因，大概由于任事上所必要的知识和技能，太不充分，或是先前学会了一种技能，但是任事多年，对于日在进步的新知识，新技能，不去关心，因此感觉到办事成绩退步，终至失业。所以已有职业的人，假使要在办事上常常觉得胜任愉快，一定

---

① 潘序伦.立信会计补习学校创办日校缘起[J].立信月报,1936.12(6):11.

要把有用的职业技能，趁着晨曦余间，加以研究。但是一般专门科学，有的非经指示讲解，难以明白；有的非有实验设备，无从着手。所以补充职业上知识技能，单靠着自修，有时或不容易得益，仍旧要靠学校教育，加以辅助。但是正式职业学校，入学有资格的限制，毕业有年限的规定，不能随意上课，又难免妨碍职务，自然极不相宜，为了适合这一班有职业者的需要起见，所以又有职业补习学校的设立。"①

面向社会办学，是潘序伦教育事业的出发点，也是他育才思想的一项重要内容。潘序伦认为，这种职业教育符合当时的社会需求。事实证明，立信会计补习学校的确受人青睐，超10万人的立信学子便是最好的佐证。他打破传统观念，广收女性学员，他说"女性处理会计事务，负责银钱出纳，在多方面实较男性尤为适宜"②，极大地促进了妇女求学、就业。此外，在培养人才的规格方面，也注重面向社会，不仅注重对于知识、能力的培养，也十分重视思想道德水准。办校以来，他从严治校、从严治教、从严治学，公正、廉洁、诚信、勤奋是他对立信人的基本要求，从而培养出一系列高素质会计人才。而在教学内容方面，潘序伦亦注重面向社会，一方面，注重理论联系实际，不断创新教学内容，使之与社会发展相适应，使会计教学符合国情需要、社会需要；另一方面，不断更新教材，如在农业会计领域"面对我国有八亿农民，数十万个农业社队，而社队会计人员中，受过正式会计学培训的为数极少的情况下，编写农业会计、

---

① 潘序伦.从职业补习教育说到立信会计补习学校[J].会计季刊,1931(2).
② 金家富,罗银胜.潘序伦教育思想和办学实践研究[M].上海:立信会计出版社,1998:26.

簿记教科书已刻不容缓",① 来填补过去农业簿记教程的空白，适应现实需求。

三、服务经济的事业观

1928年，潘序伦创办立信教育事业，在他从事会计实业与教育实践的过程中，逐步认识到民族工商业的迅猛发展对于会计人才的需求，立信会计师事务所也因此受到了更多机关、团体的青睐。中国民族资本榜首的荣氏企业、郭氏企业、刘氏企业以及简氏兄弟的南洋烟草公司等都是立信的常客。随之，潘序伦创办各级各类立信会计学校，意图将会计教育渗透各个层面——夜校、星期日校等不同时段的培训学校，训练班、补习班、速成班、函授、专科学校等多样化的办学形式，上海、重庆、桂林、广州、南京、天津、北京等办学地点，将立信会计教育事业扩展至不同地区，服务于不同行业，为当时社会培养出大批会计人才，直接服务于社会经济的发展。

随着十一届三中全会的召开，全国工作重心转向经济建设，潘序伦虽年事已高，依然敏锐地发现财会人才的紧缺难以适应社会经济的发展。在这种情况下，他会同立信同仁提出了复办立信会计专科学校的建议，并就办学的指导方针、教学研究、师资、校舍等一系列问题提出不少具体意见，并最终得到了上海市人民政府的批准，立信会计专科学校得以复校，继续为社会发展输送人才。

潘序伦认为，会计与经济密不可分。早在20世纪40年代初，潘序伦就提出，会计与经济是"当"的关系，明确了会计教育的服务对象。在晚

---

① 潘序伦.潘序伦同志在上海市会计学会第三次年会上关于当前会计工作的四点建设性意见[J].上海会计,1982(6).

年，潘序伦依然十分重视会计工作，呼吁全社会重视会计教育。他认为，会计是管理国民经济的一个重要工具。随着生产的发展，会计的重要作用也愈益明显。他指出，会计是经济管理的一个重要工具，认为会计的作用可以概括为三个字，即：记、算、管，记就是记账，算就是算账，管就是管理。记账的目的是提供算账的资料，算账的目的是便于进行管理。① 晚年的潘序伦曾发表《搞活经济和会计立法》一文，再次对会计教育"为四化建设，振兴中华贡献力量"建言献策，不久便与世长辞。

在科学技术迅猛发展之时潘序伦积极思考会计教育行业的发展，他在《新技术革命向会计界提出的问题》一文中指出，"会计本身就是一种信息，随着电脑时代的到来，会计工作是否要来一个彻底的变革？"② 他认为要及时调整教学内容，使会计人员不仅精通会计业务，也要学习自然科学、社会科学、哲学、心理学等知识，同时思考"会计人员今后的智力投资，应该向什么方向发展呢？如何以只争朝夕的紧迫感，采取什么相应的步骤来更新我们的知识呢？"③ 潘序伦的一生都在为了会计教育事业积极思考，上下求索，以不断地适应社会需求。他用活到老学到老的态度，践行着他会计教育要服务于经济的事业观，为会计教育事业，为社会主义经济建设服务、贡献。

四、与时俱进的创新观

潘序伦以改革我国旧式会计、建立新式会计为己任，培养人才、发展实业、振兴中华。他积极引进西方的会计知识和技术，引进苏联会计理论，编译苏联会计和经济管理方法，以期服务于社会主义建设。耄耋之年

---

① 出自1980年3月5日潘序伦在《解放日报》所刊文章。
②③ 潘序伦.新技术革命向会计界提出的问题[N].解放日报,1984-03-21(88):1-3.

依然不忘会计事业，积极研究电子计算机技术在会计工作中的应用。

从美国留学毕业后不久，潘序伦便开始从事会计实践和会计教育。千百年来，重农抑商的观念深深禁锢着国人的思想，因此大兴会计教育、投身会计实践的做法在当时并不受重视。但潘序伦敏锐地察觉到社会经济发展对于会计人才的需求以及劳动者对于职业知识的现实需求，以各种形式的成人教育和职业教育为社会培养会计人才，同时也为诸多失学、失业青年带来机遇。从1927年至1947年，20年间潘序伦共计开办40余届立信补习学校，最盛时期，除上海开设11所分校外，北京、天津、广州、重庆等地均设立分校，在立信严格的要求和精心地培育下，这些立信学子大多学有所成，极大地促进了再就业，也进一步促进了会计学校的发展。

立信会计专科学校复校后，他再一次带领学校走上改革之路，打破上大学是"铁饭碗"的思想，推行"收费走读，不包分配，择优推荐，双向见面"的改革措施。他认为，教育就要与时俱进，解放初期统包分配的教育模式已经不再适应于现实的发展需求，一是增加了财政的负担，二是不利于学校的教学发展，三是助长青年学生骄傲安逸之风。潘序伦提出，应当把有限的经费应用于普通教育，增加中小学义务教育，以解决平均社会知识水平低下的问题。于是，立信实行走读制，毕业后不负责分配工作，而是择优推荐，又与用人单位签订用人合同，"产销挂钩"。潘序伦不断实施教育改革，以适应社会主义经济与社会的发展。在不断地改革中适应社会需求，在不断地创新中发展立信事业，这种与时俱进的创新观念，成就了他富有价值的育才思想。

五、追求卓越的效益观

潘序伦在回忆录中提及自身精打细算、勤俭办学，他说，"无论在上海、重庆,还是在桂林、天津,开始时都是租用中小学夜间的空闲教室上课,或利用机关、团体、企业的房屋,和他们协作办校。每校除有二三位管教务工作的专职人员外,每班五十名左右的学生,只有一名教师和一名助教负责管理。总务勤杂工作,大都是请租用和协作单位兼办的。那时夜校教职员与学生人数的比例,大体是1∶20;就是正规的日校,也不过1∶10。房租、水电和办公用具都是处处节约,精打细算,因而学校经费每期都有结余。"① 潘序伦认为,提高办学效益,有效利用有限的人力、物力、财力资源,才能在经费短缺的情况下提高办学质量,培养出更多优秀人才,继而提出"学校成本会计"和"人才会计"学说,讲求工作效益,具有诸多现实意义。

在办学过程中,潘序伦认为,尽管学校并非营利机构,但仍然需要讲求效益,因此,就要进行成本核算,并以此为依据考核工作业绩。20世纪30年代,潘序伦便开始了对于学校成本会计的思考。他从普通成本会计引申到学校成本会计,他认为"无论经营哪一种生意,必须先有成本,各种营业,也必须知道了他的成本,方可求出赚钱或亏本的数额……第一,可以节省各处的靡费;第二,可以规定产品的卖价;第三,可以决定营业的方针……学校成本会计的意义和功用,也是这样。"② 学校成本会计可以使得人们清楚地知道工作成绩,同时也与工作效率休戚相关。潘序伦认为,与补习学校相比,中央大学每个学生的花费巨大而效益并不明显,现如今中国的学校"第一,应该加重训练;第二,也应该用成本会计的方法来,讲求工作的效率,方才谈得上教育救国呢!"③

---

① 潘序伦.潘序伦回忆录[M].北京:中国财政经济出版社,1986:35.
② 潘序伦.学校成本会计述要[J].立信会计季刊,1934,4(7):3.
③ 潘序伦.学校成本会计述要[J].立信会计季刊,1934,4(7):5.

1980年，潘序伦又提出"人才会计"研究的问题。他认为，要借鉴西方用货币形式来计算人才培养支出的费用，以及用被培养成才的人能否带来同等数额的利益来确定收益或损失。用这种方法来计算学生培训成本和效益，常年积存，便可推断各个学校对于人才培养、为社会服务的效果是否与投资相称。潘序伦每每提起改革之前人才培养和使用过程中的种种浪费，他都感到无比地痛心，足见他追求卓越的效益观和对教育事业的满腔热情。实践证明，立信会计高等专科学校作为全国首个实行收费走读的财经类院校，无论是办学质量、办学规模，还是经济效益、社会效益都是可观的，足见潘序伦对于教育事业的效益追求在当时具有一定的先进性。

六、建立信用的诚信观

1927年，潘序伦创立潘序伦会计师事务所，从此开启了他的会计职业生涯。他认为，从事会计工作首先要做到诚信，随后他以孔子《论语》中的"民无信不立"，使"立信"二字成为他一生的追寻，并于1928年更名事务所为"立信会计师事务所"，"立信"品牌、"立信"文化始于此时，并在近百年间形成、丰富、发展。1933年，潘序伦在《中国之会计师职业》谈到，"诚信"二字是会计师职业成功失败之所系，将"信"看作会计职业道德的基本准则。他身体力行，践行"立信"道德观念，并将诚信观念贯穿事业发展始终。至1937年，潘序伦以精辟的语言概括了立信会计高等专科学校的校训："信以立志，信以守身，信以处事，信以待人，毋忘'立信'，当必有成"。此时的"立信"有了更为丰富的内涵，包含立志、守身、处事、待人等方面的做人准则，皆以"信"为本，是一种高度的责任感和崇高的道德品质。身先士卒，以身作则，在践行"立信"的同时，他向学生讲述、与同事互勉，使诚信在会计行业蔚然成风，也为立信学校培育高质量、高素质财经人才奠定基础。

潘序伦的毕生心血——立信会计事业，是他"立信"道德观念的主要承载，他在实践中践行，也在实践中深思，逐步加深对于"信"的理解与阐释。"立信"亦成为他会计师职业道德思想的核心，既落实于事业、实践，与之同发展、同进步，又在他对于会计职业道德的公开阐述中得以体现。1933 年，潘序伦把会计师的职业道德归纳为"公正、诚信、廉洁、勤奋"；1943 年潘序伦在《吾国之会计师职业》中称会计师职业道德为"公、信、廉、密、勤、敏"；1983 年再提及会计人员的职业道德，潘序伦指出，在品德方面当"遵纪守法，以身作则，坚持原则，廉洁奉公，忠实老实，毋忘立信。"潘序伦三次归纳会计师职业道德，都把"立信"放在核心，它是潘序伦内心一条不可逾越的道德准则。

时至今日，我们宣传和发扬的"立信"品格、"立信"精神，是潘序伦身体力行、率先垂范并经过几代人的努力造就的，有着更加丰富的内涵。这种诚信观，是爱国主义，是无私奉献，是大胆革新，是艰苦创业，是实事求是，也是敬业守信，是有着鲜明时代特征的、不断丰富和发展的、全面且系统的会计诚信思想。

第三节　潘序伦育才思想的基本特征

潘序伦的育才思想，从"实业救国""教育救国"出发，内涵丰富，博大精深，他用逾 60 年的教育生涯践行、发展，为现代化教育提供了理论基础和实践经验。在理解其育才思想的丰富内涵的同时，我们也注重挖掘其育人特点，在此基础上探究潘序伦育才思想在教育实践中的成效，主要包括以下六个方面。

一、育人为基，适应社会需要

"20年前，序伦与立信会计师事务所诸同仁，鉴于我国工商组织之不健全，经济情况之不振，以为必须确立现代会计制度，使工商业依循正轨，始能获得稳固的发展与繁荣。因即立下信心：以教育会计人才供国家社会应用为己任。"① 前文所述，潘序伦顺应社会之需在留学归国后创办会计师事务所和立信会计学校，促进职业教育的完善，为各行各业输送大批会计人才，满足了当时社会工商业发展的需求。在立信经历坎坷后，20世纪80年代，又积极倡导复校，以服务于各行各业，满足其对于经济管理人才的需求。在会计师培养方面，他亦能洞察趋势，从改革旧式簿记推广新式会计，到引进苏联会计理论，再至新技术革命时期，又积极探索电子计算机技术在会计工作中的应用，调整教学内容。正如他所期盼"真正使财务会计、管理会计之教学内容符合国情、厂情，适应社会需要"。②

在会计教育实践中，他上下求索，并根据实际提出校址适中、清晨或傍晚授课、功课实用、选课自由、学期要短、打破文凭观念六个创办职业教育的必要条件，③ 皆从学生实际需求出发，以在短时间内培养实用人才为目的，为推动职业教育的发展提供了有益支持。马寅初曾高度赞誉潘序伦的教育事业：立信会计为民族复兴培养数以万计的打算盘的理财人才，功莫大焉。1985年10月25日，在纪念潘序伦从事会计事业60周年的典

---

① 潘序伦.中华职业学校是我办学的榜样[C]//中华职业教育社.社史资料选辑：第一辑.上海：中华职业教育社，1983：149.

② 潘序伦.潘序伦同志在上海市会计学会第三次年会上关于当前会计工作的四点建设性意见[J].上海会计，1982(6).

③ 潘序伦.从职业补习教育说到本校[J].会计季刊，1931(2).

礼上,时任校长顾树桢提及,潘序伦一生为会计教育事业鞠躬尽瘁,把适应社会需要作为办学的根本宗旨,培养了大批高级会计人才,十万桃李,分布国内外,并深受社会欢迎。

1979年10月1日,潘序伦在题为《热烈庆祝国庆30周年》的讲话中说:"我今天要求我所训练出来成千上万同学和同事一起和我高喊口号:我们有生之年,都是为国竭智尽忠效力之年,这是我们最幸福之时。"①

二、学验并重,重视教学实践

潘序伦在育才的过程中注重成本,追求效益。"每个学生身上仅仅花了数十元,或十元八元,便可使他学得有一技之长,到社会上去谋生活",② 他认为开办会计学校,培养会计人才是为社会经济发展服务的,因此他所倡导的职业教育更加注重学生的实际工作能力,即会计实践能力。在办学过程中,潘序伦提倡边学边做,讲究实效,注重教育与实践相结合,他所创办的会计学校除传授会计知识外,将实践训练纳入教学范畴,专门设"会计实习"科目,提高学生实践能力。一方面要求学生反复演习,并配备辅导助教答疑解惑;另一方面组织学生到相关企业参观学习,并将会计师事务所作为学员的进修基地,进修内容包括查账实习、会计咨询等,提高会计专业学生的实践能力。

他在回忆录中写道,"要掌握会计这门科学,如同医师一样,必须亲自动手实践,才能真正学到手。因此,我校非常重视实习,每节课都备有习题,并配备一位辅导助教,认真批改学生作业和解答疑难问题。对夜校

---

① 金家富,罗银胜.潘序伦教育思想和办学实践研究[M].上海:立信会计出版社,1998:116.

② 潘序伦.学校成本会计述要[J].立信会计季刊,1934,4(7):5.

学生，主要是帮助他们解决实际工作中的困难和问题；对正规日校学生，要求他们苦练珠算、书法和应用文等基本功，并利用会计师事务所与工商企业接触较多的有利条件，经常组织学生到工矿企业和商店参观实习。"[1] 因此，立信学校的毕业生深受行业青睐，往往能够在毕业后立即从事实际工作。

潘序伦"学验并重"的教学思想影响着一大批立信学子，也在诸多名人志士的爱国实践中得以丰富和发展。会计学家李鸿寿、经济学家顾准、音乐家冼星海等皆积极实践，投身社会建设。除了在经济领域推广的边学边做，更有冼星海在音乐领域传授民族大义，带领学生投身音乐普及事业，在抗日战争救亡图存之时，以音乐理论带动实践，以革命歌曲创作的实际行动践行爱国的初心与抱负，亦是对立信"学验并重"的办学特色的有力推动。

三、全面育人，提高综合素养

潘序伦所倡导的教育，不仅仅局限于会计专业的实践能力，更注重学生素质的全面提高，是一种具有前瞻性和进步性的教育思想。他认为适应社会经济发展的现实需求不仅仅是培育具有会计知识、能够从事财会工作的职业者，更应培养德、智、体全面发展、在恪守"信以立志，信以守身，信以处事，信以待人，毋忘'立信'，当必有成"立信校训基础上，综合素质过硬的人才，以利于学生未来职业竞争。因此，体育课程也是潘序伦教育事业中不可或缺的一部分。1947年，潘序伦捐赠一万美金用于立信会计专科学校的室内体育馆建设，这也是当时专科教育中堪称一流的

---

[1] 潘序伦.潘序伦回忆录[M].北京:中国财政经济出版社,1986:58.

设施与规模。至今，立信体育教育依然走在前列，学校始终高度重视健康教育工作，在体育、卫生和心理健康等教育工作中取得可喜成绩，年均开展19项体育赛事活动，年均参与人数达13 000余人次，2023年上海立信会计金融学院成功入选首批全国健康学校建设单位。

"一把算盘一支笔，算来算去没出息"，潘序伦在实际教育工作中冲破这种传统观念，打破人们对于会计行业的固有认知，注重基础教育，加强英文学习。潘序伦在回忆录中写道："圣约翰大学，原是美国教会通过在我国办学的方式，对我中华进行文化侵略的工具。学校原设宗教科目为必修课，所用课本就是《圣经》……但是，这种诱惑兼强迫的手段，并未能使我信仰上帝，因我之所以进入圣约翰大学，完全是为了学好英语。"在圣约翰大学的求学过程中，他有两点深刻体会：一是要在逆境中善于忍耐，二是要有勤学苦读的毅力。他始终以这两点与求学求业的青年们共勉。他所认为的会计从业者"非有高度的文化知识的人，是不能胜任的"，还需要相应的表达能力和写作能力，更不用说从事会计师和会计教学科研工作。①

四、兼顾层次，丰富办学形式

立信会计教育事业规模庞大，层次丰富，包含补习教育、成人教育乃至大中专学历教育，更包含夜校、晨校、星期日校、速科班等。最盛时期，立信会计教育事业扩展至北京、天津、广州、重庆等地，满足了不同群体对于会计专业学习的需求。潘序伦在《立信会计学校的创办和发展》一文中提及，"充分考虑学生来源，用多样化的教学方式满足培养人才的

---

① 赵友良.中国近代会计审计史[M].上海：上海财经大学出版社，1996：308-309.

要求。这里包括：学制分正规与非正规；学程分初级、中级、高级；学习时间分日班、夜班、晨班、星期日班、暑期班、短训班、速成班；授课方面分面授、函授以至广播讲座；学生来源分在职人员业余学习、失业青年就业学习、家庭妇女谋业学习；学校设备分住校和走读。这使得有志来学的青壮年，甚至少数老年，不论文化程度、专业程度高低，路途远近，时间多寡，贫富悬殊，都能选择适当班级学成一技，作就业的准备或提高自己的业务水平。"①

在教材方面，潘序伦从实际出发自编自教，在确保使用教材符合企业需求的前提下兼顾层次，仅立信出版的"会计学教材"就有13个版本。他组织编写《初级商业簿记教科书》《高级商业簿记教科书》，因材施教，为不同程度的学员提供学习素材。潘序伦秉承对会计教育的严谨态度，一贯不允许出现教材的陈旧与老化，倾尽心力，教材因此也是常用常新。据不完全统计，1930年至1953年，"立信会计丛书"先后收入各种会计、审计、簿记教材二百一十三种，其中四十种由潘序伦编撰、翻译，其余各类也均出自名家之手，具有较高的学术价值，系统、完整，且具有较高水平，是我国第一套自行编写的会计学著作。

五、多措并举，争取社会力量

潘序伦所创办的立信教育事业本身就是为了社会服务，其服务对象有荣氏、郭氏、刘氏、简氏等经济、实业行业的领军人物。在提供会计服务的同时，潘序伦也得到了他们对立信会计事业的大力支持和鼎力相助。以立信会计专科学校为例，除了所筹的建校资金十七万元法币，在重庆兴建

---

① 潘序伦.立信会计学校的创办和发展[M]//龙一圆.立信史话.上海：立信会计出版社，1993：15-16.

校舍、返沪集资过程中，仅申新纺织和荣氏兄弟便捐助了一亿八千万元法币。在潘序伦办学、育才、发展过程中，社会集资占据了办学资金相当比例。此外，立信学校与企业、用人单位联合办学，签订用人合同，实现"产销挂钩"。学校为企业输送人才，企业为立信学员提供实践、就业平台，这种校企联合的办学模式也推动了立信教育事业的发展。

除此之外，在理论研究方面，他常常通过对政府、企业等各类社会团体进行调研实践，加以思考，锤炼经验，完善自身会计理论体系，为会计教学提供基础依据；在师资力量方面，他聘请立信校友和会计行业经验丰富的从业者或学者、专家担任专业课教师，这既是对其"学验并重"思想的验证，又能依靠他们的从业知识指导学生实践；在办学模式方面，他与机关、团体、企业协作办校，请他们兼管总务勤杂工作，在节约成本的同时借助于外部力量扩大学校影响力。依靠社会力量，发展立信事业，再服务于社会发展，正所谓"取之于社会，用之于社会"。

六、"三位一体"，形成良性循环

潘序伦所倡导的立信会计事业，实现了会计学校、会计师事务所和会计图书用品社"三位一体"、有机配合，为立信会计事业的发展提供了协同发展机制，同时也为立信学校培养会计人才打下了坚实的经济基础和社会基础。1941年，立信会计图书用品社成立，自此，为学校补充了教材和经费来源。试举一例，由潘序伦倡导编纂的"立信会计丛书"，在20世纪40年代由立信会计图书用品社收回版权，自行印刷，用品社每年收取高额版税用于立信学校的教学实践。仅从"会计立信丛书"编撰者之一顾准一人来看，至1940年，他所写作出版的著作为事务所创收版税已超过十万元法币。自此，用品社为学校提供教材的编辑和出版，事务所为学校提供实践场所和师资保障，同时，立信学校为事务所、用品社培育优秀人才，学校、事务所、用品社"三位一体"的协同育人模式逐渐形成。

这种协同模式的优势还体现在对于内部资源的统筹利用，会计师事务所的会计师、学校教员、用品社管理人员可根据生源、委托案件、出版情况相互调配，尤其是会计师、编辑具有丰富的会计从业经验，是对会计学校师资力量的有益补充；同时，学校、事务所、用品社账务独立，但又相互支持，同进退、共发展，至20世纪50年代立信学子已逾十万名，承接案件超万件，用品社出版图书千万册，"立信"在会计行业已具有较高的影响力。这种协同机制是潘序伦教育思想实践的一个突出优势，实现了优势互补、资源互用，与现代"校企合作"的人才培养模式有异曲同工之妙，提供了可靠依据。

第四节　潘序伦育才思想的传承与弘扬

党的十八大以来，习近平总书记在领导全党和全国人民开创中国特色社会主义新时代的伟大实践中，始终把教育工作摆在突出位置。教育是党之大计、国之大计。潘序伦在会计实业和教育事业中所形成的育才理念，内涵丰富，思想深邃，具有相当的深度、广度和高度，为高校培养专业领域高素质人才提供了可依据的现实指导；为全面建设社会主义现代化强国，提供了可遵循的教育方法论。在实施科教兴国战略、强化现代化建设人才支撑的今天，将传承和弘扬潘序伦先进育才理念融入现代化育人过程中，对于落实立德树人根本任务、培育德智体美劳全面发展的社会主义建设者和接班人具有现实意义。

一、为国育才，经世致用

潘序伦所创办的会计学校，其根本目的是培养人才，最终目标是人才输出，"以配合国家经济培养会计专门人才，适应实际需要为宗旨"，其最初目的是实现实业救国、教育救国，随之是适应社会主义发展的需要。

培养什么人，是教育的根本问题。切实落实立德树人是高等学校的根本任务，为党育人、为国育才是高等教育的神圣使命。习近平总书记指出："古今中外，每一个国家都是按照自己的政治要求来培养人的，世界一流大学都是在服务自己国家发展中成长起来的。我国社会主义教育就是要培养社会主义建设者和接班人。"① 作为中国共产党领导的社会主义国家，我们的教育要把综合协同育人作为根本途径，为国家培养德智体美劳全面发展的社会主义建设者和接班人。要在教育工作中增强学生对于中国特色社会主义道路自信、理论自信、制度自信、文化自信的认识，开展中国近现代史、中国革命史、中国共产党史学习教育等，厚植爱国主义，积极引导学生热爱和拥护共产党，扎根人民，奉献国家，要培育出可堪大用、能担大任，真正为社会主义现代化建设服务的青年人才。

二、诚信为本，学验并重

中共中央、国务院发布的《关于加强和改进新形势下高校思想政治工作的意见》提出，坚持全员全过程全方位育人。高校要把立德树人作为根本任务，融入思想道德教育、文化知识教育、社会实践教育各环节，把思想政治工作贯穿教育教学全过程，把思想价值引领贯穿教育教学全过程和

---

① 习近平.在北京大学师生座谈会上的讲话[N].人民日报,2018-05-03.

各环节，形成教书育人、科研育人、实践育人、管理育人、服务育人、文化育人、组织育人长效机制。"立信，乃会计之本"，这是潘序伦育才思想的重要内涵。潘序伦一生三次在论著中提及会计职业思想道德，无论"公正、诚信、廉洁、勤奋"，还是"公、信、廉、密、勤、敏"，抑或"遵纪守法，以身作则，坚持原则，廉洁奉公，忠实老实，毋忘立信"，都始终离不开一个"信"字，"信"字贯穿在他的会计教育事业始终。如今上海立信会计金融学院依旧秉承"诚信为本，学验并重"的办学特色。代代立信人恪守"民无信不立"的初心，在为社会发展培育高素质会计人才的同时，不断丰富发展着"立信"校训。

立德而后树人。党的二十大报告指出，培养什么人、怎样培养人、为谁培养人是教育的根本问题。育人的根本在于立德。践行潘序伦诚信为本的道德观念，当培育学生爱国主义精神、无私奉献精神、大胆革新精神、艰苦创业精神、实事求是精神、敬业守信精神。要牢牢把握立德树人这一根本任务，紧紧抓住思想政治这一底线红线，整合协同学校工作，发掘校内外资源，将传承与弘扬潘序伦育才思想与落实立德树人根本任务相结合，引导学生争做"爱国、励志、求真、力行"的时代新人，为上海"五个中心"建设培养高素质财经人才。培育德才兼备、全面发展的一流人才，当注重强化青年学生责任担当意识，以行践知，拓宽大学生学习领域，既向书本学习，也向实践学习，要矢志不渝从思想上引领青年，在实践中磨砺青年，通过开展劳动教育、实践教育，加强校内实践教学，积极推进校外实习、实践基地建设，真正使之成为可担民族复兴大任的时代青年。

三、与时俱进，开拓创新

潘序伦一生在改革创新中发展立信教育事业，无论是办学方式、教学内容还是培养方式，都是与时俱进的。从补习培训班到专科学校，从适应工商业发展需求到思考技术革命与会计教学的融合，从统包分配到打破"铁饭碗"，无不从实际出发、积极探索，注重在实践与应用中发展创新。

这也向我们现代化办学提出了新的要求，其一，无论是教育管理者还是专职教师都要在观念上不断革新，牢固终身学习的理念，向潘序伦"活到老学到老"的精神看齐。其二，要注重教师队伍建设，培育高素质教师队伍，锤炼教育本领。其三，教育要与时俱进，敢于创新。要学习贯彻习近平总书记在2018年全国教育大会上的重要讲话，推动会议精神落地落实，"抓住机遇、超前布局，以更高远的历史站位、更宽广的国际视野、更深邃的战略眼光，对加快推进教育现代化、建设教育强国作出总体部署和战略设计，坚持把优先发展教育事业作为推动党和国家各项事业发展的重要先手棋，不断使教育同党和国家事业发展要求相适应、同人民群众期待相契合、同我国综合国力和国际地位相匹配。"

四、塑造品牌，因材施教

多层次办学，多方式教学，会计学教材就有13个版本之多。为了满足不同层次学生群体的需要，潘序伦因材施教，为不同程度的学子编撰教科书，后集成"立信会计丛书"，这也是他育才思想中的重要一环。他贯彻"立信"二字于会计事业和会计教育实践，以"立信"冠名他所创办会计学校、会计师事务所和会计图书用品社，"三位一体"，协同发展，打造扬名海内外的"立信"品牌。

作为专业人才培养的主要阵地，高校要利用好自身优势，突出办学特色，注重文化传承，明优势，知定位，扬名声，促发展，以进一步提高学校声誉，提升办学水平。立信当健全"五育"融合育人体系，深耕诚信教育，擦亮"育人"品牌，发挥学校体育、卫生和心理健康建设、星海艺术团等文化建设优势，一方面增加社会认同感，通过良好的品牌形象获取更多的社会关注和支持；另一方面，通过加强品牌建设激发师生荣誉感与自豪感，增强凝聚力、吸引力、推动力、向心力，促进学校精神文明建设，发挥辐射示范作用，进一步团结引领广大青年在全面建设社会主义现代化国家进程中建功立业。

此外，要深刻认识到"因材施教、知人善教"的重要性，学校要以学生特色发展为中心，充分了解学生特性，合理化、高效性地教育和引导学生。要使学生在提高自身专业水平的同时，发挥个人特性，使特性成为特长，弥补大众化教育带来的局限性。要"深化人才培养模式，教学内容及方式方法等方面的改革，使各级各类教育更加符合教育规律、更加符合人才成长规律。"① 真心爱才、悉心育才、倾心引才、精心用才、求贤若渴，不拘一格，把各方面优秀人才聚集到党和人民事业中来。

五、综合育人，全面发展

潘序伦所秉承的是德智体全面发展的育人理念，尽管他的观念在当今看来颇有局限，以适用于职业教育为主，但不可否认，就当时社会而言其仍有前瞻性和先进性。纵观潘序伦育才理念的形成背景与内涵特色，并非局限于会计专业课程教学，而强调"用之于社会"，注重育人效果，致力于综合素质的提高。

近年来，我国高等学校将大学生思政教育放在至关重要的位置，强调加强理想信念教育、社会主义核心价值观教育、中华优秀传统文化教育、

---

① 霍小光,张晓松.习近平在北京市八一学校考察时强调 全面贯彻党的教育方针努力把我国的基础教育越办越好[N].经济日报,2016-09-10.

劳动教育和实践教育。我们要增强学生对于中华优秀传统文化的认同感和自豪感，使之如潘序伦厚植中华优秀传统文化，汲取社会主义先进文化，具备中国情怀和国际视野，发扬立信品德，传承立信精神，强身健体、健全人格、锤炼意志，矢志不渝培养德智体美劳全面发展的社会主义建设者和接班人。

今天，我们所强调的"育人"和"育才"具有更加丰富的内涵，是德智体美劳全面发展，是全员育人、全过程育人、全方位育人。作为立信人，作为教育工作者，当以培育德智体美劳全面发展的社会主义建设者和接班人为目标，全面把握习近平总书记关于教育的重要论述的内涵与实质，并以此指导实践、推动工作。

结语

"信以立志，信以守身，信以处事，信以待人，毋忘'立信'，当必有成"，这二十四字不仅是潘序伦恪守的道德精髓与做人准则，亦是潘序伦对立信学子、对会计从业者的殷切希望。

纵观潘序伦的一生，他厚植中华优秀传统，历经"实业救国""会计革新"运动，又深深感召于社会主义先进文化，在爱国情怀的激荡下，投身会计，兴办学校，为会计事业和社会发展一生奔走，"取之于社会，用之于社会；取之于会计，用之于会计；取之于学生，用之于学生"，在数十年的躬身实践中，形成了面向社会的教育观、服务经济的事业观、与时俱进的创新观、追求卓越的效益观和建立信用的诚信观，这些理念构成了他育才思想体系的主要内容，也为新时代培养德智体美劳全面发展的社会主义建设者和接班人提供了可借鉴的方法论。

潘序伦的育才思想体系，是具有先进性和前瞻性的，体现在育人为基，适应社会需要的教育目标；学验并重，重视教学实践的教育方式；全面育人，提高综合素养的教育实际；兼顾层次，丰富办学形式的教育实践；多措并举，争取社会力量的教育理念；"三位一体"，形成良性循环的教育机制；这些特点形成了潘序伦育才思想体系的特有优势，培育十万桃李，投身社会主义建设。

2023年，恰逢潘序伦诞辰130周年和立信建校95周年，我们传承"立信"文脉，发扬"立信"精神，当深刻把握潘序伦育才思想内涵，全面挖掘育人思想特点，将新时代育人新要求与丰富发展潘序伦关于人才培养的五个主要观点结合起来，落实立德树人根本任务，将潘序伦思想特色融入现代化育人过程中，聚焦"为国育才，经世致用""诚信为本，学验并重""与时俱进，开拓创新""塑造品牌，因材施教""综合育人，全面发展"等关键词，形成具有立信特色的办学育才之路，以期培养德智体美劳全面发展的社会主义建设者和接班人，为中国式现代化建设提供有力支撑。

（李延绍　李羽佳　罗银胜　郭哲言　俞新梅）

第三章

潘序伦
人才培养理念

引言

潘序伦是著名的会计教育家，被誉为"中国现代会计之父"，他创立的事务所、学校、图书用品社"三位一体"的立信会计事业声誉卓著，其中尤以培育数十万名会计人才的立信教育事业影响巨大。潘序伦在发展立信会计事业的过程中逐步形成了内涵丰富的会计人才观，同时又在立信办学过程中总结出许多学生教育管理、校园文化建设方面的经验，这些资料散见于潘序伦论著、立信校史材料、学生回忆等文献中，系统梳理这些文献，总结提炼潘序伦在教学管理、道德教育、文化育人、体育精神、教育成本核算等方面的治校理念与教育实践，同时探寻其形成背景，有助于全面阐释潘序伦的人才培养理念，从而为我们传承立信办学特色，落实立德树人根本任务提供借鉴与启示。

第一节 潘序伦人才培养理念的形成背景

一、中国传统文化教育的熏陶

潘序伦出身于书香门第，他的曾祖父和胞伯都在清朝中过举人。潘序伦的父亲一直要求子女用功读书，所以潘序伦从小就读了不少古文，还曾参加过一场秀才的县试。潘序伦在十二岁以前，接受的是传统私塾教育。教室就设在家庭的大厅里，当中供着大成至圣先师孔子、文昌帝君和北斗魁星三座神位。清晨读书之前，学生必须先向神位作揖叩首。塾师对学生的管教是十分严厉的，潘序伦在私塾中接受了严格的中华传统文化与儒家经典教育，熟悉了四书五经等典籍。童年时期所受的教育往往会影响一个人的一生。儒家道德体系倡导的"仁义礼智信""温良恭俭让"，被古代君子奉为圭臬，是为人处世的道德准则，也深深植入潘序伦的心里，成为他日后教导学生要遵守的道德信条。中华民族自古就有以诚为本、以信为先的文化传统，富含深厚的诚信文化底蕴，在中国传统的道德体系中诚信之德居于核心地位，成为维系社会秩序必不可少的道德规范。良好的国学熏陶和浓厚的家族学风，让潘序伦从儿时就对中华优秀传统诚信文化有很深的了解，高度认同诚信价值观。

二、青少年时期求学经历的影响

清末科举制废除后，潘序伦就读于东坡小学，师生均寄宿学校，舍监管理严格，正襟危坐督促学生自修，学生因事出校则须请假，就寝前舍监也会点名。这些经历对潘序伦后来主持立信校务时"管教务期严格"的做法是有一定影响的。潘序伦就读的浦东中学以严格管理为办校方针，《浦东中学校杂志》的绪言中有这样一段话告诫学生："东西国学校对于是等年龄之中学生徒，其不敢一息涉放任也"，"本校……管理一从严密"。[①] 圣约翰大学的考试也以严格著称，教学和校纪均"抱严格主义"，据圣约翰

---

① 倪瑞明.黄炎培与浦东中学[M]//浦东中学校杂志.上海：上海教育出版社，2020：136-137.

大学注册处的统计，文理学院 1938 年课程不及格率一年级达 40%，二年级达 30%，三年级达 12%，四年级达 14%，① 由此也可推想在此近 20 年前即 1919 年至 1921 年间潘序伦就读时的情形。潘序伦在总结其办学经验时曾提到，他亲自主持校务，一切坚持"认真"二字，对师生都是高标准、严要求。这种理念应该是受到了圣约翰大学的影响。潘序伦早年曾因抗议浦东中学考试严格卷入"交白卷"风潮而被开除，后来又在圣约翰大学严格的全英文教育中获得全班英文成绩第一。这一鲜明对比促使他认识到，办学严格管理并不是与学生为难，恰恰是对学生最大的爱，是对学生和社会负责。1921—1924 年，潘序伦在美国求学期间，西方学校严格的教育管理和严谨的治学教风让潘序伦深刻感受到管教严格乃是高水平大学办学的基本准则。他积极将西方学校的荣誉考试制度引入立信，他常在师生大会上讲学知识不易，学做人尤难。倡导"荣誉考试"，旨在通过不监场的考试，昭示尊敬考生人格，亦培养人自觉自重，以期我辈品学兼优。

潘序伦在办学中还十分关注体育与文化活动对于人才培养的重要性，他特别重视体育教育与校园文化活动的开展，这也与其在各个学校求学期间所见所闻所经历紧密相关。《浦东中学堂及附属高等小学初等小学堂规程》明确将"体操"列入规定科目，因此浦东中学的校舍建筑充分考虑了学生体育锻炼的需要，设有专门的体育室，配备 450 余件运动器械。学校还设计了跑道、操场、单杠、双杠、平衡木等体育设施，设置了足球、篮球、网球等球类体育课程。学校学监陈容在《自美国哈佛大学致黄韧之书》中介绍了美国的学校教育，提到美国教育的五大目的，其中首要的就

---

① 徐以骅.上海圣约翰大学[M].上海：上海人民出版社，2009：134.

是体育,"学校咸知练身之亟,皆特建练身房,按时使生徒练习",①而在另一篇《自美国哈佛大学致本校诸生书》中则专门介绍了美国的踢球(即美式橄榄球)、拍球(即网球)、赛船、游水等具体运动。潘序伦在浦东中学时曾在校刊《浦东中学校杂志》上发表过多篇习作,而陈容的两篇书信也发表在同一刊物,潘序伦通过阅读该刊对美国教育重视体育的情况也会有所了解。

浦东中学建有大礼堂,内部设演讲楼,学校常邀请蔡元培、陈独秀、唐文治、邵力子等著名人物在此演讲,学校还组织了培养学生演说能力的演讲社,鼓励学生练习演说。学校教师也常举行讲谈会,"每遇礼拜开会,以交换智识为宗旨"。②此外,浦东中学还设有娱乐室、国乐室等,以陶冶学生情操,潘序伦还曾写过一篇习作《俱乐部记》发表在校刊上。

浦东中学较为完善的体育设施和体育课程弥补了东坡小学体育教育的不足,演讲社、娱乐室、国乐室的设置也丰富了潘序伦的校园生活,这段经历对潘序伦人才培养理念的形成有重要的影响。

圣约翰大学在体育方面开国内教育风气之先,是中国高校运动会和校际运动会的发源地,早在1890年就举办了第一届田径运动会,其足球队、网球队、篮球队、田径队等都在各项赛事中取得优异成绩。圣约翰大学对所有学生实行两年强制运动制度,这一点潘序伦深有体会,他在回忆录中谈到,最使其感喟而不能忘怀的便是上体操课,"照圣约翰的校章,凡是初入学的新学生,不论他是中学大学高级低级,一律要受一学期的军事训练。"③据《圣约翰大学四十年成绩志略》介绍,"学生……每晨必须体操,

---

①② 倪瑞明.黄炎培与浦东中学[M]//浦东中学校杂志.上海:上海教育出版社,2020:105.

③ 潘序伦.求学经过的自述[J].立信会计季刊,1935(7).

星期日不在内,星期一三五必须入兵操或入童子军,礼拜二四,初级生经体育教员之指导,须有一种运动可任其自行选择。"①

圣约翰大学学生组织则成立很早,且名目繁多,有学术社团如英文学会、经济学会、新闻学会等,也有文艺社团如戏剧研究社、音乐研究会、西乐队、国乐会等。学生剧社早在1896年就以英语演出过莎士比亚戏剧《威尼斯商人》,英文辩论会则在1898年就已成立,学生刊物《约翰声》也创办于1890年。潘序伦在回忆中也提到自己1921年在全校英文政治论文比赛中得了第一名,并获得金质奖章,当时的圣约翰校园有许多学习竞赛激励学生努力取得优异成绩。

圣约翰大学的求学经历对潘序伦后来留美深造并成就立信会计事业是十分关键的一步,全英文的教学环境、严格的教学管理、强制的体育训练、丰富的校园社团生活给潘序伦带来了扎实的本科教育和开阔的视野。

三、黄炎培等师长教育观的启迪

潘序伦在就读浦东中学时遇到了对他后来求学和办学产生重要影响的黄炎培。黄炎培,字任之,是中国著名的民主革命家、教育家。时任浦东中学校长的黄炎培常常亲自为学生讲授修身课和国文、作文、史地等课程,其教育理念也深深影响了潘序伦。潘序伦在晚年曾回忆道,"任师真是一位教育家和心理家,我们和他谈话,犹如见到了严父,又如遇着了慈母。"② 黄炎培认为对学生严格是因为挚爱学生,他说"所谓

---

① [美]卜舫济:《圣约翰大学四十年成绩志略》,上海档案馆馆藏档案:档案号Q243-1-7。

② 潘序伦.中华职业学校是我办学的榜样[M]//社史资料选辑:第1辑.上海:中华职业教育社,1983:149.

严密者，无他，以一挚爱诸生之诚意出之"。① 浦东中学重视体育和校园文化社团建设的办学风格也是源于黄炎培的教育观念。为增进学生健康，学校每周安排体育课3节。黄炎培还亲自为学校的第一届校运动会撰写了运动会会歌。黄炎培十分注重聘请真才实学、富有经验的各方学者担任教师，潘序伦在立信办校历程中也受其影响广聘名师，海纳各方资源推进学校发展。

黄炎培是我国职业教育的先驱者，先后创办中华职业教育社、中华职业学校。他提倡教育与学生生活、学校与社会实际相联系，主张职业教育应该是职业技能培训与职业道德教育并重，职业教育的教学原则是"手脑并用""做学合一""理论与实际并行""知识与技能并重"。潘序伦在创办立信会计补习学校之初也是以职业教育起家，他深受黄炎培的教育理念影响，强调教学要做到"学验并重"，立信培养的学生素以工作上手快而闻名。同时，潘序伦特别强调会计职业的道德教育，认为会计人员应具备四种高尚的职业道德：公正、诚信、廉洁、勤奋。他认为"会计师职业之发展，其有赖于诚信之一端，实较其他百业为尤要。"正是在这样的办学思想指导下，潘序伦始终将诚信贯穿于立信人才培养的全过程。

除了黄炎培，圣约翰大学校长卜舫济的治校理念也对潘序伦产生影响。卜舫济倡导文理兼容，德、智、体、美四育并进的全面教育，要求学生严守纪律，注重培养师生感情，在经济上以节约办校为原则。潘序伦在美国读书期间曾与卜舫济通信，盛赞卜舫济为"中国的埃利奥特校长"（对应于哈佛大学的埃利奥特校长）。

---

① 倪瑞明.黄炎培与浦东中学[M]//浦东中学校杂志.上海：上海教育出版社，2020：137.

第二节　潘序伦人才培养理念的主要内容

一、"管教务期严格"——从严治校塑造良好学风

潘序伦特别强调立信办学要坚持三个方针：一曰管教务期严格，一曰学验并重，一曰出路必予保障。立信档案馆至今仍保存了大量潘序伦从严治校的原始记录，如1942年10月3日第六次校务会议记录到："潘校长报告：此次来校……认为教务设施尚属满意，……所遗恨者；厥为校内外欠清洁……学生未能尽遵作息时间，用膳费时，睡眠无定……"据此能看出，潘序伦对教务设施还基本满意，但对校内外的清洁、学生作息、睡眠不定这些看来细微琐事等略有微词、遗憾。这也正从一个侧面体现出潘序伦对校园建设、学生教育管理等严格、细致的态度，从校园环境到学生饮食作息，潘序伦将从严治校的理念融入学校的每一个细节之中。

潘序伦治校一贯主张严谨、认真，重视教育质量，注意教学方法和效果。

一方面，从制度上严格规范。他亲自主持校务，一切坚持"认真"二字，制定了一系列的高标准、严要求的规章。如对教师要求认真备课，认真批改作业，对学生要求认真听讲，认真做习题。考核也很严格：考试成绩以70分为及格，并规定考试作弊者一律开除学籍，一学期缺课三分之一者，不得参加期终考试。迟到早退三次者，以旷课一次计算，等等。"在一次考试中，有一名学生大方地将自己的卷子借给了其他同学抄袭。这件事情被发现之后学生甚至差点跪下认错，可一贯对学生照顾有加的潘

序伦却坚决要严肃处理这件事。"①

另一方面,在实践中严格训练。会计从根本上是一门实践的学科。对此,潘序伦特别强调大量的练习实践,以期在不断的磨炼中提升技能。"学校不仅要求同学在听课、复习时严肃认真,一丝不苟;而且写小楷字、练习珠算也成为每天课余的'必修课'。"②这使学生在不长的时间里就较快地巩固了会计基础理论,掌握了实务技能。一次,学校举行全校300多名同学参加的簿记会考,"从会计分录、记账、过账、算账、结账到编制报表,要求在规定的时间内一气完成,做到答案正确,卷面整洁、数字清楚"。这样严格的管理、训练,促进了教学的进步,培养和锻炼了学生,使学生在严峻、竞争激烈的就业市场上能很快适应,脱颖而出,甚至立于不败之地。③

潘序伦这些从严治校的思想、举措、成效等,在其本人及其他立信校友的回忆文中可窥见一斑。

潘序伦本人曾回忆道,1980年8月25日,他会同顾树桢等11位教育界、经济界知名人士,联名向上海市有关部门发出立信复校的倡议书。由他领衔的倡议书中说道:教学管理坚持高标准、严要求,专科学校的教学管理、学生毕业后去向及待遇与今年高校招收自费走读生的办法相同。至于职业学校的教学管理、学生毕业后去向及待遇,则参照其他中等专业学校有关规定办理。

立信校友汪溢中在《怀念尊敬的导师潘序伦校长》一文中,曾这样深情地概述:"潘不仅出现在操场、饭厅、宿舍,更多的是出现在夜自修教

---

①② 冯梦怡,张晓彤,徐潇雨.永不褪色的立信魂——听孙庆元谈潘序伦[M]//朱坚强,何佩莉.立信往事.上海:立信会计出版社,2013:33.

③ 佩莉.立信往事[M].上海:立信会计出版社,2013:468—469.

室。上课时、考试时出现在教室外的走廊中徒步，促进教师认真讲课，学生认真听课，考试有个好的纪律。我们从不敢迟到，不敢抄袭作业和考试作弊。"① 好的学风、好的纪律，带来了好的成绩，历届立信毕业生成绩斐然，颇得社会好评。

立信的校友章普安更是很动情地回忆起 40 年后潘序伦给他追加"1 分"的感人事例：

"我于 1938 年进立信补校学习会计（吉祥里），读满五门学科获得毕业证书。1941 年秋，经校方代重庆地区企事业单位招考会计人员而被录取。原定由校方设法送至金华转道去渝，适逢 12 月 8 日太平洋战争发生，校方领导李鸿寿正式告诉我，如仍有意去渝，可由我自己决定，校方已不再承担送至金华的任务。在 1942 年年初，我毅然决定离沪赴渝，途经几天的艰难旅程，于 4 月 3 日到达重庆，由潘老安排我在立信会计师事务所工作。从此，我获得了亲受潘老教导的机会。

1943 年秋，立信会计专科学校重庆市区班开办成立，我和立信的其他几位同仁一起报考。当时的规定，入学考试（共六门课目）中的国、英、算三门课目有一门不及格即不能录取。潘老亲自批改国文试卷，我被批得 59 分，只差 1 分没及格。我急得实在没有办法，厚着脸皮去面求潘老能否通融给予录取，当时王逢辛、陈文解也在场，并帮我向潘老说情，说情的理由是说我其余各门成绩都及格，请潘老所批的 59 分能否放宽 1 分。潘老考虑了一下，态度和缓地以惋惜的口气操着宜兴口音说：'在我手里批分数，这差的 1 分就是不及格，普安的国文是差点的。'万分无奈的情况下，按照当时教育部门的规定，潘老同意我以试读生的身份随班跟

---

① 朱坚强，何佩莉．立信往事[M]．上海：立信会计出版社，2013：37．

读，所进修学分，学校承认，但要到一学期各门课程成绩及格之后才正式上报认可。以'好学近乎智，力行近乎仁，知耻近乎勇'这句古话作为律己的座右铭，经过自身的努力，克服了不少困难。最终读毕应进修的学分，于1946年春毕业（但毕业证书退后一学期与第二届毕业同学一起发下）。

抗战胜利复员来沪，我一直在纺织业工作。1982年退休后，听从潘老意见，我到立信会计编译所为'立信会计丛书'做些编辑工作。1984年春节，编译所举行团拜并聚餐。席间，潘老精神很愉快，看到一年多来已编出的会计书籍，与大家一样，非常高兴，并且对今后多出会计书籍充满了信心。就在餐宴进行中，潘老对我说：'普安，你本来59分，今天我加你1分，及格。'我听到这句话，情绪激动万分，真是又惊又喜。从59分到60分，这1分竟整整相距了40个年头，能得到潘老的这1分，可也真不容易。潘老的敬业精神，严谨求实的治学态度，以及对学生的高要求，早为世人所公认和共识。我亲身感受所得的体会是更深刻、更真实。事实上，40年前潘老扣我1分的事情，早已过去，而隔了这么长久的时间，潘老已如是高龄，尚记在心中未忘。那时潘老扣我1分是有恨铁不成钢的深远用意，现在给我加1分，却充分体现出潘老爱护、关心后辈的一颗爱心。这件事，在潘老一生所教成千上万的学生中，可以断言，不会有第二个相同的事例，这种精神怎不使人感动，尤其是我，更是终生难忘!"

二、"学验并重"——理论知识学习与实操能力培养同步推进

潘序伦认为："会计是一种实用的科学，它完全以企业经营与管理的实务为根据"，因此"理论的研究和实际的经验必须两者并重"。他认为，学生不仅应当掌握扎实的会计理论知识，更要具有熟练的实际操作能力，只有如此，才能胜任工作。"学识固然重要，经验（实习得来）更加重要。

社会上不一定注重资格、学位,而注重办事办得好"。这一看似普通但却卓越的论断也适用于簿记员、会计员或会计主任、经理、会计师等各层次的会计职业从业人员。

进一步,潘序伦认为,即便"把会计当作学问来研究",也"必须有丰富的会计实务的知识",即以会计实务为研究深化的根基。他强调会计的实务性,但并不因此否定会计学习的重要性,反而对学生有着异常严格的要求,他甚至认为会计学的及格分数线就应该是一百分,因为"会计是不能错误的","考六十分的人是没有资格做会计事务的"。至今看来,这些思想都还是令人耳目一新。

为此,潘序伦一贯坚持教育与实践相结合,除了传授基础知识,还十分重视学员的实务训练。他认为,要掌握好会计这门科学,如同医师一样,必须亲自动手实践,才能真正学到手。为此,潘序伦特别强调理论和实务结合,每上一次课,必定有相当多的,甚至能称得上大量的习题要学生在课外独立完成。假定学生偷懒,不做习题,那第二课的习题又接踵而来……所以,学生绝不能偷懒,否则习题愈积愈多,一发不可收拾,非但习题无法做完,甚至连下一课的理论恐怕也听不明白了。如此大量的练习,确实是很苦。这一点,潘序伦的学生都深有体悟,都说做他的学生,是相当辛苦。当时,"若干同学因为偷懒的关系,修读了两个月,就无法读下去,只好少读簿记一科,实在可惜"①。但是,勤奋坚持下来的学生,在反复的磨炼、锤打中,都打下了扎实的会计理论与会计实务基础。积久下来,立信的毕业生以踏实肯干、动手能力强而闻名。

学校在教材编写和师资队伍建设上也紧紧围绕强化学生的会计实务操

---

① 蔡经济.潘序伦博士百周年诞辰有感[M]//朱坚强,何佩莉.立信往事.上海:立信会计出版社,2013:3.

作展开，收到了良好的效果。

第一，教材切近实际。潘序伦认为，为了使学生能够具有实务操作能力，首先须从教材着手；而教材唯有立足于实务，自编自教，才能更切合于会计实际，更有针对性。因此，立信各类学校所用的教材，都是由立信会计师事务所实践经验丰富的会计师们编著，并根据授课效果、国家法令、社会经济的发展而及时修订。潘序伦亲自主持编辑了"立信会计丛书""立信财经丛书"，以及引进国外的优秀会计学著作，为提高学生实务操作能力奠定了扎实的基础，在不断地借鉴中，也开阔了视野。

第二，教材加强练习。潘序伦认为，会计是应用科学，"所以必须多多练习，在校多做习题，任职前尤要多加实例"，只有这样，才能完成实际的工作任务。因此，立信学校的教材均附有大量的复习题、实习题，学生反复练习，增加感性认识。这些习题均来源于现实中的实务操作，其中不少教材还附有练习题单行本及配套的答案，以方便教学活动的开展。学校还专门设立了一门"会计实习"学科，专做一些特有的经典的习题。对于层次高一些的高级商业簿记等课程，平时加强练习题，最后有实习题。学生通过实习，对整个簿记过程有一个模拟实践的机会。同时，为一定程度上减轻教授的负担，实行助教改卷制度，会计学科的各种习题，有专人批改。批改中发现的问题，则由批改人分别摘出，交给有关教授在上课时答疑，务使学生弄懂为止。潘序伦还主张教学和实习由两人处理，吸收分工合作之效。"因为习题太多，一个教授就无法及时批改，由此可能减少习作；但如果请专人批改作业，教授既可按时教授学科，而习题仍可照常进行。这对学生来说实在得益匪浅"[1]。此外，潘序伦还用举办簿记会计

---

[1] 蔡经济.潘序伦博士百周年诞辰有感[M]//朱坚强,何佩莉.立信往事.上海：立信会计出版社,2013:4.

竞赛、增加习字课程、加强珠算练习等办法，使基础技能训练得到了切实可靠的保证。

为了训练学生阅读英文书籍和担任英文会计工作或外贸会计工作的能力，学校增设了英文簿记会计课，或参用英文习题。设英文课程的班级，按学习程度进行分班教学，以便加强教学效果。

这些措施，在实际的教学中证明较切实有效，为此在沪上各大学中得到了推广，对会计学科的教学，大都采用潘序伦的方法。从这一点说，潘序伦不但是中国会计的改革者，也是会计教学方法的提倡者。

第三，授课老师大多聘自会计师事务所，从事实务操作，经验丰富。尤其是有经典的实际案例作为基础，讲解也更生动，更通俗易懂。同时，事务所也为老师、学生提供了大量的实务操作、实习机会的平台，能一展才华。在立信会计师事务所和同学会的密切配合下，学校当时经常组织学生去各类工商企业和政府机关参观、深入实习，派遣成绩优良的学生参加具体的查账实习，后期还让学生参加立信会计师事务所附设的"会计职业咨询所"工作，等等。这些丰富多彩的实践活动，不但使学生加深了对课本知识的理解，有利于知识迁移、实际运用，更为他们扩大了就业的机会，使许多实习学生和查账员被机关、企业留用。学校（包括补习学校在内）也常留用一部分优秀学生当助教，有条件时，还将他们培养为教师。如此，互相促进，使得事务所、企业、学校和学生之间的关系日益密切，产、学、研紧密地结合在一起，促进了学生整体素质的提升。

三、"立信，乃会计之本"——秉持诚信是人才培养的核心理念

"民无信不立"，在潘序伦看来，信用无疑是会计工作的根本，用他的话来说，"工商业者在业务经营中，首先要建立起客户对他的信任，而以

财会工作为职业的会计师，则更需要在社会上建立起一种'诚实不欺'的信誉"。潘序伦主张，"立信，乃会计之本。没有信用，也就没有会计"。因此，在创办潘序伦会计师事务所的第二年，他就取《论语》"民无信不立"之意，将事务所改名为"立信"，以期取信于社会。由此，潘序伦不仅奠定了诚信思想的精髓，也缔造了一个在经济界、教育界声名远播、延续至今的品牌。1937年，他又将"立信"引申为"信以立志，信以守身，信以处事，信以待人，毋忘'立信'，当必有成"24字，进一步丰富和发展了立信内涵。

诚信是学校人才培养的核心理念。潘序伦认为"立信"是做人的重要准则，同时也是会计的职业道德，忠于会计事业务必"立信"。潘序伦在不遗余力地弘扬"立信"精神，利用一切机会对学生进行诚信教育。在给毕业同学纪念刊的题词中，他以"信苟不立，虽良法美意，必基石稳固而后可以尽其功能；此虽常言，实为先圣之所昭示，昭并日月，愿与请同学拳拳服膺而信守也"与同学共勉。同时，他还给各地立信学校定下一条铁律，考试作弊者一律开除学籍。

立信办学始终不渝地推崇诚信，严禁弄虚作假，获得社会的好评与信任。学生从入学到毕业的整个求学过程，从不轻松。然而虽然艰辛，立信学子却感到十分荣幸，因为在立信打造了过硬的业务功底，练就了较快的上手能力，更具备了良好的职业道德修养。在"毕业即失业"的社会环境里，立信的毕业生却很受欢迎，大都能顺利走上工作岗位，成为国内外财会战线上的骨干。

四、"不仅要成绩好、作风好，更重要的还要身体好"——注重培养具备健全人格的高素质人才

立信在学生培养过程中崇尚德智体美全面发展的教育方针，十分重视

学生的体育锻炼，关心学生身心健康发展。潘序伦常讲"体育第一"，"立信的毕业生，不仅要成绩好、作风好，更重要的还要身体好"。学校一直把体育列为学生必修课程，聘请体育专业优秀教师任教。无论是在上海还是重庆，全校师生每天早晨六时都要做早操，潘序伦也经常亲自参加。早操实行严格的点名制度，倘点名缺三次，则要扣一学分。学校克服各种困难积极解决体育场的场馆设施。立信会计专科学校开办初期，借用补校校舍的体育场地，并借用青年会篮球场上体育课。抗日战争胜利后，上海徐家汇柿子湾校舍落成前，学校千方百计借公园、体育馆，甚至利用弄堂、通道作为体育场地。1947 年柿子湾校舍开建后，潘序伦捐资专门为学校建立体育馆，学校也建设了运动场，使学生们有良好条件开展球类和其他各种体育活动。立信会计专科学校迁川期间，学校还组织学生参加当地专科以上学校举办的联合运动会，屡获冠、亚军。复员回沪后，1948 年立信参加大专学校运动会获得女子总分第一、男子总分第三等优胜成绩。新中国成立后，学校组织了男、女足球队、排球队、垒球队等，经常举办各项球类比赛，活跃学生身心，增强学生体质。历届毕业生的毕业纪念册都会刊登多张体育活动照片。

为了增进同学们的学习兴趣，提高专业水平，学校经常举行簿记、会计、珠算、国文、英语等学习竞赛；学校每学期还举行同课程不同班级的学习竞赛，由教务处统一出题，统一判分。各班由任课教师选出几名优秀学生参加，最后由学校排出名次，前五名给予一定的物质奖励。后来，潘序伦决定，学校在学费中提取一部分作为竞赛优胜学生的奖学金，发给各项竞赛的前三名，以资鼓励。为了提高学生阅读英文书籍和担任英文会计工作或外贸会计工作的能力，学校又设置英文簿记、会计学科，参用英文习题。学校很重视每年的英文竞赛活动。为了进一步提高英语演讲竞赛的水平，潘序伦还曾指定黎照寰教授加强对学生辅导。正式决赛时，校方特邀上海中外籍著名英语教师组成评委会，评定前三名名次，最后由潘序伦发奖。为了鼓励同学再接再厉，争取更高的荣誉，潘序伦、张蕙生和钱素君教授会在寓所举行简朴的茶话会，邀请英语演讲前三名同学参加。学校经常组织学生参加专科以上学校举办的国语、英语讲演和作文比赛。1948年，学校英语竞赛冠军夏鸿发同学被校方推荐，参加全市大专院校英语演讲竞赛，荣获亚军，为立信争得了荣誉。

在学校的鼓励和支持下，立信学生广泛开展各种课外文娱活动。学生团体立信同学会是开展各种活动的核心组织。1931年，立信同学会成立，在进步校友顾准等领导下，具有明显的爱国进步倾向。同学会经常举办时事讲座，请李公朴、潘仰尧、章乃器、马寅初、钱俊瑞、薛暮桥、艾思奇、柳湜、黄炎培、杨卫玉、杨荫溥、刘湛恩等作关于经济、哲学、时事方面的专题讲演，从各个方面推动大家思索，激励同学的爱国热忱。1934年创办的《友讯》，除刊登会务活动信息外，每期都有时事短评，不少短评均由顾准撰写。

五、"我曾一心打算培养顾准为立信会计事业的接班人"——选人育人不拘一格

潘序伦虽然自身先后获得哈佛大学、哥伦比亚大学世界著名学府的硕士与博士学位，但他在选用人才方面却从来不简单以学历、资历、性别而论，而坚持唯才是举，不拘一格。立信在办学中有一个特点，就是广收女性学生。重男轻女是中国几千年的封建传统，在旧社会，各级学校女生人数都很少，立信却从不歧视女性，而是认为女性大都具有安静、细致、谨慎的性格，适宜担任财务会计工作，所以选录学生，不分男女，一律以成

绩为准。这就使女生入学人数逐步上升，在后期，有些班级女生超过半数。例如1946年秋，北碚立信高级职校学生77人中女生占41人，1948年春，上海立信会计专科学校入学人数167人中，女生占79人，最突出的是1948年1月上海立信职训班毕业生71人中，女生占48人，为女性就业创造了有利的条件。

潘序伦一向重视对年轻教师的培养，奖掖提携后进不遗余力，大胆任用和推荐优秀青年人才。著名的思想家、经济学家、会计学家顾准早年就是在潘序伦的指导栽培下成长成才的。1927年，12岁的顾准进入立信会计师事务所当练习生，潘序伦见其聪颖好学，1929年开始，就选顾准做助教，为学员解答疑难问题和批改作业。顾准充分利用在立信工作的机会刻苦自学，逐步掌握了会计学知识。顾准年仅16岁之时，潘序伦就鼓励其走上立信会计学校讲台，成为学校最年轻的老师；19岁时，顾准就完成会计学著作《银行会计》，这是国内第一本银行会计教材，被各大学采用，并在潘序伦的大力举荐下，顾准开始在多所大学任兼职教授。顾准虽然没有正规的高等学历，从来没有经过系统的专业学习，潘序伦却十分赏识他的天赋和才能，对顾准委以重任。1927—1940年顾准在立信工作的14年期间，先后担任立信会计师事务所函授部主任、夜校部主任、立信会计高级职业补习学校教师、立信会计专科学校教授等。潘序伦在立信众多名牌大学毕业的教师队伍中，偏偏看重这个只有职业学校初中学历的顾准，曾意将立信事业托付给他，潘序伦晚年还念念不忘说："顾准同志在我国现代会计界中，可称为一个难得的人才……在会计学术方面有很多的著作和译著，我曾一心打算培养他为立信会计事业的接班人。"顾准后来选择投身革命事业离开了立信，潘序伦因此未能遂愿，但其不拘一格爱才用才之情可见一斑。还有一例，据著名会计专家李天民回忆，他年轻时期曾在立信任教，1950年年初，潘序伦鼓励他写一本配合新民主主义的经济政策和各项财经措施的关于新审计学的书。当时他只是一个刚毕业没几年的大学生，从未写过书，也没有想过写书。而过去几十年大专学校用的审计教材都是国内外名家原著，所以李天民没有信心写专著。潘序伦鼓励他说："年轻人要有雄心壮志，不要惧怕权威，他们也是从普通人走过来的，年轻人的优势就是没有框框，只要大胆写用心写就行了，最后我替你把关"。在潘序伦的鼓励和支持下，李天民用一年多的时间写作出版了《审计学教程》，获得学界好评。李天民从此也从一名普通的年轻教师逐步成长为业界专家。

六、"人才会计"——主张人才培养也要讲究成本

潘序伦是在中国最早提出"学校成本会计"概念的人，他主张学校在人才培养的过程中也要讲究成本。1934年，潘序伦在浙江教育厅附属机关会计人员讲习所的演讲中说道："普通一般人，都以为学校不是营业机关，并不做生意，所以不必采用什么成本会计。实际上，办学校也何尝不像开旅馆和戏院，同是把劳役来供给社会呢？所不同的，一则须求出赚钱亏本的情形，一则可以不必。但是学校里工作的效能，究竟怎样？总也应该明白了。我们平常只知道学校里每月或每年用去多少金钱，而不知道他的工作和效率。有时虽也知道他的工作，但并不知道工作与费用的关系。学校中推行成本会计，就是要想把他的工作和费用，互相参照和比较，使我们能够知道工作的成绩。"① 在阐述了学校成本会计的意义和功用之后，潘序伦根据立信在办学过程中的经验，以大学为例对如何施行成本会计制

---

① 潘序伦.潘序伦文集[M].上海:立信会计出版社,2018:244.

度做了比较具体的分析和论述，包括学校成本会计的各个分部、直接费用和间接费用、各部费用的统计、各部费用的汇总及分配、分配间接费用的标准及方法、折旧问题、成本单位的选择及单位成本、成本的比较等，颇具可操作性。

立信在中华人民共和国成立前是一所私立院校，办学经费极其有限，但是学校却能有效利用有限的资源，办学层次和形式丰富多样，办学规模不断扩大，办学质量也不断提升，为社会输送数十万名优秀财会人才，这与潘序伦秉持学校成本会计理念、勤俭治校是密不可分的。潘序伦晚年曾回忆说："我历来提倡节约，讲究精打细算、勤俭办校。无论在上海、重庆，还是桂林、天津，开始时都是租用中小学夜间的空闲教室上课；或利用机关、团体、企业的房屋，和他们协作办校。每校除有两三位管教务工作的专职人员外，每班 50 名左右的学生，只有一名教师和一名助教负责管理。总务勤杂工作，大都是请租用和协作单位的职工兼办的。那时夜校教职员和学生人数的比例，大体是 1∶20；就是正规的日校，也不过是 1∶10。房租、水电和办公用品都是处处节约，精打细算，因而学校经费每期都有结余。"

1949 年以来，我国对人才的培养和使用一直是一锅煮、铁饭碗的做法，造成种种浪费，潘序伦认为学校在人才培养上采取包下来的办法、不作经济核算是不科学的。1980 年 12 月，已年近 90 岁高龄的潘序伦专门撰文提倡开展"人才会计"研究。他说："在美国，从 60 年代开始就有'人才会计'的设想，目前其他西方国家也有仿效应用的趋势。他们根据国家、企业、事业的实际需要来培养人才。……我认为社会主义国家也可以秉'洋为中用'的原则和方法，用货币形式来计算国家或某一企业、某项事业对于培训各种所需要的人才所支出的费用（也可称为投资）金额，并计算被培训成才的人,是否能为国家、为某一企业、某项事业获得若干成果(或称利益)。假使所获成果利益,超过培训他们的费用投资,就是国家、某一企业、某项事业的纯收益,否则就是纯损失。因之,我想提出一项'人才会计'的试行处理办法……我建议有关部门重视'人才会计'的研究,运用会计手段促进人才的培养和使用,以使人尽其才……"[1] 当时,立信刚刚复校,面临"无校舍、无师资、无经费"的三无困境,学校将名誉校长潘序伦"人才会计"理念贯穿于办学当中,充分依靠社会各方力量,挖掘潜力,采取多种形式办学,闯出一条办学新路子。为了解决校舍问题,学校借各中学夜间空闲教室走读上课,先后借用 9 所中学校舍;为了解决师资问题,学校聘请立信校友、有关高校财经会计教师、社会各界会计师与会计专家等来校担任专业课教师;为了解决经费问题,学校采取国家资金和自筹资金相结合,学生学费自理,打破上大学一切费用国家包下来的"铁饭碗"思想。如此艰苦的条件,如此节约的办学成本,却培养出了广受社会好评的财会人才,立信复校后的首届毕业生十分受欢迎。学校进一步探索就业新模式,学生毕业后不包分配,采取"供需见面,双向选择"方式;学校与有关单位签订用人合同,做到人才培养与用人单位实际需要挂钩。这些做法在当时的中国高校中都是没有先例的,是一种开创式的探索,1982 年 9 月 21 日,《解放日报》头版刊文"闯出多快好省培养人才新路子",专题报道立信的办学思路与做法,引起各界关注,当年 10 月 10 日的《人民日报》也全文做了转载。

---

[1] 潘序伦.应开展"人才会计"的研究[J].武汉财会,1981(02).

第三节　潘序伦人才培养理念的基本特征

一、严宽相济

潘序伦老校长曾经总结他60年的教育经验，其中最首要的一条就是对学生要严格要求，精心培育。潘序伦在回忆录中说：我凭自己求学的经验，治学素主严谨，重视教育质量。翻阅校史中立信毕业生对母校的回忆资料，很多人都会提到立信的严格管理。早操、点名、课后大量习题，每一个环节老师们都尽心尽力，严抓严管，毫不松懈，不容许学生有半点含糊。最令学生们难忘的是立信严明的考试纪律，立信师长平时对学生们都是关怀备至，然而在考试纪律上绝不徇私、毫不留情，对考试作弊者一律开除。无论作弊的是女同学、刚入校的一年级同学，还是主动提供给其他同学答案的被抄袭者，无论是哭诉求情者，还是差点下跪忏悔者，都不能破除"如舞弊，必开除"的戒律。立信的学习生活毫不轻松，但是同学们毕业之后走上工作岗位都很感激留恋这段难忘的学习经历，正是学校严格的管理、严谨的治校精神才营造出了良好的学风，铸造了立信学子优良的业务水平和职业道德修养，赢得"要会计，找立信"的社会美誉。

潘序伦对学生的学业管理十分严格，令学生敬畏；同时，他对学生的个人发展又不遗余力，充满了对学生的支持与挚爱。1941年夏，立信会计专科学校的第一届学生毕业，潘序伦以自己的名义亲自向有关大中型企业推荐立信学子。这些企业收到推荐信后，大多复信要录用一、二名。例如，钱学钧到浙江兴业银行，孙家溥到信谊药厂，顾福佑到新闻报馆，杨国树留在立信会计师事务所工作。在那个毕业即失业的年代，立信毕业生却能找到理想的工作，学生们都十分感念潘序伦校长的大力支持与关爱。

二、学验并重

"学验并重"的核心思想就是将理论学习和实践探究相结合，学生不仅仅需要在学习过程中掌握理论知识，更需要在考试、生活和工作中进行实践探究，将所学知识进行灵活应用，从而使学生拥有扎实的操作能力和竞争力，同时提高学生的实践能力和创新能力。

具体来说，"学验并重"是指一边由具有丰富实践经验的会计师编著，传授基础知识，学生进行大量习题练习，另一边学生进入进修基地，在企业与商店进行参观实习，进行职业培训，增加感性认知与实践经验，从而进行理论强化，以更好地理解与掌握知识。同时，"学验并重"也要求学生在实践中进行自我反思与总结，经过基础知识的学习，实践探究的磨炼，熔炼成自己的思想和方法，培养出更好的学习习惯和思维方式，提升学生的综合能力和素质，为学生未来长期的职业发展奠定坚实基础，从而在工作中更好地施展技能，创造价值。

陆游有诗云"纸上得来终觉浅，绝知此事要躬行"。"学验并重"就是近现代版的"躬行"范例，是一种以实践为基础的教育理念，它强调理论联系实践，互相结合，鼓励学生在学习中实践，在实践中总结，在总结中提升，从而切身掌握技能，培养自身实力，不断适应时代发展的需求。

三、诚信为本

"诚信为本"是潘序伦在教育教学中所倡导的核心教育理念。它强调信用是会计工作的根本，不仅教育教学必须秉承诚信的原则，学生在学习和生活中更须遵循诚实守信的准则，在社会上建立起一种"诚实不欺"的信誉，建立起良好的个人关系和社会形象。

潘序伦认为"立信，是会计之本，没有信用也就没有会计"，它是个人与社会稳定的基石，也是经济社会发展的重要保障。后来潘序伦又将"立信"二字引申为"信以立志，信以守身，信以处事，信以待人，毋忘'立信'，当必有成"。延伸到教育中，就是学生必须严格遵守学术道德，不得抄袭剽窃作弊等，要以真实的态度面对自己的学习成绩和能力，客观实在地认识评价自己的短板和不足，真诚地提升自己的学习和能力。同时，"诚信为本"还要求教师在教育教学中遵守诚实守信的准则，在教学中客观公正，不偏不倚地教育学生，发扬学术，以真诚的胸怀接受学生，帮助学生，更好地实现自我价值和人生目标。

"诚信为本"是为人处世、谋生立业的基石，它是来源于人类社会正向发展和传统道德伦理的核心教育理念，它要求师生不论何时何地都应遵循诚信的准则，建立起良好的社会声誉和品牌形象。

四、多育并举

"多育并举"是立信在培养学生过程中崇尚德智体美劳全面发展的教育理念，它与传统的单纯追求学术成绩的教育模式不一样，潘序伦认为一个人的学术素养、品德修养、健康身心、社会实践能力同样重要，对于一个人的全面健康发展具有重要意义。

"多育并举"强调学校的教育应该尽可能地为学生提供各种学术、体育、艺术的机会，鼓励学生积极参加各种志愿服务、社会调查、社会实践活动、竞赛比拼等，所以学校除了开设主课，还开设了音乐、美术、体育等各种选修课和实践课程，并且提供很多实践机会，从而提高学生的社会实践能力和责任感，使得个人获得更好的发展和成长。

"多育并举"以学术为骨，德智为血肉，多育为情感，使得学生成为一个完整的、有情感的、有知识的、有品德的、有梦想的综合优质人才，扩宽了个人境界，为社会培养输送了大批人格健全、综合素质优秀的财会人才。

五、务实灵活

潘序伦选拔人才不拘于学历、资历、性别，而是坚持唯才是举，不拘一格。办学方式也是不囿单一，坚持务实灵活，使得更多的学生得以在求学工作中发挥出更好的才能与天赋，为会计行业做出卓越贡献。潘序伦敢于打破传统观念，选录学生不分男女，一律以成绩为准，而女生大多因为安静、细致、谨慎的性格在会计从业中反而有了更好的用武之地，这也为更多妇女就业创造了更有利的条件。

潘序伦大胆任用和推荐优秀青年人才，奖掖提携后进不遗余力，使得顾准、李天民等青年才俊得以为会计挥洒才能，成为业界专家翘楚，为会计事业做出卓越贡献。潘序伦在办学方式上也是十分务实灵活，根据学员需求，开设夜校、晨校、星期日校，在各地广设分校，在教材编辑上也因材施教，设计多种版本教材，从而使得不同需求不同层次的学生都能得到良好的教育机会，促进其更好的学习成长。

"不拘一格""务实灵活"的教育理念，使得立信学生遍布全球20多个国家和地区，学校信誉日隆，在会计行业和社会都留下了不可磨灭的贡献和影响。

六、注重效益

"注重效益"是潘序伦育才思想中非常重要的一个方面，潘序伦是在中国最早提出"学校成本会计"概念的人，他主张学校在人才培养的过程中也要讲究成本。具体来说，"注重效益"是说对校舍、杂务、食宿、设施等各方面进行成本控制，将直接费用、间接费用和各部费用进行统计汇总，按需、按比制定标准进行利用，采取国家资金和自筹资金相结合，校舍租买同存的方式，学生学费自理，并且充分依靠社会各方力量，追求效益最大化，从而实现长期办学的目标。

"注重效益"是立信能在中华人民共和国成立前以及复校时从"无校舍、无师资、无经费"的三无困境，到后来利用极其有限的办学经费，使得办学层次和形式丰富多样，办学规模不断扩大，办学质量不断提升，为社会输送数十万名优秀人才的基础保障。

第四节 潘序伦人才培养理念的当代价值

一、人才培养要与经济社会发展相适应

潘序伦怀揣教育报国、实业兴国的愿望学成归国，他目睹当时工商业界通用的旧式簿记已经不能适应新兴民族工商业的迅速发展，于是在上海创办会计师事务所。在办理事务所业务的同时，民族工商业对财会人才的需求日益强烈。为了适应各行各业对财会人才的迫切需要，潘序伦在多地创办立信会计学校。他认为，办学必须以服务经济为导向，瞄准社会需要，多渠道培训，多形式办学，广开学路，多出人才。他的执业观，就是会计教育覆盖各个层面，从夜校到星期日校，从训练班、补习班、速成班到函授、专科学校，一切从时代需要出发，从当时当地实际情况出发，多

方创造有利条件，便于不同行业、不同地区、不同水平的青年都能获得不同层次的会计专业知识，在短时间内就能培养出大量的有用人才，直接为经济建设服务。太平洋战争爆发后，为延续教育事业，1942年8月，学校主体迁往四川，在北碚和重庆两地办学。至1946年返沪，学校在川办学期间共培养各类学生近3 000人，有力地支持了战时经济建设需要。复校后，学校挖掘潜力、广开学路，积极为国家培养急需的财会人才，毕业生以"诚信可靠、动手能力强、上手快"而广受用人单位欢迎，他们当中的很多人已经成为各条战线上的管理骨干和业务骨干。学校升本后，抓住发展的历史机遇，进一步凸显"诚信为本、学验并重"的办学特色，持续深化应用型人才培养模式改革，极大地服务和满足了地方经济社会发展。正因为潘序伦的会计人才培养都是紧紧与当时的经济社会发展相适应的，所以立信的教育事业虽然充满曲折但仍弦歌不断、枝繁叶茂。

习近平总书记在全国高校思想政治工作会议上指出：我们对高等教育的需要比以往任何时候都更加迫切，对科学知识和卓越人才的渴求比以往任何时候都更加强烈。我国高等教育发展方向要同我国发展的现实目标和未来方向紧密联系在一起，为人民服务，为中国共产党治国理政服务，为巩固和发展中国特色社会主义制度服务，为改革开放和社会主义现代化建设服务。大学始终与国家发展和民族振兴同向同行，这是大学发展的规律，也是世界一流大学建设的经验。作为社会子系统，教育不可能离开一定的社会环境和社会条件而存在。同时，教育的一切活动都要适应社会发展，为社会发展服务，这是教育发展的外部规律。因此适应经济社会发展需要，是我国高等教育必须面对，也必须解决好的重大问题。高等学校作为为社会培养和输送人才的重要基地，所确定的人才培养目标必须体现为经济建设服务，满足社会发展对人才的需求。国家和区域经济社会发展对人才的需求是多样的，例如研究型人才、应用型人才、技能型人才、复合型人才等。高等学校必须从实际出发合理定位，制定相应的人才培养目标。根据培养目标制定培养方案，形成与之相适应的课程体系。从培养目标出发，经过若干教育教学活动，达到预期的人才培养目标，完成一个培养过程。适应度不仅体现在学生的就业率等方面，更主要反映在人才培养的过程中，包括课堂教学、课程考核、毕业论文（设计）、实验实习、第二课堂、社会实践等一系列活动。

二、人才培养要以社会主义核心价值观为引领

建校伊始，潘序伦老校长就提出"立信"校训，并进一步阐述为"信以立志，信以守身，信以处事，信以待人，毋忘'立信'，当必有成"24个字，把诚信作为学校育人和学生执业的信条，并内化为每一个立信人的品格和行为准则。立信始终把诚信作为不变的价值追求，从校名、校训到校歌，无不深深打下诚信的烙印。学校更是将诚信精神深深融入教育教学的实践当中，对学生管教十分严格，从上课出勤、课堂表现到课后作业，都有明确纪律规定。尤其在考试纪律上绝不徇私、毫不留情，推出"荣誉考试"制，对考试作弊者一律开除。立信会计教育事业之所以能够在中华大地枝繁叶茂，甚至影响到东南亚地区，最深层次的原因就是立信师生以信立校、立志守身，待人处事、以信为本，诚信是立信文化的灵魂和精髓，是立信办学的最大特色，更是立信办学成功的不二法门。

党的十八大报告将诚信与爱国、敬业、友善一起确立为社会主义核心价值观中关于公民个人层面的价值准则，更加明确了诚信这一社会主义核心价值观在国家、社会的建设和个人的发展中处于一个根本和基础的地位。加强诚信教育，树立诚信为本、诚信为重的观念，对于构建社会主义

核心价值观具有十分重要的意义。党的二十大报告提出：社会主义核心价值观是凝聚人心、汇聚民力的强大力量。弘扬以伟大建党精神为源头的中国共产党人精神谱系，用好红色资源，深入开展社会主义核心价值观宣传教育，深化爱国主义、集体主义、社会主义教育，着力培养担当民族复兴大任的时代新人。

大学的人才培养要以社会主义核心价值观为引领，大学作为文明薪火的传承者、社会风尚的引领者和人才资源的聚集地，必须全面落实立德树人的根本任务，帮助青年学生扣好人生第一粒扣子，把培育和践行社会主义核心价值观落实到人才培养的方方面面，为建设有中国特色的世界一流大学提供有力的人才保证和智力支持。要充分发挥课堂的教学主渠道、育人主阵地作用，通过改革教学内容、改进教学方法、改善教学手段，将社会主义核心价值观讲深、讲透、讲实，增强大学生对社会主义核心价值观的认知认同。要注重实践教育，拓展校外实践基地，强化教育实习实训，坚持课内学习和课外实践相结合，使学生深刻感知、生动体验社会主义核心价值观。通过举办校内培训和辅导讲座、开展主题党日团日活动、组织专题研讨学习，广泛开展社会主义核心价值观大讨论活动，引导学生主动学习、自觉实践、模范贯彻社会主义核心价值观。

三、人才培养要全面提升人的综合素养

潘序伦一生从事会计教育事业的 60 多个春秋中，非常重视学生德、智、体、美的全面发展。千方百计用一流的教学内容、一流的师资队伍、一流的教学管理，来培养一流的财会人才，培养了一大批德、智、体、美全面发展的会计人才。潘序伦认为，一个合格的人才，不但专业知识扎实，而且身体要健康，因此他每每到校视察，体育工作是必不可少的一个

项目。于是立信的学生，除了注重会计学科，对于体育运动也相当关注。当年全沪专科以上学校举行联合运动会时，立信的学生曾经屡获名次，许多项目名列前茅，如田径、球类等多次获得冠、亚军。

党的二十大报告指出，培养造就大批德才兼备的高素质人才，是国家和民族长远发展大计。习近平总书记在全国教育大会上发表重要讲话，强调，培养德智体美劳全面发展的社会主义建设者和接班人，加快推进教育现代化、建设教育强国、办好人民满意的教育，以一系列深刻论述，对新时代教育工作进行全面部署。2019年中共中央、国务院印发《关于深化教育教学改革全面提高义务教育质量的实施意见》，明确提出坚持"五育"并举，全面发展素质教育。五育并举是指在现代化的教育中通过重视并实施德育、智育、体育、美育、劳动教育，促进人的全面发展，它既是现代化国家对人的素质的综合要求，也是现代化教育要能够达到的一个目标。教育兴则国家兴，教育强则国家强。我国开启了全面建设社会主义现代化国家新征程，党和国家事业发展对高等教育的需要，对科学知识和优秀人才的需要，比以往任何时候都更为迫切。我们的教育只有把培养德智体美劳全面发展的社会主义建设者和接班人作为根本任务，才能为实现第二个百年奋斗目标、实现中华民族伟大复兴的中国梦、推动人类文明进步作出新的更大的贡献。

四、人才培养要优化办学成本

办学经费对一所学校而言是最直接和重要的资源，1949年以前立信是一所私立学校，经费主要来源于学生所缴的学费，再加少许杂费，经费极其有限，办学都是自力更生。学校的收费标准，在当时的私立学校中，是比较低的。学校一方面精打细算、勤俭办学。上海立信补习学校在学生人数增至几千人时，总校的专职教务员只有两三人，校工只有一两人，分校都在晚间上课，班主任都由教师兼任，每月略支数元补贴，分校校工则由晚间出租教室的中小学原雇工友兼任，每月给两三元补贴。总、分校所用的水电、文具、邮电、修理等费用，都是精打细算，不许有一点浪费。因此，上海立信补习学校学生人数虽逐年增加，但学校的经常费用几乎可以全靠学杂费收入支付，有时还可略有盈余补贴学校扩充的经费。另一方面学校积极争取"外援"，向各界募捐。学校大规模兴建校舍，不得不向工商界募捐。学校迁往重庆以及抗战胜利复员回沪以后，因开始大量修建校舍，除了以立信会计师事务所的大部分收入捐作建筑基金，还靠立信同仁、校友、同学的捐赠以及立信会计图书用品社给学校的版税收入，此外还扩充校董会，大量向商界募捐，使学校规模进一步扩大。即使在如此艰难和有限的条件下，立信的办学层次和形式丰富多样，办学规模不断扩大，办学质量也不断提升，为社会输送数十万优秀的财会人才。

高等教育事业的蓬勃发展需要充沛经费的支持。随着社会主义市场经济的发展和高等教育体制改革的不断深入，高校在办学体制、经费来源、招生分配、科技成果转让等领域，逐步与市场接轨，从单一的事业型单位逐步转变为面向社会自主办学的独立法人实体。这种新形势要求高校既要重视教学和科研活动规律，又要重视经济活动规律；既要重视办学的社会效益，又要重视办学的经济效益。我国高校以公立院校为主，政府投入比重较高。经济新常态下，面临经费压力，尤其是国家财政紧缩，同时要实现高等教育高质量发展，高校及其行政主管部门应该在积极争取财政支持的同时，发挥主观能动性，努力拓展收入渠道，争取资金来源多元化，要对财政资金进行更合理分配及使用，科学管理使用资金，规范高校成本核算、加强成本费用管理，以保证办学质量和科研水平。

结语

潘序伦的人才培养理念受到中国传统文化教育的熏陶，儒家的伦理道德观和良好的传统经典教育使他很早就服膺于中华优秀诚信文化；青少年时期的求学经历也深深影响了潘序伦的办学治校理念，从严治校、多育并举是其就读的浦东中学、圣约翰大学的一贯理念，也为他后来在立信的办学提供了借鉴；黄炎培、卜舫济等师长的教育观对潘序伦也有许多启迪，黄炎培的"做学合一""理论与实际并行"、注重职业道德教育，卜舫济的四育并举、严格治校为潘序伦探索立信办学模式树立了模范。

潘序伦的人才培养理念可以概括为以下六个方面：一是学校通过从严治校塑造良好的学风；二是注重理论知识学习与实操能力培养同步推进；三是秉持诚信是人才培养的核心理念，强调"立信乃会计之本"；四是注重培养具备健全人格的高素质人才，强调"不仅要成绩好、作风好，更重要的还要身体好"；五是选人育人不拘一格，不问出身，不论资历，大力拔擢顾准等优秀人才；六是主张人才培养也要讲究成本，倡导教育经费的全面绩效核算，探索"人才会计"。

潘序伦的人才培养理念内涵丰富、特色鲜明，其主要特征可以用严宽相济、学验并重、诚信为本、多育并举、务实灵活、注重效益来概括。严宽相济才能督促学生真正掌握知识与技能，学验并重才能培养理论研究与实践操作皆能得心应手的应用型人才，诚信为本才能更好落实立德树人的根本任务，多育并举才能培养具有健全人格的高素质人才，务实灵活才能适应不断变化的教育需求和就业市场，注重效益才能提高教育经费投入的有效产出。

  潘序伦人才培养理念对我们今天扎根中国大地办教育具有一定启示作用，具体而言体现在如下四个方面：一是人才培养要与经济社会发展相适应，服务国家和地方的经济社会发展；二是人才培养要以社会主义核心价值观为引领，落实立德树人根本任务；三是人才培养要全面提升人的综合素养，培养德智体美劳全面发展的社会主义建设者和接班人；四是人才培养要优化办学成本，在注重社会效益的同时兼顾经济效益。

（王　妍　李文亮　虞晨阳　王　亭　王斯琪）

第四章

潘序伦
诚信教育思想

引言

潘序伦是中国会计教育的奠基人之一,他的诚信教育思想对当今社会的教育发展和人才培养具有重要的借鉴意义。潘序伦对诚信教育既有一系列理论阐述,也有丰富的教育实践,对其进行深入研究具有重要意义。

潘序伦紧紧围绕"立信"这一校名和校训进行阐释,总结提炼了"信以立志,信以守身,信以处事,信以待人,毋忘'立信',当必有成"这二十四字,进一步丰富了诚信教育的内涵。在执业与办学的过程中,潘序伦还发表了一系列阐述诚信原则、诚信道德的理论文章。潘序伦对诚信教育不仅有经典阐释,而且将其融入立信"三位一体"事业的实践中,尤其是在会计教育事业中通过言传身教、荣誉考试、毕业赠言等多种形式开展诚信教育,使得每一位立信毕业生都深深打上"立信"烙印。

学界对潘序伦会计学术的研究十分丰富,而在论述其对会计教育的贡献时,都会专门提到他倡导的会计诚信和会计职业道德思想,专门研究潘序伦诚信教育思想的文献也有不少。郭松林《忆潘序伦的会计职业道德思想与求实精神》论述了潘序伦会计职业道德思想的发展演变,认为贯穿其中的一是"信",一是"实";魏文享《近代职业会计师之诚信观》认为,潘序伦所强调的会计师诚信不仅单指诚实守信,也包括了公正、廉洁等职业操守;陈春华《潘序伦会计诚信思想形成的历史背景分析》从国际与国内两个层面论述了潘序伦会计诚信思想的历史背景,推进了对潘序伦诚信思想的研究;陈云《潘序伦会计道德原则的继承与发展研究》对潘序伦倡导的会计道德原则进行了阐释,引述了潘序伦1933年发表的《中国之会计师职业》和1983年在上海会计学会年会上的发言,认为"诚信为本"为会计立业之灵魂;马元驹、杨世忠《对我国会计职业群体"希波克拉底誓言"的期盼——兼论潘序伦的会计职业道德思想》引述潘序伦给立信学校毕业生的纪念册题词、《中国之会计师职业》及上海会计学会年会上的发言等阐释其以"立信"思想为核心的会计职业道德思想;李竝《论潘序伦会计诚信思想的内涵》引述潘序伦所著《中国之会计师职业》《吾国之会计师职业》《谈谈会计人员的职业道德》《敬告国内有志于会计职业之青年》等文章将其诚信思想概括为职业道德、治学态度、人格素养三个方面;王妍《民国时期立信会计教育特色研究》认为,民国时期立信办学特色之一即会计诚信教育,潘序伦将诚信贯穿于会计人才培养全过程,其所推行的"荣誉考试"制度是国内最早开展的诚信考试实践;徐光寿《论潘序伦诚信教育思想的特点》将潘序伦的诚信教育思想分为两个阶段,引述潘序伦所撰《中国之会计师职业》(1933)、《敬告国内有志于会计职业之青年》(1940)和《吾国之会计师职业》(1943)阐释其诚信教育思想的产生和形成阶段,引述《谈谈会计人员的职业道德》(1983)阐释其诚信教育思想的成熟和发展阶段;邵勃《论潘序伦会计诚信职业道德思想的内涵》将其会计诚信概括为品德、责任、技术三方面,并引述潘序伦相关文章和他坚守会计诚信的几个事例来论述。

  本章将在前人研究基础上,全面搜集潘序伦关于诚信教育的阐释文献,梳理文献档案中关于潘序伦诚信教育实践的史料,同时以潘序伦回忆录为基本线索搜罗其教育经历和执业过程中与诚信教育思想形成有关的背景资料；从潘序伦诚信教育思想的形成背景、主要内容、基本特征和当代启示四个方面进行探讨，旨在深入剖析潘序伦的诚信教育思想，为今后的教育实践提供参考。

第一节 潘序伦诚信教育思想的形成背景

潘序伦诚信教育思想的形成与完善既得益于他中西兼备的求学经历，也源自他立足中国的执业与办学历程。他在私塾中接受了扎实的中文教育，在东坡小学、浦东中学接受了新式基础教育，随后又在圣约翰大学、哈佛大学、哥伦比亚大学完成了西式高等教育，这些教育经历都为他日后诚信教育思想的形成提供了丰富的理论与实践资源。他自1927年开办会计师事务所以来的执业经历为他形成以会计诚信为核心的诚信教育思想提供了许多具体生动的案例，自1928年始开展会计教育的办学经历则促使他在诚信教育的实践中不断丰富完善诚信教育思想。以下选取其教育背景和从业背景两方面展开论述。

一、扎实的私塾中文教育

潘序伦在十三岁以前接受了传统的私塾教育，熟读《论语》《孟子》《诗经》《尚书》《左传》等儒家经典，"国文的小小根底，不能不说是那时候造成的"① 这些儒家经典中关于"信"的论述当然是潘序伦在少年时期就已烂熟于心的内容，因此在为事务所和学校取名"立信"时，在演讲和

---

① 潘序伦.求学经过的自述[J].立信会计季刊，1935(7).

著述中引用儒家经典开展会计诚信教育时,"民无信不立"便是直抒胸臆的自然流露。

二、浦东中学的道德教育

潘序伦于1908年就读浦东中学,当时浦东中学刚刚正式开办,学校创始人杨斯盛曾在开学演讲中要求学生做到"勤、朴、诚",后来"勤朴"成为浦东中学的校训,而"诚"在浦东中学的道德教育中同样十分重要,浦东中学设有修身课,时任校长黄炎培常常亲自讲授该课程,据沈秉常日记记载,1908年5月1日,黄炎培在修身课上教导学生"对人之道,以忠为先。忠者,尽心、诚实之谓也""知无不为,为无不尽""知无不言,言无不尽。"①

此外,浦东中学的道德教育也注重借鉴国外教育经验,如《浦东中学校杂志》1908年曾刊登学监陈容《自美国哈佛大学致黄韧之书》,介绍美国的道德教育"于大德,则尚诚实,不侵他人,热心公益","对于一己责任之要者,曰克己、自治、诚实、守信及自敦品行",只有重视德育,才能"造就忠信、诚实、自治、守法之国民"。而在陈容《自美国哈佛大学致本校诸生书》中则有一节专论"信实","吾国人以言不必信,行不必果,变而为言必不信,行必不果。美国人则甚重信实。所约必践,无假托词。……购物有无人看守者,购者自出费,自取物。"

潘序伦就读浦东中学期间想来应该亲受黄炎培修身教育多次,其间耳濡目染其"对人尽忠、诚实"的理念自不必多论,而《浦东中学校杂志》曾刊登潘序伦多篇习作,对这本校刊他也不会陌生,其中对美国道德教育

---

① 倪瑞明.黄炎培与浦东中学[M].上海:上海教育出版社,2020:151.

特别是诚信教育的介绍应该是他有所了解的。

三、圣约翰大学的英文教育

潘序伦于1919年经黄炎培介绍到圣约翰大学学习，其时，圣约翰大学由卜舫济担任校长，推行全英文教学，也引进了很多美国高校推行已久的制度，如1913年，学校教员会决定采用考试名誉制（考试自治制），考试时学生签署"学生谨表实情，此番大考，未尝助人，亦未尝求助于人"的誓言于卷末，由本人签名，教师不进行监考，学生自负其责，旨在"培养学生之真自治能力"。如发现舞弊，犯者立即退学。圣约翰经济系主任雷麦（Charles E. Remer）曾在校内刊物中专门介绍过这一制度，而这位雷麦正是主管潘序伦课业的教师，① 潘序伦后来在立信推行荣誉考试制度，大概直接的来源就是在圣约翰的求学经历，当然，美国留学经历应该也加深了他对整个美国高等教育荣誉制度的理解。

圣约翰大学重视"自由教育""精英教育"，对培养学生良好的品行十分重视，卜舫济曾这样劝诫学生，"立品如建屋，楼高者基恒深固，志远者德务明贞。一人事业之大小，恒视其道德厚薄。""品格实为万事之根本。所贵乎真教育者，非聪明，非知识，而为品格。"因此，圣约翰大学倡导学生的自修、自立、自治，而考试名誉制的推行正是出于这一目的。潘序伦在圣约翰大学的学习时间并不长，但卜舫济重视学生品行、品格教育的思想应该对他后来的办学产生了一定影响。潘序伦重视诚信道德在会计教育中的核心地位，认为"学识经验及才能，在会计师执行事务之时，固无一项可缺，然根本上究不若道德之重要"，这一论述可与

---

① 《财务与会计》编辑部.潘序伦回忆录[M].北京:中国财政经济出版社,1986:18.

卜舫济之言合观。

四、哈佛大学与哥伦比亚大学的会计学教育

潘序伦在回忆录中谈到，他在哈佛大学时，会计学系主任科尔教授讲解透彻，其一生会计学的基础奠定于此。这位科尔教授即 William Morse Cole，他在其 *Bookkeeping, accounting and auditing* 一书中曾强调，"会计师和审计员的工作不仅仅是数学方面的，还有道德层面的……他的诚信必须是绝对的……他必须有敏锐的道德意识，认识到会计的目的是讲真话，真相不会偏袒任何人、利益或后果……这种（企业信息）公开需要大量有技能和诚信的会计师的服务……任何考虑进入这个职业的人必须认识到，不仅需要达到精神和道德上的要求，还需要承担巨大的工作责任。"作为科尔教授的学生，潘序伦应当对其强调会计师职业道德与诚信的观点是熟悉的。

潘序伦在获得哈佛大学企业管理硕士学位后又到哥伦比亚大学继续攻读博士，其间跟随 Roy B. Kester 教授继续研究会计，其 *Accounting: theory and practice* 是一部非常有名的会计学教材。虽然 Kester 的这本教材几乎不涉及会计师职业道德的阐述，但在 *Examination for Certified Public Accountant* 这篇文章中，他提到，注册会计师考试应该包括会计师的职业道德。具体来说，考试应该测试候选人在以下方面的知识：① 会计学科和实践；② 商业法律和财务管理；③ 应用方法的熟练程度；④ 按照职业道德开展实践；⑤ 作为专业人士对客户和公众的责任。其中④⑤两方面都涉及会计师的职业道德与公共责任。

哥伦比亚大学的另一位会计学教授 Robert Hiester Montgomery 也对潘序伦有一定影响。潘序伦曾与顾询合编过一本《审计学》教材，其中对

Robert Hiester Montgomery 的 *Auditing Theory and Practice* 有不少参考借鉴,① 并将其列为英文参考书的第一本。在 *Auditing Theory and Practice* 一书中,作者 Robert Hiester Montgomery 在整本书中都强调了职业道德的重要性,并且在讨论理论问题时始终坚持专业荣誉和个人诚信。此外,在书中还有专门章节探讨了职业道德的问题。

五、事务所丰富的会计师执业经历

自 1927 年会计师事务所开办以来,潘序伦坚持将"立信"作为办理各项会计事业的训条,立信逐渐取得了社会各界的信任,事务所业务日渐繁忙,承办了南洋兄弟烟草公司、申新纱厂、永安纱厂等民族工商业和中外合办企业的业务,同时还接受邮政储金汇业总局、中国红十字会等公营企业和人民慈善团体的业务委托。② 这些丰富的业务经历也为潘序伦诚信教育思想的丰富与完善提供了生动翔实的具体案例和教育资源。

1929 年,潘序伦在接受南洋兄弟烟草公司委托查账后致函该公司总务处主任许奏云,指出南洋兄弟烟草公司账目存在的问题,"公司营业遍及全国,营业盛衰,全视各分公司销数而定。分公司办理得法与否,主持人员忠实与否,与公司既有密切之关系,则公司非有严密正确之监察不可。但总公司与各分公司路途辽远,耳目不周……分公司职员之刁诈者,乘此机会,施其欺伪隐瞒手段,总公司无由得悉……各分公司之代理店往来,其中烂账、呆欠,为数不少……凡此,均总公司对各分公司监察欠周之故也。"③ 南洋

---

① 潘序伦,顾询.审计学[M].上海:商务印书馆,1936:129-130.
② 《财务与会计》编辑部.潘序伦回忆录[M].北京:中国财政经济出版社,1986:26-27.
③ 中国科学院上海经济研究所,上海社会科学院经济研究所.南洋兄弟烟草公司史料[M].上海:上海人民出版社,1958:462-463.

兄弟烟草公司与潘序伦渊源颇深，曾资助潘序伦留美求学，潘序伦此处对南洋兄弟烟草公司经营管理积弊的分析也十分中肯，他通过自己的专业知识帮助该公司改善管理制度。当然，其中谈到的"分公司办理得法与否""严密正确之监察"正是制度建设方面的举措，而"主持人员忠实与否"则是职业道德方面的考察。

1931年，"九一八"事变后，东北义勇军坚持抗日，全国人民纷纷募捐支援，舆论传言上海共募得捐款二千余万元，而马占山仅收到一百数十万元，因此有人指责经办者《生活》周刊社、东北义勇军后援会、上海市临时救济会等徇私舞弊。潘序伦受托查账，查明共收到捐款502万元，其中337万元援助东北义勇军，另外165万元用于慰劳十九路军和救济上海战区难民。账目和证明公之于众，谣言逐渐平息。① 这是潘序伦接受慈善组织委托查账的正面案例，另一方面也有反面案例。某慈善机构因各省旱灾严重筹募赈灾款，共募得十余万，主事者却从中舞弊，发往各地的三联收据不编号，从而便于隐没一部分第二联通知单并侵吞部分赈灾款。后来由于有捐款者直接联系某委员希望指定其捐献的赈灾款用途，某委员才发现所收赈灾款不足捐款者所指之数目，于是委托潘序伦查账，潘序伦经核对该机构收到赈灾款后的登报鸣谢广告，并核实各地的三联收据编号，查明主事者侵吞善款一万数千元。② 这一案例被编写进潘序伦、顾询编写的《审计学》教材，由此可以推论，潘序伦在教学实践中一定使用过许多自己在执行会计师业务中遇到的正面与反面案例，从而更加具体生动地开展诚信教育。

---

① 《财务与会计》编辑部.潘序伦回忆录[M].北京:中国财政经济出版社,1986:27.
② 潘序伦,顾询.审计学[M].上海:商务印书馆,1936:450-451.

第二节　潘序伦诚信教育思想的主要内容

一、紧扣行业、层层深入的诚信准则理论阐述

学界对潘序伦会计诚信或诚信教育思想的讨论集中于他在《中国之会计师职业》(1933)、《敬告国内有志于会计职业之青年》(1940)、《吾国之会计师职业》(1943) 和《谈谈会计人员的职业道德》(1983) 四篇文章中的集中论述。① 实际上，潘序伦关于诚信的论述还见于他撰写的多篇文章，他对诚信的思考紧紧围绕会计师行业，偶尔旁涉工商业者和公务人员；他对"信"在主动与被动意义间的区分、"信"与"义"的关系、作为生产要素的信用等都有独到深刻的见解。

（一）会计师之诚信

早在 1928 年，潘序伦在《会计师职业与信用制度之关系》一文中就提出，"信用为生产要素之一，在近代社会中，其重要且胜于资本"，而会计师则为社会信用制度的保障者，负责任的会计师使得"无信用者变而为有信用，有信用者变而为更有信用"。因此，他认为，"会计师事业之进展一步，即全社会信用制度之保障巩固一步"，"会计师事业之在今日实处扼要之地位"。正因为会计师的地位如此重要，所以"完美之会计师，必具优良之道德、高深之学识、充分之经验与干练之才能"，"优良之道德"居

---

① 徐光寿. 论潘序伦诚信教育思想的特点[J]. 思想政治课研究，2015(06)：10-14.

于首位。①

同样是在 1928 年，潘序伦在《会计师秘诀》一文中对会计师应具有的"优良之道德、高深之学识、充分之经验与干练之才能"有更详细的阐述，在阐述"道德"一项时首先强调，"学识经验及才能，在会计师执行事务之时，固无一项可缺，然根本上究不若道德之重要"，而"会计师应具美德，断难缕述，而诚信二字，最为重要，成功失败之机，实可谓全在于此"，指出"诚信"在会计师应具备的道德中占据核心地位，并引用西方谚语"Honesty is the best policy"（诚信是无上良策）加以说明。至于该文题目"会计师秘诀"所指为何，潘序伦文末点题，"诚信二字，尤为会计师成功秘诀之最大要素也"。②

发表于 1933 年的《中国之会计师职业》从会计师职业之性质、会计师职业之创始及其现状、会计师职务之范围、会计师应具备之资格、会计师之职业道德、会计师开始执业之准备、会计师事务所之组织、会计师服务之报酬等方面详细阐述了中国会计师职业的方方面面。值得注意的是，会计师应具有的学识、经验、才能在"会计师应具备之资格"中论述，而"会计师之职业道德"则单列一节，可见潘序伦对会计师职业道德的强调；更进一步，对于会计师应具有的积极职业道德，"诚信"虽位列第二，次于"公正"，但潘序伦对"诚信"的论述却多达 4 段，比另外三项道德"公正""廉洁""勤奋"的论述加起来还多，益见"诚信"在潘序伦心目中的地位。

在《中国之会计师职业》这篇长文中，潘序伦于开篇"会计师职业之性质"中就指出，"会计师者，应具有独立自由之地位，高尚诚信之道

---

① 潘序伦.会计师职业与信用制度之关系[J].经济汇报,1928,4(01).
② 潘序伦.会计师秘诀[J].生活,1928,3(21).

德……建立一般社会之信用"。在"会计师之职业道德"一节又强调"会计师之为职业，实为工商企业保障信用而设，苟有不道德行为，而自丧其信用，则此项职业即失其根本存在之理由"，在具体详述诚信这项积极职业道德时引用《论语》"民无信不立"和西方谚语"Honesty is the best policy"再次强调，诚信为各业所倚赖，对会计师职业尤其重要，因为会计师唯一目的"即为建立社会各界财政上之信用"，如果会计师"本身不能以绝对诚信自期，更焉能为他人之信用作证明"，所以诚信二字为会计师职业成败所系。①

1940年，潘序伦发表《敬告国内有志于会计职业之青年》，为有志于会计职业的青年学子指点迷津，强调在德性、学识、经验三方面的修养，将自己在会计方面修业得业乐业进业的途径方法公之于众。该文将德性修养居首单列一节，而学识、经验则合并论述，由此也可见德性修养的重要性，德性一节中，"守信"居于首位，为重中之重。在这篇文章中，潘序伦为"信"下了一个定义，即"诚实不欺，言行如一，有诺必践"，并强调"信为吾人立身之要件，尤为吾会计从业员之要件"，因为会计员受人重托，涉及金钱财产，"稍于信字有亏，则不仅本人名裂，亦将贻害社会"。因此，潘序伦总结道，"会计的人格，即可以'信'之一字概括之"。②

1943年，潘序伦又撰写了《吾国之会计师职业》，重新阐释"会计师之职业道德"，以"公、信、廉、密、勤、敏"六字概括，其中对"信"的阐释如下：会计师之使命原在建立社会之信用，故其承办业务，必须于

---

① 潘序伦.中国之会计师职业[J].立信会计季刊,1933,2(01).
② 潘序伦.敬告国内有志于会计职业之青年[J].立信月报,1940,3(07).

"信"字上多下功夫，对人对事，尤以保持"信誉"，建立"信用"为要件。①

1983年发表的《谈谈会计人员的职业道德》是晚年潘序伦对会计职业道德的最终看法，结合中华人民共和国成立以来的新观念、新思想和立信办学传统，他强调"忠诚老实、毋忘立信"，在待人、处世、做事等方面都要坚守信用，从事财会工作者更应提倡做老实人，办老实事，讲老实话。②

（二）商人之诚信

1945年，潘序伦的一篇演讲速记稿以《怎样做一个成功商人》为题发表，演讲面向工商业者，提出成功商人的三个条件：要有赚钱的本领，要守信义的规律，要抱服务的宗旨。文中大量篇幅用于阐释"信义"，条分缕析，层层递进，提出了很多有启发意义的观点。

首先，潘序伦提出，"信"有积极的和消极的两种意义：所谓消极的意义，即处于被动地位的"信"，所以有"征信""昭信""明信"，须先有信，然后可征，可昭，可明；所谓积极的意义，即处于主动地位的"信"，所以潘序伦创办"立信会计学校"，强调要从主动的地位把"信"建立起来，即"立信"。

其次，潘序伦分析了"信义"一词中"信"与"义"之间的关系，指出，"信虽然万分重要，但守信的行为必以义为条件，对于不义之事，便无所谓守信"；有时候，信与义会发生冲突，需要根据具体情况判断是否坚持守信，他举尾生抱柱之例分析，认为尾生为女友守信而死，太不值

---

① 潘序伦.吾国之会计师职业[J].立信会计月报,1943,2(05).
② 潘序伦.谈谈会计人员的职业道德[J].财务与会计,1983(04).

得,是为不义,若奉国令守桥有责,战敌而死,就是大义,因此他指出,"'信'是固定的行为,'义'是常变的举动,要看各人的判断力而定"。

最后,潘序伦以"假账问题"① 为例进行深入剖析,提炼出社会舆论中"事实需要说""非自利说""自利说""经权说"四种为假账辩护的观点,针对这些辩护,潘序伦强调,"造假账,究竟不足为训,只可说是非常时期许多非常和不幸的现象之一",所以商人还是应当"信义为重"。②

1946年,潘序伦另一篇演讲速记稿以《假账问题》为题发表,详细分析了恶性通货膨胀下工商界假账盛行的现象、危害、原因及对策。对于当时假账盛行的现象,潘序伦用了我们今天看起来有点武断的措辞,"至于私家银行和钱庄,我可以说,他们的账没有一家不是假的!"假账盛行不只是在工商界,公务人员也是造假账的重灾区,所谓"真造假账""真账假报"是当时公务机关中流行的口头禅。甚至政府会计人员主动教人做假账,以便足额报销旅费,因为规定发给的旅费和实际需要相去很远。

对于假账盛行的危害,潘序伦指出,假账的目的就是想欺骗别人,欺骗别人当然是一件不道德的事,欺骗在良心上、在道德上是不应该的事情,事情小的为人所不信,事情大的就为朋友所不屑,为社会所不齿。然而对于假账这种欺骗,一般人反漠然视之,工商界对这种欺骗也恬不为怪,甚至一些在社会上很有名望,平时奉公守法、兢兢业业的人,对于这种欺骗也好像觉得理所当然。这种对于假账安之若素、相习成风、熟视无睹的现象,潘序伦认为是一个道德上、文化上最严重的问题。

对于假账的原因,潘序伦举出了"自利说""非自利说""自全说"等

---

① 关于"假账问题",潘序伦另有一篇演讲稿专门详谈这个问题,下文将详述。参见潘序伦《假账问题》,1946年发表于《文化先锋》。

② 潘序伦.怎样做一个成功商人[J].时兆月报,1945,3(01).

表面上的原因,所谓"自利说"即指造假账是为了欺骗政府,从而逃避捐税、逃避管制,其目的完全是自私自利,多赚几个钱;所谓"非自利说",即指采用会计上的"稳健主义",在账目上尽可能表现出不很赚钱,从而让政府少征点税,股东少分点息,职工少分点红,事业便更稳健,造假账的动机是为了事业的前途,为了经济金融的繁荣,为了社会国家的安定;所谓"自全说",即由于高通货膨胀,工商界所赚的钱,许多都是一种"浮利",而直接税的征收则从资本上面去征,因此工商界认为是"虚赢实税",这种情况下捏造假账,逃避赋税,其动机完全是为了保全自己。至于假账盛行的根本原因,潘序伦认为,一是物价的快速上涨,二是直接税征收制度不完善。

如何治理假账,潘序伦提出了自己的建议:一是会计师不查核假账,二是工商界不造假账,三是舆论制裁假账,四是稳定物价和修改税制。对于舆论制裁假账,潘序伦分析道,"工商界人士,谁都不愿意丧失自己的信用,尤其不愿意公开地丧失自己的信用……如果公之报端,使大家都知某人或某号造假账,这就等于丧失他们全部的信用……如果舆论能够做到这点,假账可以减少很多。"①

二、言传身教、贯穿始终的诚信教育实践

(一)以从业经历说明诚信得益

潘序伦曾以自己早年从业的两次亲身经历说明取信于人带来的诸多好处,不仅因此接受更多业务委托,更重要的是建立了自身的长期信誉,其无形资产的价值是巨大的。其一为潘序伦与两位会计师合办一项业务,材

---

① 潘序伦.假账问题[J].文化先锋,1946,5(14).

料中遗留委托人的一笔金额数千的资金，另两位打算三人均分，据为己有，潘序伦拗不过，只好先行收下，后私下返还委托人，从此得到该委托人的信任，获得其后续诸多业务，所得收益远超另两位的不义之财。其二为潘序伦接受一项查账业务，委托者却暗示不必细查，只需签字证明即可轻松获酬，潘序伦坚持认真检查，且向委托人说明原因，即苟且证明、背信弃诚，不仅有违职业道德，而且将会失去委托人的长远信任，委托人表示信服并将重要业务尽数交于潘序伦办理，最终所得也岂止十倍。①②

正如亚当·斯密所认为，"一旦商业在一个国家里兴盛起来，它便带来了重诺言守时间的习惯"；因为"一个比方说经常每天和人签订二十个合同的人，绝对不能从欺骗附近的人而得到大好处。他的奸诈面目一被人看出，失败便无可避免"③。可见重复博弈中建立信誉的重要性，重信守诺才能获得最大收益。潘序伦以自身从业经历说明这一道理，从"诚信"符合经济人理性选择的角度开展诚信教育，具有很强的说服力。

（二）以身作则示范诚信为本

潘序伦要求立信会计师事务所同仁建立信用，教导立信会计学校学生坚守诚信，其自身在执业与从政经历中始终以身作则，为同事和学生作出表率。

1937年，因抗日战争爆发，中国银行总行迁往中国香港，代理中央银行发行钞票，潘序伦被聘为准备基金检查员，他发现该行库存金银准备不足，拒不签发证明。中国银行特派员至上海以"破坏抗战"相压，潘序

---

① 潘序伦.会计师秘诀[J].生活,1928,3(21).
② 潘序伦.中国之会计师职业[J].立信会计季刊,1933,2(01).
③ 亚当·斯密.关于法律、警察、岁入及军备的演讲[M].陈福生,陈振骅,译.北京：商务印书馆,2011：265 266.

伦不为所动,严词拒绝,随后潘序伦辞去检查员职务,以求不失信于社会。①

1946年,潘序伦应王云五之邀短暂出任国民政府经济部次长,记者采访希望他为工商界承诺一些有利政策。他回答:如果开了支票而没有人盖章,不能兑现怎么办呢?潘序伦表示,他无权改变国家经济政策,但会如实反映工商界遭受的痛苦,并努力促成新政策符合实际需要。②

无论是作为会计师还是政府官员,潘序伦始终坚持要建立信用,取信于社会,不轻易许诺,有诺必践。据唐文瑞回忆,潘序伦常常教育立信会计师事务所职员不能接受任何馈赠和贿赂,以期取信于社会公众,并指出,受贿是会计师自取灭亡的行为。③ 正如潘序伦在回忆录中所说,他"以建立信用,争取他人对我们的信任为事务所的第一主旨",并将"立信"作为"办理各项会计事业的训条","要求立信会计同仁共勉"。④

(三) 引进荣誉考试制度

荣誉制度是美国常青藤大学一项维护学术诚信的传统制度,起源于威廉与玛丽学院,由弗吉尼亚大学发扬光大,潘序伦曾就读于圣约翰大学、哈佛大学和哥伦比亚大学,对此项制度的精神内核与具体实施自然有较深的理解,因而为了树立学生的诚信意识,将这项制度引进其创办的立信会计学校就顺理成章。

据一位当年就读于重庆北碚的学生回忆,立信当时的荣誉考试由教务处主持,除有人收发试卷,通常无人监场;而考试并非放任自流,而是有

---

①④ 《财务与会计》编辑部.潘序伦回忆录[M].北京:中国财政经济出版社,1986:27.
② 潘一石.潘序伦不肯开支票[J].风光,1946(18):9.
③ 唐文瑞.潘序伦的言教与身教[M]//朱坚强,何佩莉.立信往事.上海:立信会计出版社,2013:15.

言在先：如舞弊，必开除。潘序伦常在师生大会上讲：学知识不易，学做人尤难；倡导"荣誉考试"，旨在通过不监场的考试，昭示尊敬考生人格，亦培养人自觉自重。自有新生因舞弊而被开除，学生对舞弊从宽容到不齿，直至人人诟病，无形之中，诚信油然而生。① 潘序伦在追述立信办学历程时也提到，"'立信'自以为注重'信用'，所以在学生各项考试中，以禁绝各项舞弊为努力方向。"如在入学考试中发现应试学生有作弊行为，无论主动或被动，立即撤卷不予录取；在学生日常考试中，发现作弊，立予开除处分。因此，学生人人皆知，会计学生不该作弊为立信首要禁令。②

从以上回忆可知，荣誉考试制度在引进立信时并非原版照抄，美国的荣誉考试强调学生自治，并签署标准的荣誉誓约："我以我的荣誉起誓，在考试期间，我没给别人，也没从别人那里得到任何帮助。"这项荣誉制度由学生组成的荣誉委员会负责监督执行。而潘序伦在引进时为适应国内学生的特点，取消了学生委员会这一自治形式，以严格执行作弊开除处分代之，培养学生自觉自重、坚守诚信的意识。同时，对作弊的认定与处分参照美国荣誉制度的誓约内容，无论主动作弊还是被动协助作弊，都将给予严惩。

（四）以主题演讲宣扬诚信

潘序伦自述常"以校长身份对学生、校友们讲演或谈话"，期望会计人员把"建立信用"作为对自己的唯一要求。③检索立信校内出版物，我

---

① 迎校庆，铭师恩——回忆"荣誉考试"[M]//朱坚强，何佩莉.立信往事.上海：立信会计出版社，2013：161.

②③ 潘序伦.追述私立立信会计学校[M]//中国人民政治协商会议上海市徐汇区委员会文史资料工作委员会.徐汇文史资料选辑.1991：103.

们发现,《友讯》上载有《潘校长演讲词录》,其中一次讲"信义",一次讲"假账问题",这两个主题潘序伦曾多次演讲,"假账问题"曾面对工商业者和公务员进行讲述,而"信义"也分别在重庆、上海多地的立信会计学校讲授。

关于"信义"的演讲词,开篇即谈到"信"的定义,潘序伦以拆字释义的方式说明,"信就是人言,不信就不是人讲话",幽默风趣而又发人深省。他又详细引述《论语》中"子贡问政"一节,从而点出"自古皆有死,民无信不立"这一校名校训的出处,说明"信比死还重要"。其后他再次以尾生抱柱与奉命守桥为例分析信与义之间的复杂关系。最后他以重庆演讲信义时学生提出做假账的疑惑为引子,点出下一次讲演的主题——假账问题。

关于"假账问题",这次的演讲词同样归纳了为做假账辩护的三种观点:事实需要说、非自利说和正当防御说。潘序伦提出,为避免通货膨胀时期假账盛行,社会普遍以"无会计师不假"相非议,可辞去会计师职务,暂停执业;他相信,待物价稳定后,商人一定不会做假账。①

潘序伦在立信的办学过程中,常常通过这些主题讲演对学生"进行会计职业道德和纪律教育",②"建立信用""坚守诚信"的理念也就潜移默化地在立信学生的心中生根发芽。

(五) 题词赠言毕业生坚守诚信

潘序伦对即将毕业学生最大的期望仍然是"坚守诚信",抓住这最后一课,他通过题词或赠言勉励毕业生"毋忘立信"。1983 年,复校后的第

---

① 潘校长演讲词录[J].友讯,1946(01).
② 《财务与会计》编辑部.潘序伦回忆录[M].北京:中国财政经济出版社,1986:34.

一届立信毕业生即将踏上工作岗位,作为名誉校长的潘序伦要给他们讲几句临别赠言,他说,"我的赠言很简单,就是我们这些会计工作人员,必应具有会计人员的职业道德",所谓职业道德,其中一条即"忠诚老实、毋忘立信","人无信不立",他希望各位毕业生牢记"立信校名",做老实人,办老实事,讲老实话。① 同年,他还为复校后首届毕业生纪念册写下"信以立志,信以守身,信以待人,信以处事,毋忘'立信',当必有成"的题词,并注明"右数语原是立信校训,题赠立信会计专科学校毕业同学纪念册,用以相互勖勉"。②

潘序伦对毕业生的题词赠言依然紧扣"诚信"这一道德准则,真正把诚信教育贯穿学生学习的全过程,保障了立信毕业生在德性方面的高标准,因而立信毕业生始终是会计就业市场上的优秀人才,"立信"的金字招牌也真正立了起来。

第三节 潘序伦诚信教育思想的基本特征

一、聚焦会计行业特征

潘序伦始终紧紧围绕会计行业和会计从业者展开论述,诚信是会计师立身之本,建立社会信用是会计行业的使命,会计与诚信之间建立起须臾不可分的紧密联系。潘序伦深知会计是一门与社会经济活动密切相关的应

---

① 潘序伦.给复校后首届毕业生的一封信[M]//朱坚强,何佩莉.立信往事.上海:立信会计出版社,2013:162-163.

② 朱坚强,何佩莉.立信往事[M].上海:立信会计出版社,2013:452.

用性学科，会计人员必须具备高度的职业道德和责任感，才能保证会计信息的真实、准确、完整和及时。因此，他在会计教育中紧扣会计行业的特点和要求，培养学生的行业认同感和职业荣誉感。他认为，会计人员不仅要遵守法律法规，还要遵守行业规范和职业准则，不受任何利益或压力的影响，坚持独立、公正、客观、诚实的原则，维护社会公共利益和会计事业的声誉。

潘序伦认为，诚信是会计师的基本素质。会计师作为一个重要的财务管理人员，必须具备高度的职业道德和诚信意识。只有遵守职业道德规范，保持诚信正直，才能保证会计工作的真实可靠，维护企业和社会的公正公平。因此，诚信是会计师立身之本，也是会计师的职业道德的核心。

在潘序伦看来，建立社会信用是会计行业的使命。会计作为财务管理的核心，是信息的收集、处理和传递的重要渠道，对于企业和社会的发展起到了至关重要的作用。因此，会计行业必须认真履行自己的职责，保证财务信息的真实、准确和完整，不断提高会计信息的透明度和公开性，为社会提供可靠的财务信息服务。只有这样，才能建立起一个诚实守信的会计行业形象，树立起社会对会计行业的信任和信心。

会计与诚信之间建立起须臾不可分的紧密联系。会计是一个严肃而高尚的职业，诚信是会计师从事工作的基本要求。只有具备诚信精神，才能保证会计工作的真实可靠，维护企业和社会的公正公平，会计师才能赢得客户和社会的信任和尊重。同时，诚信也是推动会计行业发展的重要因素。只有建立起诚信的行业形象，才能吸引更多的人才加入会计行业，推动行业的良性发展。

总之，潘序伦始终紧密围绕会计行业开展诚信教育，注重将诚信准则与行业特点紧密结合，深入阐述会计师应遵守的诚信准则和道德标准。会计师必须保持诚实、正直、可靠的态度，保证财务信息的真实、准确和完整。会计师应该具备高度的职业道德和诚信意识，注重职业操守，不断提高职业素养和业务水平。会计师要保持自己的独立性和客观性，不受利益的影响，始终保持自己的职业操守和道德品质。

二、多维度多层次阐释诚信

潘序伦在会计教育中不仅注重传授知识和技能，而且注重启发思想和情感。他采用层层深入的方式，从不同角度和层次阐释诚信的含义、价值和作用。他从哲学、社会学、心理学等多学科视角分析诚信的本质和内涵，从历史、文化、法制等多方面背景解释诚信的形成和发展，从经济、政治、道德等多维度角度论述诚信的重要性和必要性。他通过丰富的案例、数据、引文等方式，生动地展示了诚信与会计信息质量、社会信用体系、市场经济秩序等之间的密切关系，使学生深刻地认识到诚信对于个人、企业和社会的意义。

潘序伦对诚信道德准则的理解与阐述，在经济学、管理学、伦理学等方面分析入微，提出许多有启发意义的观点，如信用作为生产要素，其作用甚于资本；信有主动与被动意义之分，"立信"比"征信""昭信""明信"更基本也更重要；信是固定的行为，义是常变的举动，守信必以义为条件，而义之标准要具体情况具体分析。

潘序伦认为信用是生产要素之一，其作用甚于资本。他指出，信用是企业与社会之间的桥梁和纽带，是企业长期发展的重要保障。企业只有建立起良好的信用体系，才能赢得客户和市场的信任和支持，实现企业的可持续发展。因此，企业应该注重信用建设，加强信用管理，树立起良好的信用形象。

潘序伦强调了信的主动与被动意义之分。他认为,"立信"比"征信""昭信""明信"更基本也更重要。立信是指建立信用,为社会树立起良好的信用;征信是指通过外部机构获取信用信息;昭信是指公开昭示信用;明信是指光明光大信用。潘序伦认为,立信是信用体系的基础,只有具备了立信的基础,才能更好地开展征信、昭信和明信等工作。

潘序伦强调了信是固定的行为,义是常变的举动,守信必以义为条件,而义之标准要具体情况具体分析。他认为,信是人与人之间的约定和承诺,是一种固定的行为。而义则是根据具体情况而变化的,需要根据不同的情况做出不同的决策。因此,守信必须以义为条件,要根据具体情况具体分析,不断调整自己的行为和决策,以保持自己的诚信和信誉。

这些观点是潘序伦在广泛阅读中西文献和长久执业经验中思考总结而来的,对于今天我们研究信用制度、诚信文化、诚信伦理等仍然具有重要的启发意义。

三、倡导身教重于言教

潘序伦在会计教育中不仅言传诚信,更身教诚信。他以自己的言行为学生树立了一个典范和榜样。他在学术上严谨求实,不断创新和发展中国会计理论体系;在工作上勤勉尽责,为中国会计事业作出了卓越贡献,在生活上廉洁自律,不图名利和私欲;在教学上尊重学生,关心学生,不断提高教学质量和效果。他的一言一行都体现了他对诚信的坚持和信仰,赢得了学生和同行的敬佩和赞誉。他不仅用语言教育学生,更用行动感染学生,使学生在接受知识的同时,也接受了一种精神和品格。

潘序伦非常注重诚信教育,他认为诚信是立身之本,也是事业成功的关键。他始终以身作则,为同事和学生作出表率。他要求立信会计师事务所的同仁建立信用，教导立信会计学校的学生坚守诚信。

在他的执业经历中，他始终坚持诚信原则。在中国银行工作期间，他拒绝签发库存金银准备不足的证明，并辞去检查员职务以求不失信于社会。他常常教育立信会计师事务所的职员不能接受任何馈赠和贿赂，以期取信于社会公众。

潘序伦认为建立信用是事务所的第一主旨，也是办理各项会计事业的训条。他要求立信会计同仁共勉，共同努力建立起一个诚实守信的行业形象。他的诚信教育不仅仅是口头的，而是通过自己的行为和言语来影响他人，使他们了解到诚信的重要性。他始终以身作则，为同事和学生作出表率，让他们能够从他的行为中学到更多的道德和职业知识。

四、全程全方位诚信育人

潘序伦在会计教育中不是把诚信教育作为一次性或偶尔的活动，而是贯穿于学生的整个学业过程。他从入学开始就对学生进行诚信教育的宣传和引导，让学生明确诚信的要求和标准，树立诚信的意识和信念。他在教学过程中不断强化诚信教育的内容和方法，让学生掌握诚信的知识和技能，形成诚信的习惯和品德。他在考试、毕业等关键节点上加强诚信教育的监督和评价，让学生遵守诚信的规则和准则，展示诚信的行为和成果。他通过全方位、多层次、持续性的诚信教育，使学生在不断地学习、实践、反思中，逐渐成长为具有高度诚信素养的会计人才。潘序伦反复强调"建立信用"是会计师的唯一使命，是立信会计师事务所的第一宗旨，是全体同仁的共同追求，也是立信学生的第一要求，因此这种信念和理想成为全体立信人的标志，成为全员参与诚信教育、全员接受诚信教育的有效着力点。

在入学考试中，潘序伦始终坚持高标准、严要求，强调坚持不作弊的底线。他认为，考试是一种考查学生综合素质和能力的重要手段，必须依靠学生的自主学习和努力才能取得好的成绩。因此，他在入学考试前就向学生宣布了考试纪律和规定，强调不得作弊，不得抄袭，不得抄袭他人作品等违规行为，对于违规行为必须进行惩罚。这些措施有效地保障了考试的公正性和公正性，同时也提高了学生的自主学习和自我约束能力。

在学生在校学习期间，潘序伦严格执行荣誉考试制度与惩罚作弊措施。他认为，在学生在校学习期间，必须加强诚信教育，培养学生的诚实守信意识和道德素质，才能为他们的未来工作打下良好的基础。因此，他采取了荣誉考试制度，鼓励学生自主学习和自我约束，同时也加大了对作弊行为的惩罚力度，让学生明白，作弊不仅是对自己品德的败坏，也是对社会的不负责任。这些措施有效地激发学生的学习热情和创新意识，增强了他们的诚信意识和道德素质。

在学生毕业期间，潘序伦通过题词、赠言等形式再次强调毋忘"立信"。他认为，学生毕业后即将进入社会，面临着更加复杂和严峻的诚信问题，必须保持警惕和警醒，时刻提醒自己坚守诚信底线，保持良好的信誉和形象。因此，他通过题词、赠言等形式，再次强调毋忘"立信"的重要性，提醒毕业生时刻保持警惕和警醒，坚守诚信底线。

在留所工作的毕业生中，潘序伦反复教导不能接受任何馈赠和贿赂，以坚守底线、取信于社会。他认为，留所工作的毕业生面临着更加严峻和复杂的诚信问题，必须保持清醒和警惕，坚守诚信底线，以取信于社会和客户。因此，他反复教导毕业生不能接受任何馈赠和贿赂，让他们明白，这不仅是对自己诚信的威胁，也是对事务所信誉和形象的破坏。

这些措施有效地保障了立信的信誉和形象，同时也增强了毕业生的诚信意识和道德素质。

潘序伦在立信办学过程中始终坚持高标准、严要求，从入学考试开始就强调坚持不作弊的底线，进而在学生在校学习期间严格执行荣誉考试制度与惩罚作弊措施，在学生毕业期间通过题词、赠言等形式再次强调毋忘"立信"，进而对留所工作的毕业生反复教导不能接受任何馈赠和贿赂，以坚守底线、取信于社会，使诚信教育覆盖学生入学、在校、毕业、工作的全过程。

第四节 潘序伦诚信教育思想的当代启示

一、诚信教育应该与行业实践相结合

在当今社会，诚信教育已经成为高校道德教育的重要组成部分。因为在一个竞争激烈的环境中，诚信是企业和个人获得持续竞争优势的重要手段。潘序伦在诚信教育方面做出了很多努力，他认为应该紧密围绕具体的专业、行业、职业开展诚信教育的理论阐释与案例分析，关注当前行业的实际情况，将诚信准则与行业实践相结合，提高学生的职业素养和实践能力。

潘序伦的诚信教育注重将诚信教育与行业实践相结合，通过引入实践教育、实习实训、案例分析等方式，让学生在实践中感受和理解诚信的实际意义，提高学生的职业素养和实践能力。他通过教学实践和管理经验深刻认识到诚信教育的重要性，他的做法给当代诚信教育提供了重要的启

示，即要注重将诚信教育与实践相结合。

在潘序伦看来，诚信教育应该紧密围绕具体的专业、行业、职业展开论述与分析，只有围绕专业才能有创新、有针对性。他在授课中常常结合实际案例进行分析，让学生能够更加深入地理解诚信的实际含义，同时也能够更好地将诚信准则与行业实践相结合。他的做法也符合当下课程思政教学改革的理念。

潘序伦的诚信教育之所以富有成效，正是因为他始终紧扣会计这一专业、行业、职业展开论述与分析。他认为，只有紧密结合行业实际，才能更好地培养学生的职业素养和实践能力。他的做法也成为立信办学的传统，立信的学生在回忆中往往都会谈到，潘序伦"信以立志，信以守身，信以处事，信以待人，毋忘'立信'，当必有成"的二十四字校训阐释使他们更加深入了解了诚信的含义，也更加清楚地了解了诚信在会计行业中的重要性。

总之，潘序伦通过将诚信教育与行业实践相结合，让学生在实践中感受和理解诚信的实际意义，提高了学生的职业素养和实践能力。他的做法也为当代诚信教育提供了重要的启示，即要注重将诚信教育与实践相结合，紧密围绕具体的专业、行业、职业开展诚信教育的理论阐释与案例分析，关注当前行业的实际情况，将诚信准则与行业实践相结合，提高学生的职业素养和实践能力。

二、诚信教育应该关注时代主题

随着时代的不断发展，诚信教育也需要不断关注时代主题，及时调整和完善诚信教育的内容和形式。在当今社会，诚信问题已经成为一个重要的话题，因为它关系到个人、企业和整个社会的信任和稳定。因此，诚信教育已经成为教育领域的一个重要组成部分，它不仅仅是学校教育，也是社会教育的一部分。

潘序伦诚信教育注重关注时代主题，他的演讲常常以当时社会上的热点问题如假账盛行等展开，通过深入分析其危害、原因等提出自己的政策建议，让学生理解假账的危害和诚信的重要性。这种关注时代主题的诚信教育方式非常重要，因为它可以让学生更好地了解当前社会的问题和挑战，同时也可以让他们更好地理解诚信的重要性。

我们今天也应该通过引入新兴领域的诚信教育，如网络诚信、知识产权诚信等，让学生了解和掌握当下社会发展的新形势和新问题，及时调整和完善诚信教育的内容和形式。网络诚信是指在网络上保持诚信，不作虚假宣传、侵犯他人隐私等违法行为。知识产权诚信是指在知识产权方面保持诚信，不侵犯他人的知识产权，尊重知识产权的权利和利益。这些新兴领域的诚信教育对于学生的成长和发展非常重要，因为这些领域的诚信问题已经成为当今社会的一个重要问题。

随着社会的不断变化和发展，诚信教育也需要与时俱进，在关注当下社会发展的新形势和新问题的同时，及时调整和完善诚信教育的内容和形式，提高诚信教育的针对性和实效性。为此，我们应该注重诚信教育的实践教学，通过实践活动来培养学生的诚信意识和诚信行为。同时，我们还应该注重诚信教育的个性化，根据学生的不同特点和需求来制定相应的诚信教育计划和方案。

总之，随着时代的不断发展，诚信教育也需要不断关注时代主题，及时调整和完善诚信教育的内容和形式。通过关注新兴领域的诚信教育，我们可以让学生更好地了解当下社会的新形势和新问题，从而更好地理解诚信的重要性。同时，我们还应该注重诚信教育的实践教学和个性化，这样才能提高诚信教育的针对性和实效性，让学生在未来的工作和生活中更好地维护诚信。

三、诚信教育应该具有国际视野

随着全球化的发展，诚信教育也需要具有国际视野，涵盖跨文化和跨国界的诚信观念和道德标准。在当今全球化的时代，国际贸易、国际合作和国际交流越来越频繁，不同文化背景和不同国家之间的交往和合作也越来越多。这就要求我们在诚信教育方面也要具有国际化的视野，涵盖跨文化和跨国界的诚信观念和道德标准，以培养具有国际竞争力的人才。

潘序伦在中西文化两方面的深厚学养有助于其在理论阐述与案例分析中结合中西经典、前沿经济理论，这也是其诚信教育取得成功的重要因素。潘序伦既熟悉中华传统文化，又熟悉西方经济学、管理学，他的诚信教育注重结合中西经典和前沿经济理论。这种跨文化的诚信教育方式非常重要，因为它可以让学生更好地了解不同文化背景下的诚信观念和道德标准，从而更好地适应和应对国际化的竞争和合作。

在当今全球化的时代，国际化已经成为一个重要的趋势，涉及各个领域，包括经济、文化、教育等。在诚信教育方面，也需要注重国际化，涵盖跨文化和跨国界的诚信观念和道德标准。不同的文化背景下，人们对于诚信的认知和理解也会有所不同。因此，在诚信教育中，我们需要注重学生对不同文化背景下的诚信观念和道德标准的了解和尊重。通过结合中西经典和前沿经济理论，帮助学生更好地理解和掌握不同文化背景下的诚信观念和道德标准，以培养具有跨文化意识和跨文化能力的人才，让他们能够适应和应对国际化的竞争和合作。

诚信教育还需要引进国外先进的诚信教育理念和实践案例。在全球化的时代，各国之间的诚信问题也会随之增多，因此，我们需要了解和学习国外先进的诚信教育理念和实践案例，以提高我们自身的诚信教育水平。诚信教育也需要注重国际化的实践，让学生了解和认识不同国家和地区的诚信文化和实践，帮助学生更好地理解和应对不同文化背景下的诚信问题。

总之，诚信教育应该具有国际视野，涵盖跨文化和跨国界的诚信观念和道德标准，以培养具有国际竞争力的人才。只有在全球化的视野下，我们才能更好地理解和应对国际化的竞争和合作，推动世界诚信文化的发展和繁荣。

四、诚信教育应该适应中国国情

诚信教育作为一项重要的教育内容，不仅需要具有国际视野，更需要适应国情，传承发扬具有中国特色的诚信观念和诚信文化。在当前的时代背景下，中国正处于快速发展和变革之中，诚信教育需要跟随时代的步伐，适应当下中国社会的发展和变革，同时也需要传承和弘扬具有中国特色的传统诚信文化，让学生在了解和尊重传统文化的同时，适应和应对当下中国社会的发展和变革。

潘序伦注重将诚信教育与中国特色相结合，通过引入中华传统文化中的诚信思想，帮助学生了解和掌握中国特色的诚信观念和诚信文化。潘序伦的诚信教育理念有一个核心——立信，由潘序伦借鉴《论语》中"民无信不立"的理念，将"立信"作为核心开展诚信教育，强调诚信在立身处世、立业兴国等方面的重要地位。这个理念非常符合中国传统文化中的诚信观念，也非常适合当下中国社会的发展和变革。潘序伦还通过专题演讲、题词赠言等方式,将中国传统文化中的诚信思想融入诚信教育中,让学生更加深入地了解和掌握中国特色的诚信观念和诚信文化。

除了将中国特色的诚信观念和诚信文化融入诚信教育中,潘序伦还注重对国外诚信制度的引进和改造。理解国外相关制度的产生背景与作用机制,理解国内外一般环境、文化背景的差异,从而制定出适合国情的学术诚信制度。潘序伦对美国荣誉制度的选择性引进就是一个可以借鉴的例子。在中国,学术诚信制度的建立和完善需要考虑到国情、文化背景、社会现实等多方面因素,不能盲目照搬国外制度,而是要结合国情和实际情况,制定出适合中国国情的学术诚信制度。

总的来说,潘序伦诚信教育思想在关注时代主题、与行业实践相结合、具有国际视野和适应国情等方面提供了宝贵的经验和启示。当代诚信教育需要不断探索和创新,注重将诚信教育与实践相结合,关注时代主题,具有国际视野和适应国情,以培养更多具有诚信素养和实践能力的人才,为社会和国家的发展作出贡献。

结语

潘序伦从小在私塾中接受了扎实的中文教育,在东坡小学、浦东中学接受了中式基础教育,随后又在圣约翰大学、哈佛大学、哥伦比亚大学完成了西式高等教育,这些教育经历都为他日后诚信教育思想的形成提供了丰富的理论与实践资源;而他开办会计师事务所以来的执业经历为他形成以会计诚信为核心的诚信教育思想提供了许多具体生动的案例;黄炎培、卜舫济等的教育理念对其诚信教育思想的形成和立信的办学理念都有重要影响，Cole，Kester，Montgomery 对其会计伦理教育理念和会计诚信思想的形成则有直接影响。

潘序伦诚信教育思想的主要内容可以概括为两方面：一是立足行业、层层深入的诚信准则理论阐述，二是身体力行、贯穿始终的诚信教育实践。潘序伦对诚信准则的理论阐释聚焦于会计师行业，偶尔旁涉工商业者和公务人员，他认为诚信是会计师立身之本，建立社会信用是会计行业的使命，会计与诚信之间建立起须臾不可分的紧密联系；潘序伦的诚信教育实践可以从以从业经历说明诚信得益、以身作则示范诚信为本、引进荣誉考试制度、以主题演讲宣扬诚信、题词赠言毕业生坚守诚信等方面进行概括。

潘序伦诚信教育思想的基本特征可以概括为聚焦会计行业、多维度多层次阐释诚信、倡导身教重于言教、全程全方位诚信育人四个方面。潘序伦始终紧紧围绕会计行业和会计从业者展开论述，将会计与诚信密切结合，形成不可须臾离的关系；他对诚信准则的阐释在经济学、管理学、伦理学等方面分析入微，提出许多有启发意义的观点；潘序伦在执行会计师业务和治学办校期间亲身示范坚守诚信，为立信学子树立了模范，以其高尚的人格铸就立信理念，使其深入立信人心；他还特别重视将诚信教育贯穿入学、课堂、课外、毕业、就业的全过程，开展全方位、多层次、持续性的诚信教育。

潘序伦诚信教育思想对我们今天开展诚信教育有丰富的启发意义，具体体现为：诚信教育应该与行业实践相结合，紧密围绕具体的专业、行业、职业开展诚信教育的理论阐释与案例分析；诚信教育应该关注时代主题，让学生更好地了解当前社会的问题和挑战，同时更好地理解诚信在应对挑战中的重要性；诚信教育应该具有国际视野，通过结合中西经典和前沿理论，帮助学生更好地理解和掌握不同文化背景下的诚信观念和诚信文化；诚信教育应该适应中国国情，通过引入中华传统文化中的诚信思想，采用适合中国国情的学术诚信制度等，帮助学生传承发扬具有中国特色的诚信观念和诚信文化，适应和应对当下中国社会的发展和变革。

（虞晨阳　李文亮　王　妍）

第五章

潘序伦
职业教育思想

引言

1993年10月，在潘序伦诞辰100周年及他所创办的立信会计教育事业成立65周年之际，时任国务院副总理李岚清同志亲笔题词，"现代会计学宗师，职业教育之楷模"。这一评价全面、客观地概括了潘序伦为中国现代会计事业及会计教育事业作出的卓越贡献。

20世纪二三十年代，在黄炎培、马相伯、蔡元培、张謇等教育家、实业家的积极推动下，我国的职业教育在短时间从萌芽发展到勃兴，形成了职业教育大发展的浪潮。潘序伦正是在这一时期，学习并发展黄炎培的职业教育思想，以"教育救国"为己任，立足实际、积极进取，形成具有时代特征、会计特点、立信特色的职业教育思想。他的职业教育思想主要有"有业乐业"的教育目的、"学验并重"的教学特色、"灵活多样"的办学方针、"三位一体"的办学模式、"诚信为本"的职业道德观、"出路必予保障"的职业指导思想。在这一思想的指导下，潘序伦及立信同仁建立起以上海为中心，遍布全国主要城市的多层次、多形式、多样化的职业教育体系，培育了数十万名现代会计职业人才，为经济社会发展做出了重要贡献。

时至今日，潘序伦职业教育思想依然有其时代价值。在推进高质量职业教育体系建设的背景下，我们应当传承发扬潘序伦的职业教育思想，以实践教学为载体，坚持"学验并重"的培养方式；以校企合作为着力点，完善产教融合办学体制；以立德树人为根本任务，坚持职业道德教育。

第一节 潘序伦职业教育思想的形成背景

任何思想观念的形成，任何理论体系的构建，都是在特定历史条件下，萌芽、发展和最终成熟的。20世纪初，民族工商业快速发展带来的人才需求为中国职业教育的兴旺发达提供了根本动力；辛亥革命后，中国资产阶级建立的国民政府在职业教育方面实施的积极措施，为职业教育提供了制度保障；著名教育家杜威等人的实用教育思想的引入，启蒙了以黄炎培、蔡元培等人为代表的教育家的职业教育思想；自欧美引进的职业教育体系则为中国近代职业教育提供了实践样本。最终，在政府、工商业界和教育界的共同努力推动下，理论与实践脱节的中国传统教育模式得以改良和完善，完成近代职业教育体系的构建。

潘序伦1893年出生于江苏省宜兴市的一个书香门第，他所处的时代正是中国社会由传统农业社会向近代工业社会转型的历史时期，政治、经济、社会、思想、教育等各个方面无不发生深刻、剧烈的变化，特别是苏南地区，是中国民族资本主义发展最为迅猛的区域，这些或多或少影响着他的思想形成；少年求学过程中，他先后经历了私塾、新式学堂、普通学校、教会学校，甚至职业培训班，这些也为他对比不同教育形态提供了丰富经验；黄炎培的职业教育思想更是对潘序伦职业教育思想的形成产生最为直接的影响。

一、时代背景：民族工商业迅猛发展

1840年鸦片战争后，西方列强开始大举入侵中国，中国延续上千年的传统经济秩序遭到了极大的破坏。"外国资本主义对中国的社会经济起了很大的分解作用，一方面，破坏了中国自给自足的自然经济的基础，破坏了城市的手工业和农民的家庭手工业；另一方面，则促进了中国城乡商品经济的发展。"[①] 面对这一前所未有的大变局，洋务运动、维新运动、辛亥革命相继登上历史舞台，虽未从根本上改变中国落后的现状，但在一定程度上推动了中国从农业社会向工业社会的转型，为民族工商业的发展创造了良好条件。

20世纪二三十年代，中国的民族工商业经历了一个短暂的黄金时代。从外部环境看，第一次世界大战爆发后，主要的西方国家陷入战争泥潭而无暇东顾，给了中国工商业一次有利的发展机遇；从内部环境看，辛亥革命后，资产阶级革命党人掌握了领导权，制定和颁布了一系列鼓励、保护民族工商业发展的条例、章程，为民族工商业发展提供了温床，大量以"实业救国"为己任的有识之士，投身于民族工商业的振兴与发展大潮。据统计，1895—1911年，官方投资总额为2 544万元，私人投资总额达12 242.9万元，共创办企业786家，其中官办58家，官商合办31家，官督商办3家，商办694家[②]。民族工商业发展之迅猛可见一斑。

在科学技术、管理制度进步的带动下，国内的工矿企业、交通运输、金融服务等民族工商业对从业人员提出了更高的要求，急需大量经过职业

---

① 毛泽东.毛泽东选集[M].第2卷.北京：人民出版社，1991：626.
② 杜恂诚.民族资本主义与旧中国政府（1840—1937）[M].上海：上海社会科学院出版社，1991：33.

教育和技术训练的专业人才。然而，延续千余年的传统教育却与时代脱节，远不能满足工商业界的需求。一方面，大批的学校毕业生苦于所学非用，"毕业即失业"；另一方面，工商业界苦于无人可用。正如中华职业教育社元老穆藕初所言，"吾国各业之不振，皆由于缺乏适用人才，并缺少独树一帜之人才耳"。

因此，中国迫切需要建立顺应时代发展的教育体系，以培养大批具有先进科技知识和管理经验的人才，为民族工商业提供人力资源保障，符合中国国情的现代化职业教育呼之欲出。

1925年9月21日，在暨南学校附设的大学部（上海商科大学）担任会计系主任的潘序伦，怀着对国家、人民深深的忧虑，写成《国计民生问题的根本解决》一文。文中，他对当时中国的经济社会形势进行了深入分析，并针对社会上改良民生的三种主要思想进行评述后，从经济学角度提出了自己的观点，"中国国民生计问题，并不是一个分配问题，也不是一个内乱外侮问题，实在是一个生产问题。既是一个单纯的生产问题，就容易想到一个提纲挈领根本解决的办法，这个根本办法即是提升国家生产的能力，增加国家生产的数量。"① 随即他对天然（自然资源）、劳力、资本、企业这四个生产要素逐一进行分析，提出"定要四件齐备，方有生产的可能；定要四件照量配合，无每种过多过少的弊病，方得生产最大的效力；定要四件同时照量增加，方能增加生产的数量。"在分析劳力的培养和改进时，他明确指出"中国的百姓，大都从事于一般普通的工作，没有一种特艺的专长"，因此也就无法适应工业革命带来的冲击。解决这一问题，潘序伦提出两种补救方法：一是提倡职业教育，二是移民边省从事开

---

① 潘序伦.国计民生问题的根本解决[J].生活,1929(第一卷):107.

垦。他提出："使人人专精一艺，不必和无生命的机械相竞争。"在文章末尾，他给出自己的主张，"至于劳力的品质，中国是不如外国的，应该兴办职业教育，从事补救。"

二、教育嬗变：从实业教育到职业教育

近代中国新式教育产生以来，于教育上最大的进步，乃在于实业教育的兴起和发展。实业教育最早在清末由西方传教士引入国内，各地开办实业学堂，为当时国内的农业、工业、商业及采矿业等实业机构培养所需的技术及管理人才。1902年，清政府制定"壬寅学制"，首次将实业教育纳入其中，但其并未独立，而是与师范教育一起作为普通教育的两个旁系。次年，张之洞等人在壬寅学制基础上制定了"癸卯学制"，第一次将实业教育独立为一种学校类型，其目的在于"振兴农工商各项实业，为富国裕民之本计"。该学制明确的23个章程中，包括《初等农工商实业学堂章程》《实业补习普通学堂章程》《实业教员讲习所章程》等7个专门针对实业教育所制定的，构建起较为完善的实业教育体系，张之洞自言，"国计民生，莫要于农、工、商实业，兴办实业学堂，有百益而无一弊，最宜注重。"[1]

然而，癸卯学制下的实业教育发展并不尽如人意。受千余年科举制度遗毒影响，学而优则仕的传统观念依然占据主导地位，"一般学堂总数是实业学堂总数的200多倍，学生数是其100倍左右，虽然有所发展，但与普通教育相比，实业教育还没有真正得到重视。"[2]

辛亥革命后，中国资产阶级登上了政治舞台，随即民国政府颁布了

---

[1] 谢长法.中国职业教育史[M].太原：山西教育出版社,2011:49.

[2] 段蓝宇.中国近代职业教育的嬗变[D].江西：南昌大学.2018:18.

"壬子癸丑学制"，对癸卯学制下的实业教育进行了补充完善，实业教育得到了一定的发展，但其发展状况远不及一般教育：地方政府对实业学校并不重视，督促不力、投入不足；大多数的实业学校缺乏教员、重理论轻实践；就读的学生，有的因家境贫寒中途退学，有的毕业后"所用非其所学"，凡此种种，都导致实业教育发展缓慢，远不能满足民初"实业救国"思潮下全国大办实业、大兴工商的需求。有鉴于此，在黄炎培、蔡元培、梁启超等教育家推动下，改革实业教育、发展职业教育已是大势所趋。

20世纪初，美国教育家约翰·杜威的实用主义教育理念传入中国，同时，大批中国留学生带回欧美先进的职业教育理念，为职业教育的确立奠定了理论基础。在实用主义教育影响下，1917年5月6日，黄炎培联合蔡元培、梁启超、张謇等48人在上海成立中华职业教育社（简称中华职教社），以"无业者有业，有业者乐业"为己任，为职业教育的推广奠定了组织基础；在黄炎培、顾树森等人的努力下，1922年实行的"壬戌学制"正式以"职业教育"取代"实业教育"，确立了职业教育的地位，为职业教育的发展奠定了制度基础。由此，中国近代的职业教育正式登上历史舞台。

实业教育与职业教育既有区别，也有联系：实业教育是清末"救亡图存"运动的产物，是由中国新兴资产阶级强烈的实业救国热情推动产生的，其科学性、系统性和实践性难免有所欠缺；职业教育则是在实业教育实践的基础上，充分吸收了西方职业教育理论和实践经验而产生的，其所处中国民族工商业近十年的"黄金时代"，为职业教育营造了良好的社会环境，同时新文化运动对民主和科学思想的倡导，也为职业教育以人为本的核心理念奠定了良好的思想基础。

潘序伦少年时期的求学经历，适逢中国的教育由传统教育向近代教育转型。他也成为这一转型的亲历者：从幼年时期的家塾到新式学堂蜀山书院，再到辛亥革命后新学制下的浦东中学、常州府中学堂，学习的内容"除了论孟诗书传史而外，还读了不少时文，同时又读数理精蕴、瀛寰全志、万国史纲目等书。"① 潘序伦亲历了实业教育、职业教育的发展、更替、兴盛。特别是在中学毕业后，因缺乏对未来职业的正确谋划，潘序伦还走了一段弯路，先是误入一所非法办学的法政大学，后又贸然投考了南京海军军官学校学习无线电收发，"以致蹉跎了我正式职业的训练"。② 此外又在造币厂、乡村小学，"浮浮沉沉地度过了六个年头，总算做实了一个'样样都能没一样精的人'"③ 以至于潘序伦晚年慨叹，"自己没有相当的能力，要想在职业界里混饭吃，实在很不容易啊！能够自救自拔的唯一途径，只有从速用功，求得了一学一技之长，才不致在社会上受尽颠簸动荡的痛苦哩！"④ 他还曾指出"中国的百姓，大都从事于一般普通的工作，没有一种特艺的专长"⑤。可以说，潘序伦少年、青年时期的求学、求职经历，让他深刻体会到职业教育对一个人发展、成长的重要性，这也为他今后从事职业教育奠定了基础。

三、思想渊源：与黄炎培职教思想一脉相承

黄炎培是中国近代职业教育的开创者、引领者和实践者，他不仅亲赴欧美，将西方先进的职业教育思想引入国内，还创办了中国第一个职业教育社团——中华职教社，开中国现代职业教育之先河。更为重要的是，黄炎培将西方职业教育思想与中国社会实际相结合，形成了系统的职业教育思想，为中国职业教育的发展做出了巨大的贡献。

---

①②③④ 潘序伦.潘序伦文集[M].上海.立信会计出版社,2008:555.
⑤ 潘序伦.国计民生问题的根本解决[J].生活.1929(第一卷):106-107.

(一) 寻找教育出路的考察之旅

1914年2月，黄炎培因不满袁世凯的独裁统治，愤然辞去江苏省教育司司长一职，开始为期三年教育考察之旅。他先是耗时95天，以《申报》记者的身份考察江西、安徽、浙江三省的风土人情和教育状况。考察期间，他立下"誓将尽献其所得于教育界，俾各以间接触发其思想，冀益于教育前途"的决心。同年9月，他又作为调查干事对河北和山东两地进行为期36天的调查研究。

黄炎培将这两次考察的见闻和思考编辑出版了《黄炎培考察教育日记》。通过考察，他对中国教育的症结问题有了明确、清醒的认识，即中国现行的教育与生活实际脱节，不能适应社会发展的需求。中国亟需一种新的教育模式以改变传统教育模式带来的种种弊端，中国也必须建立一种新的教育模式以培养优秀的人才去推动社会的发展，挽救国家于危难之中，这也促使黄炎培开始将目光投向职业教育，而次年的赴美教育考察之行则让黄炎培更加坚定了以职业教育改变中国教育落后面貌的决心。

1915年4月，黄炎培随游美实业团访问美国。在美国的两个月时间里，考察团参观各类学校52所，对美国职业教育体系有了较为全面、深刻的认识：美国的职业教育与普通教育相互联络、相互依赖、相互调剂已达相当之程度；美国职业工人有很高的社会地位和经济地位；美国教育无论任何学科教育，皆注重实用；美国所设的专为学生介绍职业的职业指导机关，使得职业学校学生毕业后绝大多数都有相当的职业。[1] 目睹了美国职业教育取得的成就，更加让他迫切地感到在中国推行职业教育的必要性，"今后之富国政策，将取径于职业教育。"自此，黄炎培立下了要沟通

---

[1] 谢长法.中国职业教育史[M].太原:山西教育出版社,2011:100.

教育与职业，用职业教育来振兴民族工商业、解决民众生计问题的人生宏愿。

在美考察期间，黄炎培等人在旧金山参加巴拿马太平洋万国博览会时，被菲律宾的职业教育成就所震撼，因此回国后即向民国政府教育部提议考察菲律宾的职业教育。1917年1月至3月，黄炎培与北京高等师范学校校长陈宝泉、南京高等师范学校教务主任郭秉文等六人赴日本、菲律宾进行教育考察。在日考察期间，黄炎培先后参观了东京高等工业学校、横滨商业学校等职业学校，并与日本教育家深入交流。在菲律宾考察期间，黄炎培等人参观职业学校，并作职业教育演讲，得到了当地华侨的支持，得以筹备中华职教社。日本、菲律宾之行让黄炎培等人进一步认识到实行职业教育的重要性，也推动了中华职教社的建立。

（二）发起成立中华职业教育社

自菲律宾回国后，鉴于各方面条件都已成熟，黄炎培等人即着手成立中华职教社。1917年5月，黄炎培与教育界、实业界的知名人士马相伯、蔡元培、陈宝泉、张伯苓等人在上海发起创建中华职教社，这是近代中国第一个以倡导、宣传、研究、实施职业教育的全国性的教育团体，不仅在当时的教育界引起很大反响，更有力推动了中国职业教育的发展。

中华职教社发表的《中华职业教育社宣言书》中明确设立目的，"本社之立，同人鉴于当今吾国最重要最困难问题，无过于生计；根本解决，唯有沟通教育与职业。同人认此为救国家救社会唯一方法，故于本社之立矢愿相与终始之。"自此，中华职教社以"推广职业教育""改良职业教育""改良普通教育，为适于职业之准备"为目的，开展了研究职业教育、宣讲职业教育理念、发行职业教育刊物、举办职业教育学校、组织职业指导等一系列活动，搭建起完整、立体的职业教育体系。

1917年10月，中华职教社的机关刊物《教育与职业》创刊，宣传职业教育的理论，介绍职业学校的办学经验，对推动早期职业教育的理论研究起到了重要作用。1918年5月，中华职业学校在上海成立，一方面实践职业教育思想，另一方面也满足了民族工商业发展的需求。此外，中华职教社还开展职业指导，在全国各地农村创办乡村改进区进行实验，主张用职业教育来振兴中国农村，发展农村生产，改善农民生活等，其活动一直坚持到1949年。

在黄炎培和中华职教社的倡导下，在中华职业学校的影响下，职业教育很快就在全国蔚然成风，到1921年全国职业学校及补习学校就达700多所。

（三）黄炎培职业教育思想的内涵

在长期的职业教育实践过程中，黄炎培的职业教育思想逐渐成熟。他不仅学习借鉴了西方的职业教育理论，更是在深入思考中国社会实际的基础上，加以改造和完善。

黄炎培的职业教育思想主要体现在五个方面，即教育目的、办学方针、教学原则、教育制度和职业道德教育。

在教育目的上，他主张职业教育应当"使无业者有业，使有业者乐业"，通过职业教育解决社会大众的就业问题、生计问题，在解决个体生计基础上，也解决了社会、国家的发展问题，《中华职业教育社宣言书》就明确提出"职业教育之旨三：为个人谋生之准备，一也；为个人服务社会之准备，二也；为世界、国家增进生产力之准备，三也"。[1]

在办学方针上，他主张职业教育要坚持社会化、科学化、平民化。所

---

[1] 黄炎培.职业教育论[M].北京:商务印书馆,2019:60.

谓社会化就是要根据社会需求举办职业教育，社会需要什么人才，职业教育就培养什么人才，"办理职业教育，必须注意时代趋势与应走之途径，社会需要某种人才，即办某种学校"；所谓科学化就是要因地制宜、因材施教，"职业学校设哪一科，乃至一科之中办哪一种，完全需要根据那时候当地的状况"①；所谓平民化就是要职业教育充分考虑普通民众的实际需求，不能高高在上脱离实际，而应该为大多数劳苦民众服务。

在教学原则上，他认为职业教育的核心是职业，在教育过程中应当注重理论与实践的有机结合，贯彻"手脑并用"的原则。他在《职业教育应该怎么样办》一文中明确指出，"职业教育应该做学合一，理论与实习并行，知识与技能并重。如果只注重书本知识，而不去实地参加工作，是知而不能行，不知真知。职业教育目的乃在养成实际的、有效的生产能力，欲达此种境界，须手脑并用。"

在教育制度上，他提出在职业学校应实行"工读结合制"。黄炎培办职业教育最直接的目的是解决国民的生计问题，工读结合正是将求学与就业有机融合，使得贫苦的、没有生计来源的青年有机会走进课堂，通过职业技能学习以更好、更充分地就业，以工养读，以读促工。"然亦有横遭不幸或醉心自立之青年，追求所以解决生活问题，又不能抑制其知识欲与向上心，则工读说出焉。工读制度，固职业教育之一种也。"同时，工读结合也有利于理论与实践的融合。

在职业道德教育上，他提倡"敬业乐群"。黄炎培极为重视职业道德教育，在1919年11月写成的《职业教育析疑》一文中他说，"主张职业教育者，同时必注重职业道德。"具体讲，黄炎培将"敬业乐群"作为职

---

① 黄炎培.职业教育论[M].北京:商务印书馆,2019:86.

业道德的核心，也将其作为中华职业学校的校训，要求培养学生对从事职业的责任心，树立正确的价值观、义利观，努力做到为大众服务、为国家服务，方能做到"谋生与做人，两者本应同时并重，不具谋生能力，人固无从做起，具有谋生能力，而不知做人之道，必将成为自私自利之徒，更违教育之本旨矣"。

（四）潘序伦对黄炎培职业教育思想的学习和实践

黄炎培的职业教育思想被不少有志于职业教育事业的人士奉为圭臬，其中就包括潘序伦。对潘序伦而言，黄炎培既是学生时代的恩师，也是长年交好的挚友，还是职业教育事业的同道。

潘序伦1908年在长兄潘伯彦的陪伴下，来到上海，进入黄炎培主持的浦东中学，因天资聪颖、成绩优异而颇受黄炎培的赏识。潘序伦晚年对这段经历深情回忆道，"任师（即黄炎培）真是一位教育家和心理家，我们和他谈话，犹如见到了严父，又如遇到了慈母"[①]，可见，黄炎培在潘序伦心中占据了重要地位，两人的师生情谊极为深厚，即便不久后潘序伦因故离开浦东中学，两人的联系也未中断。

"1919年春，偶然想到上海圣约翰大学进修英文，苦无门径，又承任师为我修书介绍，才得成为圣约翰大学的一名试读生。"[②]在人生的关键时刻，潘序伦再次得到黄炎培的帮助，在学业上焕然一新，进而打开了通往会计职业的大门，这样的慨然相助，可谓知遇之恩，"饮水思源，都是任师和简之赐"[③]。

1924年，潘序伦怀揣"教育救国""实业救国"的理想学成归国。黄

---

①② 潘序伦.缅怀黄任之老师[J].社史资料选辑，1980（第1辑）：137.
③ 简即南洋兄弟烟草公司总经理简照南，1921年全额资助潘序伦赴美留学。

炎培对当年的得意弟子依然提携有加,借助自身的影响力及社会资源,通过中华职教社这一平台,将潘序伦引荐给马寅初、江恒源、王云五、钱新之等社会贤达;潘序伦也投桃报李,积极参与到中华职教社的工作中去,1929年7月担任中华职教社评议员,1931年7月担任中华职教社董事,1932年发起筹建中华第二职业学校,并捐款3 000元作大规模补习教育用。

在参与中华职教社相关工作及与黄炎培深入交流的过程中,潘序伦深深感受到黄炎培对推广职业教育促进社会经济发展的极大热忱,也逐渐对职业教育有了更加全面、深入的认识,这与他在赴美留学之前就已立下的"教育救国""实业救国"的夙愿极为契合。因此,在思想上,潘序伦逐渐接受了黄炎培职业教育思想,在行动上,也投身于职业教育大业。1927年,潘序伦先辞去暨南学校大学部的教职,创办潘序伦会计师事务所(后改名为立信会计师事务所),后又本着推广现代会计、推进职业教育的目的创办立信会计职业补习学校,这也是他对黄炎培职业教育思想"使无业者有业,使有业者乐业"的具体实践。在"社会化、科学化、平民化"的职业教育方针下开展多层次、多形式、多样化的办学,按照"做学合一"的职业教育原则凝练立信"学验并重"的办学特色,参照"工读结合"的职业教育制度建立"三位一体"的产教研融合体。正如他在《中华职业学校是我办学的榜样》一文中强调的,"我们采取的教育方针与方法,可以说完全照搬了中华职校的教育方针与方法。立信会计学校在25年的时间内,训练了十万人以上的各级学生,这是以中华职校为榜样所取得的成就。"[①] 可以说,潘序伦的职业教育思想与黄炎培的职业教育

---

① 潘序伦.中华职业学校是我办学的榜样[J].社史资料选辑,1980(第1辑):149.

思想一脉相承。

第二节 潘序伦职业教育思想的丰富内涵

早在1931年年初,潘序伦就指出"盖我校之宗旨,一方面使求学与任职合而为一,使学生所得之训练及经验切合实用,自能收事半功倍之效也。一方面则使本校直接无负于学生求学之苦心,间接无负于社会上重大之使命。"①

"求学与任职合而为一"是他职业教育思想的精髓,也就是将教育与职业有机结合,打通学校教育到职业需求中间的关卡,使学生在学校学习期间即接受与今后工作岗位高度吻合的知识和训练,以便今后更加快捷地适应实际工作的要求。潘序伦也指出,开办职业教育学校一方面是为了满足希望在职业上有所发展的学子的需求,另一方面也为经济社会发展输送大量职业人才。这与黄炎培在1917年起草的《中华职教社宣言书》高度一致。

一、"有业乐业"的教育目的

"使无业者有业,使有业者乐业"是黄炎培对职业教育的宗旨和目的的精辟概括,这也成为他职业教育思想的精髓,潘序伦对此极为认同。在创办会计师事务所的第二年,他深感要改变传统的簿记制度,推广现代会计,仅仅承接工商企业的委托查账是远远不够的,"改良会计的工作,要赖专才,方能举行"。一方面这是社会对现代会计人才的迫切需求,另一

---

① 潘序伦.立信会计学校之教学方法[J].立信会计专修学校同学会会刊,1931(第1期):1.

方面职业青年也有通过学习现代会计知识改善职业状况的愿望。潘序伦因势利导，将两者结合起来，抓紧开办会计补习学校，这也是他对黄炎培"有业乐业"职业教育思想的学习和发展。

在具体实施上，潘序伦没有盲目出击，而是进行了全面、客观的分析、思考。他在《从职业补习教育说到本校》一文中指出，"职业教育有两句标语：第一句是'使无业者有业'，第二句是'使有业者乐业'。没有相当职业的人，大约因为没有职业上相当的知识和技能，要想得着相当的职业，一定先要把职业上的知识和技能学会，这是正式职业学校的任务。"① 他认为，"使无业者有业"是正式的职业学校的任务，这类学校的教育对象是职业新人，通过传授特定职业的知识和技能，使他们具备职业技能，以满足求职需要。如中华职业学校，就是招收小学、初中毕业生，通过职业培训，使他们在社会上能谋求一份稳定的职业。

显然，当时社会对现代会计人才的迫切需求，不是通过正式的职业培训短时间就可以解决的，于是，他将目光瞄准了职业补习教育，一方面快速地为工商企业培养会计人才，另一方面能解决职业青年"乐业"的问题，这与中华职业学校等正式职业学校互为补充、相互支持。在前面提到的《从职业补习教育说到本校》文中，他继续分析道，"对于职务上不能胜任愉快，这便叫做不能乐业。考其原因，大概由于任事上所必要的知识和技能，太不充分，或是先前学会了一种技能，但是任事多年，对于日在进步的新知识，新技能，不去关心，因此感觉到办事成绩退步，终至失业。所以已有职业的人，假使要在办事上常常觉得胜任愉快，一定要把日进无涯的职业知识技能，趁着晨夕余闲，加以研究。但是一般专门科学，

---

① 潘序伦.从职业补习教育说到本校[J].会计季刊,1931(第2期):1.

有的非经指示讲解,难以明白;有的非有实验设备,无从着手。所以补充职业上的知识技能,单靠着自修,有时或不容易得益,仍旧要靠学校教育,加以补助。但是正式职业学校,入学有资格的限制,毕业有年限的规定,不能随意上课,又难免妨碍职务,自然极不相宜,为了适合这一班有职业者的需要,所以又有职业补习学校的设立。补习学校的目的,便是职业教育的第二标语,'使有业者乐业'。"① 于是,他先是创办了职业补习学校,后又相继创办函授学校、晨校、星期日校等,无不是从有职业者的实际出发,使他们能够充分利用业余时间,学习现代会计学知识,以实现"乐业"的目的。

潘序伦这一办学思想,并非简单地与正式的职业学校形成错位竞争,从深层次讲,是从社会的实际需求出发,解决实际问题。在为工商企业培训了大量掌握基本现代会计知识的可用人才后,他也着手培养高级会计人才,创办立信高级会计补习学校、会计专科学校,践行"使无业者有业"的另一条职业教育宗旨。

因此,立信会计教育事业走的是从简单到复杂、从补习教育到正式教育的渐进发展的道路,从而在职业教育领域闯出一片天地,"黄炎培和潘序伦虽有先后,但是同道齐驱。前者开辟了职业教育更广阔的天地,后者在一门学科的专业范围,创新拓展,不懈经营,取得了非常的成果,为我国职业教育谱写了光辉的篇章。"②

二、"学验并重"的教学特色

"学验并重"是潘序伦从会计学科的特点出发所提出的教学方法,也

---

① 潘序伦.从职业补习教育说到本校[J].会计季刊,1931(第2期):1.
② 徐立元.黄炎培与潘序伦[J].立信学刊,1989(第2期):1.

是他的职业教育思想的重要内容之一。潘序伦在 1921 年考取南洋兄弟烟草公司选送的留学生,前往世界知名学府哈佛大学学习。当时,国内的银行业兴起,故大多数赴美留学的中国学生都选学"银行货币学",而他本着"实业救国"的理念,考虑到会计是一门应用广泛的学科,工商企业、政府机关都需要大量的会计人才,故选取会计学作为所学专业,从此开启会计学家之路。丰富的学习经历和执业经验使他认识到"会计人才,必要学识经验两项并重。"① 1935 年,他在中华职教社发表《会计职业指导》演讲中也明确指出,"不论哪种职务(指簿记员、会计员、经理阶级、会计师),学识固然重要,经验(实习得来)更加重要。"② 潘序伦如此重视会计职业的经验,究其原因主要有两个方面:

一是职业教育的性质决定。职业教育面向的对象多是职业青年,他们希望通过在职业教育机构的学习,进一步提升知识、技能,以求在职业上有所进步。因此,他们迫切需要的不是抽象的理论知识,而是能够直接运用在工作中的技能。潘序伦曾一针见血地指出,"(职业补习教育)功课须切实用,不重理论,因为入学的人,大都急需应用,高深理论,并非乐闻。"③

二是会计学科的性质决定。会计是一门实用性很强的学科,潘序伦多次强调"会计是一门应用科学""会计是一种实用的科学,它完全以企业经营与管理的实务为根据""理论的研究和实际的经验必须两者并重"。他认为,学生不仅应当掌握扎实的会计理论知识,更要具有熟练的实际操作能力。在他的领导下,立信从办学之初就格外注重培养学生的实操能力,

---

① 潘序伦.自述[J].教育与职业,1931(第 2 期):703.
② 潘序伦.会计职业指导[J].教育与职业,1935(第 161 期):37.
③ 潘序伦.从职业补习教育说到本校[J].会计季刊,1931(第 2 期):1.

将会计理论和会计实务充分结合起来，立信毕业生也树立了上手快、动手能力强的形象，形成了"学会计到立信，要会计找立信"的良好口碑。

在立信开办的各类型的学校，"学验并重"都作为重要的教学特色贯彻实施，形成一整套完整的教学模式。

一是自编教材、贴近教学。潘序伦归国后受聘于上海多所大学，他发现当时的会计学教科书多为外文原版，"在文字上既多隔膜，在制度和习俗上亦多与国情不合"①。针对这一情况，潘序伦着手编译西方会计学经典著作，如《劳氏成本会计》《成本会计教科书》《会计名词汇译》等，他还结合教学实际编写各类教科书，如《簿记与会计》《高级商业簿记教科书》《各业会计制度》等。创办立信会计补习学校后，潘序伦与立信同仁密切合作，自编讲义，如他与顾准合著的《银行会计教科书》，与顾询合著的《审计学》《审计学教科书》，与王澹如合著的《政府会计》等。这些教材遵照国情，特别注意法律规定和商界惯例，经过一段时间的试讲使用后，针对期间发现的问题进一步修改完善，再正式出版发行。这些教材由商务印书馆汇集出版"立信会计丛书"，其中不少经典之作被王云五选入"大学丛书"。这些教材切合实用，通俗易懂，不仅受到立信学生的广泛欢迎，国内多所大学也将其选为商科教材。

二是多做练习，熟能生巧。潘序伦认为，"要掌握会计这门科学，如同医师一样，必须亲自动手实践，才能真正学到手"②。因此，立信非常重视实习，每节课都备有习题，潘序伦也亲自编写《高级商业簿记教科书习题讲解》《会计学习题解答》等习题书。立信要求学生在课后多做练习，

---

① 潘序伦.立信会计学校的创办和发展[C]//朱坚强,何佩莉.立信往事.上海:立信会计出版社,2013:91.

② 潘序伦.潘序伦文集[M].上海.立信会计出版社,2008:555.

以加深对会计学知识的理解和运用,并实行助教改卷制度,由助教认真批阅学生所做习题。同时,学校还通过举办簿记竞赛、珠算比赛等,加强学生的基础技能训练。

三是由实务型师资任教。得益于立信会计师事务所,立信会计学校所聘用的师资,多是所内具有丰富实务经验的知名会计师,如顾询、顾准、李鸿寿、李文杰、施仁夫等人,无不是中国现代会计百年星河中熠熠生辉的明星。在教学中,"诸教师自视若雇主,而视诸生若被雇之职员。对于应习课程,及应做例题,视同商店内日常之簿记会计工作。"[①] 在这样的教学模式下,教师在课堂上以实际案例为基础,讲解会计知识生动有趣、通俗易懂,课堂与工商业实际无缝衔接,所学知识即今后的工作实际,大大提升了学生的实务操作能力。

四是学生多参加实习。潘序伦格外重视学生的实习,他曾强调,"至于预备以会计师为职业者,欲求得会计师之经验,最好在著名之会计师事务所中,实习二年至三年。"[②] 在他的主持下,立信的会计教育形成了系统的、渐进的体系,在有实务经验的会计专家教育下,学生掌握了大量的会计学知识,并通过大量习题熟悉会计实操技能后,在立信会计师事务所和同学会的组织下,前往工商企业、政府机关参观学习,成绩优良的学生还会参加立信会计师事务所的查账实习。比如,1936 年 10 月,国民政府首次开征所得税,潘序伦除在学术期刊上发文讨论外,也在学校开设了"所得税原理和实务"课程,学生学习后即由立信会计师事务所安排去北苏州路一带的铁号和永安纱厂等企业查账。通过实习实践,学生不但加深

---

① 潘序伦.立信会计学校之教学方法[J].立信会计专修学校同学会会刊,1931(第1期):1.

② 潘序伦.中国之会计师职业[J].会计季刊,1933(第1期):24.

了对课本知识的理解,也扩大了就业机会,不少学生在查账过程中,即被工商企业留用。

在会计学习与实践方面,潘序伦的要求极为严格,他认为"会计学的分数标准高:读会计学的及格分为一百分。因为会计是不能错误的,若百事错一,一万件事中便错一百,那还了得?!会计是不许有些微之错的,考六十分的人是没有资格做会计事务的。"① 潘序伦对学生学习的严格要求可见一斑。

三、"灵活多样"的办学方针

职业教育的性质决定了立信办学必须以灵活多样的方式满足不同层次、不同类型的学生的需求;立信的办学之所以能够不断迅速发展,也正是根据社会实际需求,结合自身条件,建立起各种学制的学校,多层次、多形式、多样化地培养人才。正如潘序伦在总结立信会计学校办学经验时曾说:"立信会计学校迅速发展的另一原因是充分考虑学生来源,用多样化的教学方式,满足培养人才的要求"。

自创办之日起,立信会计学校就采取多层次、多形式、多样化的教育方式为社会培养了大量会计人才:学制分为正规与非正规;学程分为初级、中级、高级;学习时间分为日班、夜班、晨班、星期班、暑期班、短训班、速成班;授课方式分为面授、函授。如此多样化的办学形式,不仅满足了不同年龄、不同职业、不同知识层次求学者的需求,也使立信成为"中国现代会计教育的发祥地"。立信举办的主要学校有:

(1) 补习学校。1928 年春,在立信会计师事务所开办的簿记训练班

---

① 潘序伦.会计职业指导[J].教育与职业,1935(第 161 期):37.

的基础上,潘序伦和立信同仁创办立信会计补习学校,以满足在职人员利用业余时间学习会计所需。补习学校晚间开课,每次授课两小时,求学者多为政府机关、商业企业的在职人员,其求学一方面是为了适应现代会计制度的应用,另一方面也为了在职业上能有进一步的发展。第一届由于创设之初鲜有人知,入学者仅 22 人,自第二届起,每届学生逐渐增加至数百人,学校又在上海市内增设多所分校。分校选址方面也极为讲究,潘序伦在《从职业补习教育说到本校》一文指出,"校址必须适中,因为这一类有职业的学生,不便寄宿校内,并且上课多是抽暇而来,途中往返必须便利迅速;所以商业补习学校,应该设在商店繁盛区域;工业补习学校,应该设在工厂邻近;农业补习学校,应该设在乡村中间。"① 立信的各个校区选址无不遵循这一原则,最初的校址在江西中路 452 号正义银行楼上,后因规模扩大迁至宁波路 190 号华东银行楼上,不久后,此处也显局促,又迁至江西中路 406 号新落成的浙江兴业银行大楼 4 楼,后又集立信同仁之力,购得河南路吉祥里房产以作校舍,这些校址的特点都是处在银行、大型百货公司、商铺林立的区域,以便利职业青年求学。

(2) 函授学校。由于立信办学声誉日隆,很多外埠学生也希望通过函授的方式学习现代会计学知识,潘序伦于 1930 年 8 月创办上海立信会计函授学校,后又于当年底创办北碚立信会计函授学校。为保障教学质量,函授学校采用与补习学校相同的教材,并安排专人为其答疑解惑,并发行函授刊物作为补充教材。函授学校受到社会热烈欢迎,学员广布全国各地,远至港澳及南洋一带。

(3) 晨校、星期日校。补习学校先后于 1935 年 5 月、1936 年 9 月增

---

① 潘序伦.从职业补习教育说到本校[J].会计季刊,1931(第 2 期):1.

设晨校、星期日校。晨校于每年 4、5 月间招生一次,以方便晚间不便来校上学的在职人员,利用早晨闲暇时间教学。星期日校则为平日忙于工作,只有星期日方有时间读书的职员。

(4) 日校。即速成班,开设于 1937 年,为满足失学失业青年和外地来沪青年快速学习会计学知识而设。学员一般生活较为困难,或年龄偏大,希望短期内掌握基本的现代会计学知识,以便谋生。

(5) 专科学校。1937 年,为满足社会各界对高级会计人才日益增长的需求,潘序伦与立信同仁决心创办立信会计专科学校。潘序伦捐出 6 万元积蓄,立信同仁捐出"立信会计丛书"的版税 10 万元,作为办校基金;他又出面邀请陈其采、王云五、宋汉章、钱新之、江恒源等人组成董事会。立信会计专科学校于当年 7 月获准招生,但受"八一三"沪淞抗战影响,学校位于四行仓库隔壁的校园无法正常开学,只得暂时停办,后于 1939 年得以招收第一届专科学生。

在举办不同类型学校的同时,为满足各地有志于学习现代会计的学子的需要,潘序伦或委派、或授权立信教师、校友在全国多地举办立信会计学校分校:1937 年,委派刘芷休同学在重庆创办重庆立信会计学校;1940 年,委派蔡经济会计师在桂林创办上海立信会计学校桂林分校;1941 年,委派许作人同学在兰州创办立信会计补习学校兰州分校。1946 年、1947 年,潘序伦作为校长,又分别创办北京立信会计学校、南京立信高级会计职业补习学校等。最盛之时,全国各地的立信分校多达 20 余所,为当地的会计人才培养作出了重要贡献。

潘序伦主持的立信教育事业,在"灵活多样"的办学方针指导下,多层次、多形式、多样化的办学极大满足了当时职业青年学习现代会计的需求,为中国现代会计事业的发展作出了重要贡献。"从实际影响上看,近代上海会计教育的主体不是正规的中等或高等商校所进行的会计教育,而是各会计师事务所举办的各种会计补习教育。20世纪三四十年代的立信会计补习学校就先后培训了数以十万计的会计人才,其中大多数是通过上海的会计补习学校培养的。最盛时上海的立信会计补校达11所;半年一期,每期人数最多时达2 000多人。"①

四、"三位一体"的办学模式

1985年,时任财政部副部长陈如龙亲赴上海,代表财政部向潘序伦颁发庆祝他从事会计工作60周年的荣誉证书,这是一项前所未有的殊荣。在60余年的会计职业生涯中,潘序伦取得很多开创性的成果,而其中最为彪炳史册的是建立起事务所、学校、图书用品社"三位一体"的立信会计事业。

立信会计师事务所是"三位一体"立信会计事业的开端。1927年1月,潘序伦"鉴于我国经济社会对人对物之信用必须确立基础,方足以谋工商业之发展,故辞去一切职务,专心执行会计师业务。"② 在潘序伦的主持下,立信会计师事务所人才云集、业务繁盛、信誉卓著,所受委托业务遍及全国各地,在广州、重庆等地开办分所。据统计,仅开办5年,就已完成各类业务2 491件,在国内会计师事务所中首屈一指。③ 不仅如此,事务所还聚拢了顾询、顾准、李鸿寿、李文杰、钱乃澂、甘允寿等一大批知名会计师,也为开办学校提供了优质师资。

立信会计学校成立于1928年。潘序伦在执行会计师业务期间,深感

---

① 常国良.近代上海商业教育研究[D].上海:华东师范大学.2006:125.
② 潘序伦.立信会计师事务所概况[D].上海:立信会计师事务所.1932:序言.
③ 潘序伦.立信会计师事务所概况[D].上海:立信会计师事务所.1932:24-25.

改良民族企业会计制度、培养现代会计人才的重要性。他先是在事务所内开设簿记训练班,帮助相关业务单位培训会计人员,在此基础上成立会计补习学校,后陆续举办专科学校、高级职业补习学校等,形成多层次的办学体系。立信会计学校所需的办学经费,初期由立信会计师事务所全力支持,后期则主要依靠立信会计图书用品社的盈利和"立信会计丛书"的版税收入。

1941年6月,立信和生活书店合作,在重庆成立立信会计图书用品社,至此,"三位一体"立信会计事业成形。潘序伦创办图书用品社的初衷是为西迁重庆的学生编印教材,满足教学需要。后逐步扩大规模,不仅编印发行从商务印书馆收回版权的"立信会计丛书",也印制会计账册、报表等,满足了迁川企业的需要。

会计师事务所、学校和图书用品社三者之间存在着密切的不可分割的依存关系:会计师事务所可以为学校提供师资和实习基地,立信图书用品社为学校提供经费和教材,立信会计学校培养造就的会计人才又可以协助事务所和图书用品社发展业务。这样一种办学模式形成了会计职业人才培养的有效模式,极大方便了应用型人才培养,潘序伦在其回忆录中写道:"我校取得这些成绩,除了社会需要,各界人士大力赞助和事务所同仁的协同努力,我认为在办学方式上,采取事务所、图书用品社、学校'三位一体'、密切配合、协同办学也是一个成功的经验"。

"三位一体"立信会计事业之所以能运转顺畅,和立信同仁的同心同德密不可分,在潘序伦的带领下,全体立信人秉承"取之于社会,用之于社会;取之于会计,用之于会计;取之于学生,用之于学生"的信条,把会计师事务所业务收入、图书用品社营业收益捐给学校,正是有立信同仁的无私奉献,才铸就了立信的辉煌业绩。2008年,时任财政部副部长王军在《潘序伦文集》序言中盛赞潘序伦创建的"三位一体"的"实业组合链"是培养中国现代会计人才的摇篮，是会计实务创新与发展的平台，是先进会计理论与方法的孵化器。①

五、"诚信为本"的职业道德观念

潘序伦认为职业道德是会计师的职业生命。1933年，他在《中国之会计师职业》一文中，将会计师职业道德独立成章加以论述，认为"夫学识经验及才能，在会计师固无一可缺，然根本上究不若道德之重要。"②对于会计师职业格外注重职业道德的原因，他解释为"会计师之为职业，实为工商企业保障信用而设，苟有不道德行为，而自丧其信用，则此项职业，即失其根本存在之理由……"③可见，他将职业道德视为会计从业人员的安身立命之本。

潘序伦的会计职业道德观随着时代发展而发展。1943年，他在先前的基础上，将会计师职业道德归纳为"公、信、廉、密、勤、敏"六字④。"公，以'公'为第一义，大公无私，公正严明；信，以保持信誉，建立信用，会计师之使命原在建立社会之信用，必须于'信'字上多下功夫；廉，应操守严谨，廉洁自重，勿歉廉失信；密，会计师对于查核账目事项，非经委托者之许可，不得宣布；勤，会计师授办案件，事繁责重，必须朝斯夕斯，殚精竭虑，业精于勤；敏，会计师承办业务，必须按程序，限期完成，不能停滞拖延，漫无期限。"

1983年，潘序伦针对社会主义经济社会建设的新形势，对会计职业

---

① 潘序伦.潘序伦文集[M].上海:立信会计出版社,2008:3.
②③ 潘序伦.中国之会计师职业[J].会计季刊,1933(第1期):25.
④ 潘序伦.吾国之会计师职业[J].立信会计月报,1943,2(5):5-6.

道德再次进行总结、凝练，在《谈谈会计人员的职业道德》一文中，他提出"会计人员的职业道德，应该包括品德、责任和业务技术三方面的内容"。在品德方面"要热爱党、热爱社会主义、热爱祖国，坚持四项基本原则，把自己的知识与才能贡献给革命事业"，具体应该做到：遵纪守法，以身作则；坚持原则，廉洁奉公；忠诚老实，毋忘立信。强调"待人、处事、做事，都要坚守信用，从事财会工作者，更应提倡做老实人，办老实事，讲老实话。"①

潘序伦在各时期提出的会计职业道德观虽有不同，但始终贯穿着一个核心，就是诚信，他强调"盖会计师职业之所以成为一业，其唯一之目的，即为建立社会各界财政上之信用。盖本身不能以绝对诚信自期，更焉能为他人之信用做证明耶？故诚信两字，实为会计师职业成功失败之所系。"② 所以，他取《论语》中"民无信不立"之意，以"立信"二字冠名所创办的事务所、学校、图书用品社，就是要彰显诚信对于会计行业的重要性，并警醒同事、同学，时时刻刻牢记诚实守信的信条，以此取得社会上大众的信任。潘序伦在回忆创办立信会计师事务所初期树立信誉时谈到，"我认为会计师的信誉很重要，可以说是会计师业务的生命力，所以我把我的事务所改名为'立信'……但是，资本家委托会计师办事，总希望对他们有利。这样，有个别会计师就以做假账或出具不真实的证明书以迎合某些委托人的要求，而取得会计师业务。但是，这种业务我所是绝对不接受的。我宁可放弃这种委托。这样，当时看起来是'吃亏'了，但日子一久，就会给社会人士产生一种印象，认为'立信'是信得过的，是可靠的，反而会引来大批的业务。'立信'的实践就充分证明了这一点。"可见，立信由

---

① 潘序伦,丁苏明.谈谈会计人员的职业道德[J].财务与会计,1983(4):5-6.
② 潘序伦.中国之会计师职业[J].会计季刊,1933(第1期):25.

小做大做强，就是靠着坚守职业道德，以良好的信誉赢得社会的认可的。

在会计人才培养方面，潘序伦也将职业道德教育作为重中之重。他提出"德育第一、体育第二、智育第三"的办学方针。1937年，潘序伦将"立信"二字诠释为"信以立志，信以守身，信以处事，信以待人，毋忘'立信'，当必有成"二十四字，更加明确地要求立信人必须在"立志、守身、处事、待人"等方面建立信用，坚定不移地守信重诺，严禁弄虚作假。对于这一校训，他利用开学典礼、毕业典礼等场合，反复宣扬，他本人也以身作则，为师生树立榜样。同时，立信也在规章制度方面严格要求，以规范学生行为，比如一旦学生作弊，无论是作弊者还是协助者，一律开除学籍。正是在如此严格的要求下，立信的毕业生以诚实守信的形象为世人所熟知。朱镕基总理曾在视察国家会计学院的一次座谈会上讲到，他在国家计委工作时，有一位女同志是立信会计学校毕业的，就是一个不做假账的人。

六、"出路必予保障"的职业指导思想

立信在办学中长期坚持三个方针：管教务期严格，课业勤惰之检核，绝不稍涉轻率，操行考查分数，则与学业并重；学生学验并重，习题之演习特加注重，而课外实习尤占课业之重要部分；出路必予保障，各方要求本校介绍学生继之不绝，可见学验俱富之会计人员在工商业发达之今日，实有供不应求之势。① 可见，在立信的教育体系中，对学生的职业指导也是重中之重。事实上，在潘序伦的职业教育思想指导下，为保障学生毕业后的出路，学校建立起完整的职业指导体系，为社会输送了大量优秀的会

---

① 资料来自1983年的《私立立信会计专科学校历史事实考证书》，现存于上海立信会计金融学院档案室。

计人才。

　　1940年9月，由立信会计专科学校、会计师事务所和会计补习学校合办的会计职业咨询所正式成立，负责答复各界对于会计职业方面的咨询、会计职业之介绍、会计人才之征求、代办招考及训练会计人员等与会计职业有关的服务事项。对于成立职业咨询所的原因，1940年7月《立信月报》中的《立信职业咨询所专刊》这样说，"本所本校以会计服务国家社会已十余年，谬承国内各界不弃，菲薄优加信任，纷纷以关于会计职业之事项见询，或委托征聘会计人才，或请求介绍会计职务，同人等莫不竭其愚忱以副厚托。迄于今日，国内各业渐见复兴，会计管理益形重要，而各界委托征聘人才或介绍职务者，不论通都内地均有与日俱增之势。同人等服务之忱未敢或怠，并为扩大服务范围而增进其效能起见，爰于本年合办立信会计职业咨询所，仍一秉以往之立场，为社会稍尽义务。"①

　　事实上，潘序伦一向重视职业指导工作，确保会计人才培养和职业发展相辅相成。潘序伦的职业指导思想源自黄炎培和中华职教社，作为中华职教社职业指导顾问，除了多次出席中华职教社职业指导部会议，还专门作过《会计职业指导》演讲，他根据当时会计人员四类不同的职务，具体说明不同情况所应具备的品德、业务能力、管理能力、学识经验等不同要求，并指出什么岗位需要什么样的人员素质，个人怎样的条件选择怎样合适的工作。②

　　潘序伦将中华职教社的职业指导经验运用到立信的办学中。为做好学生的职业教育和职业指导工作，立信组织学生开展参观、实习、查账等活

---

　　① 编者.立信会计专科学校、立信会计师事务所、立信会计补习学校合办会计职业咨询所缘起[J].立信月报,1933.3(7):1.

　　② 潘序伦.会计职业指导[J].教育与职业,1935(161):26.

动,以加深对会计职业的认识、了解。同时,学校出版发行的《会计季刊》《立信月报》《立信校刊》等刊物上,经常刊登一些工商企业的招聘信息,也会将一些优秀毕业生的基本情况刊登出来,促进供求双方的信息交互。一些经学校介绍而成功入职的学生信息,也会作为职业指导的成功案例刊登出来,一方面为在校学生树立榜样,另一方面也扩大学校职业咨询指导的影响力。如在1939年发行的《立信月报》第2卷第10期上,就刊登了4则相关信息,其中一则是"浦东银行现需会计员一人,委托该校物色,刻由该校介绍银行会计科毕业生毛嘉善、姚敬元二君前往接洽"。[①]

职业咨询所成立后,立信的职业指导工作更加规范、细致,不再是简单地提供供求信息,而是成体系地开展职业指导、咨询服务。《立信职业咨询所专刊》,刊登了《立信会计职业咨询所简则》《委托征求或招考训练会计人员简约》《征求会计人员委托书》《介绍职业委托书》等一系列文件,甚至还有求职应聘时的《谈话记录表》,由职业咨询所工作人员填写,从言语、行动、服装、仪态、思想、体格等六个方面全方位考察应聘者,考虑不可谓不周。可见,经过10余年的发展,立信在职业指导方面学习借鉴中华职教社的经验,并结合会计专业的特点,设计出一套科学、规划、高效的职业指导体系,为立信毕业生的职业发展提供了坚实的保障,确保每一个立信毕业生都能有理想的职业发展。

第三节 潘序伦职业教育思想的当代价值

潘序伦创办的立信会计职业教育系统、不仅培育了数十万名会计专

---

① 编者.立信会计补习学校介绍职业讯[J].立信月报,1939.2(10):18.

业人才，为助力民族工商业发展作出了历史性的贡献，其职业教育思想的凝练和实践，也为推动我国职业教育的发展作出了积极贡献，堪为职业教育楷模。时至今日，在推动现代职业教育高质量发展的形势下，传承弘扬潘序伦职业教育思想对于明确职业教育培养目标、重塑职业教育观念、创新职业教育人才培养路径、提升职业教育人才培养质量具有很强的现实意义。

一、以实践教学为载体，坚持"学验并重"的培养方式

职业教育是面向实践的教育，是密切贴近社会生产的教育，其人才培养模式以提升学生的职业能力为目标，这是职业教育的核心特征。2021年，中共中央办公厅、国务院办公厅印发的《关于推动现代职业教育高质量发展的意见》，要求"完善'岗课赛证'综合育人机制，按照生产实际和岗位需求设计开发课程，开发模块化、系统化的实训课程体系，提升学生实践能力。"潘序伦早在20世纪二三十年代所提出的"学验并重"的教学模式与之高度契合。

潘序伦认为像会计、审计这类实践性很强的学科，其教育教学中一条重要理念就是"学验并重"，在教学中注重将理论知识学习与实践活动有机结合，贯穿教育教学的全过程，边学边做、边做边学，以达到学以致用的目的。他针对在职学生的岗位特点，设置了"银行会计""政府会计""铁路会计"等与岗位密切相关的课程，力求课程内容贴近岗位需求；组织珠算比赛、速记比赛、簿记竞赛等技能类比赛，以赛促学，提升实际动手能力；针对注册会计师证书考试，安排学生在立信会计师事务所参加各类查账实务。这些举措将平面的理论知识转化为立体的知识体系和丰富的实践体验，大大提升学生的学习质量和学习效果。

现代社会的岗位分工更加精细，对劳动者的劳动技能要求更高，给职业教育带来的挑战也更加严峻，有效衔接人才培养和岗位要求、不断提升人才培养质量是关键所在。因此，必须进一步传承发扬好潘序伦"学验并重"的职业教育思想，坚持能力导向的人才培养目标，不断丰富实践教学手段，通过参观、考察、实验、竞赛、实训等多种方式，将岗位实景前置，注重学生动手能力的培养，帮助学生获得持续的生活能力和职业技能，全面提升人才培养质量。

二、以校企合作为着力点，完善产教融合办学体制

现代职业教育的办学经验表明，产教融合办学体制是培育职业化人才的有效机制。潘序伦针对会计学科应用性强的特点，提倡在实践中培养与锻炼人，为此通过创立"三位一体"的立信会计事业体系，打破会计人才教育教学、实习实践和理论研究的藩篱，实现人才培养与行业发展的无缝衔接、有效契合，实质上就是产教融合办学体制在现代会计教育领域的成功实践。

2022年，中共中央办公厅 国务院办公厅印发《关于深化现代职业教育体系建设改革的意见》，提出"坚持以教促产、以产助教、产教融合、产学合作，延伸教育链、服务产业链、支撑供应链、打造人才链、提升价值链，推动形成同市场需求相适应、同产业结构相匹配的现代职业教育结构和区域布局"。可见，当前构建现代职业教育体系，将产教融合贯穿于职业教育教学全过程是职业教育高质量发展的大势所趋，是社会经济发展对职业教育提出的客观要求，也是职业院校可持续发展的内在需要。

产教融合的关键点在于市场化办学，办学要面向社会，将市场的实际

需求作为办学的主攻方向，实现产和学的有效衔接。潘序伦在创办立信会计学校前，先是通过开办会计师事务所，承揽了大量的会计业务，充分了解了社会对现代会计的实际需求，在此基础上有针对性地办校开班，培养社会经济发展急需的会计实务人才。在后续办学中，他随时根据立信会计师事务所承揽的会计业务变化情况，及时调整立信会计学校的教学模式和教学内容，同时依托立信会计图书用品社加强相关的理论研究工作。比如，1936年10月，国民政府首次开征所得税，各企业面对这样一个新的税种无所适从，潘序伦快速反应、及时应对，一方面在立信会计学校的教育内容中增加"所得税原理和实务"课程，另一方面在立信会计师事务所编印的1936年10月《立信月报》推出所得税专号，对所得税问题展开讲解、讨论，为所得税制度的推行作出了积极贡献。

着眼于职业教育高质量发展，应当进一步深化校企合作，提升合作的层次和能级：一方面，不断丰富办学模式，建立产学研基地、大师工作室、协同创新中心等校企合作办学模式，从体制上为学生实验、实习、实训搭建平台；另一方面，企业也应当更加主动地参与学校招生、教学、管理、专业设置、师资建设、课程建设、考核评价等各个环节，将培养环节进一步前置。

三、以立德树人为根本任务，坚持职业道德教育

职业道德既是职业人才的基本素质，也是职业教育的重要内容。潘序伦在推动现代会计制度、培育现代会计人才的过程中，始终将职业道德作为最为重要的内容，他作为"诚信为本"会计职业道德的首创者，为我们留下了职业道德教育的丰富财产，在他看来，对个人而言，职业教育不仅是通过教授知识和技能，解决民众"无业者有业"的生计问题，更重要的

是在学习的过程中，养成职业道德、激发职业兴趣、投入职业发展，实现"有业者乐业"的最终目的。对国家和社会而言，培养一大批具有良好职业道德，熟练掌握职业技能的人才是解决国计民生问题的重要举措之一，必将推动整个社会进步。

现代社会，职业道德的重要性更加凸显。随着社会分工的进一步细化，职业道德不仅涵盖所有人都需遵守的社会基本公德，也涵盖各行业特有的职业操守。虽然社会职业分工不同，但行业的职业道德规范体现了社会对各种职业的道德价值的理解与期待，成为社会衡量行业发展的重要指标，特别是一些敏感行业，如教师、医生、公务员等，职业道德失范行为往往成为引发舆情的导火索。因此，在新时期进一步加强职业道德教育迫在眉睫。新时期加强职业道德教育应当从三方面入手：

第一，重视课堂教育，开好职业道德教育课。潘序伦曾言"德育第一、体育第二、智育第三"，格外重视德育课程。当今，职业院校要借助课程思政体系，以正确的人生价值教育为主线，围绕爱岗敬业、诚实守信、办事公道、服务群众、奉献社会的职业道德教育和意志品质、适应能力、合作精神、心理承受能力等关键能力的培养，对学生进行职业选择、职业理想、职业精神和职业道德原则与规范的理论教育。

第二，利用实习实践环节，加强职业道德的教育与训练。职业道德的养成和职业道德教育目标，只有在职业道德训练和职业道德的实践中才能得以实现，学生只有到实践中去领悟、体会和感受职业道德，才能养成良好的职业道德习惯。一方面，可以聘请具有丰富实务经验的管理人员或劳动模范为学生介绍职业道德要求和规范；另一方面，可以安排学生在实践中通过具体案例现场感受和体会职业道德。

第三，开展形式多样的职业道德教育活动，促进学生职业道德观念的养成。一是举办讲座、演讲、辩论等参与性强的线下活动，可邀请优秀毕业生、企业成功人士或优秀劳模等围绕职业道德与学生面对面交流，增强教育的真实性和感染力；二是打造网络教育平台，针对当代青年人的特点，借助微博、微信、QQ等网络社交平台宣传推广职业道德教育，实现职业道德教育信息化；三是精心设计、组织学生参与助老助残、志愿服务等社会公益活动，锤炼学生的社会责任感和服务意识。

四、以学习型社会建设为依托，推动职业教育终身化发展

终身教育或终身学习是指能够满足一个人一生中不同阶段生存发展所需要的知识和技能的教育，其目标在于人的自我完善，实现人的可持续发展。党的二十大报告指出："推进教育数字化，建设全民终身学习的学习型社会、学习型大国。"终身学习或终身教育的概念由联合国教科文组织于20世纪60年代提出，认为随着科技进步，人类社会正在快速进入学习化社会，人类只有不断学习和接受教育才能紧跟社会发展的脚步，特别是在职业领域，需要不断更新知识技能才能有效应对技术进步带来的挑战。

终身教育对个人而言，是支撑个人长远发展、可持续发展的关键；对人类社会而言，是推动人类发展的重要因素。终身教育与传统教育（学历教育、正规教育）不同，传统教育一般将人的一生分为学习期、工作期、退休期三个时期，而终身教育则指人的一生需要不断地接受教育和学习，教育贯穿一个人的一生，从诞生到终结。正规教育、学历教育多数受条件限制，无法满足社会大众对终身教育的需求，而职业教育在教学内容上更宽泛、教学时间的安排上更灵活、教学场所的选择更方便，这些特点恰好能满足终身教育的需求，可以说，职业教育是实施终身教育的

有效途径。

潘序伦对于终身教育有其前瞻性。他在创办的立信会计教育事业时，从职业补习教育入手，就是为社会上的职业人士提供不断学习充电的机会，从而达到终身教育的目的，他在《从职业补习教育说到本校》一文中分析，"对于职务上不能胜任愉快，这便叫做不能乐业。考其原因，大概由于任事上所必要的知识和技能，太不充分，或是先前学会了一种技能，但是任事多年，对于日在进步的新知识，新技能，不去关心，因此感觉到办事成绩退步，终至失业。所以已有职业的人，假使要在办事上常常觉得胜任愉快，一定要把日进无涯的职业知识技能，趁着晨夕余闲，加以研究。"① 潘序伦将学习视为职业发展的必需品，利用闲暇时光学习新知识、新技能，是提升职业胜任度的有效途径。

潘序伦对职业青年利用业余时间加强学习持积极鼓励的态度。在《职业青年的业余生活》一文中，他提出"现代职业青年的业余生活，大概不出于两途：一是上进的生活，这班青年感觉到对知识的迫切需要，多利用业余时间找求精神的食粮，或自己修习、或到补习学校里去念书。"② 这其实是潘序伦"教育救国"思想的一种反映，他将加强民众的职业教育视为增强国力的必要条件。

立信多样化的办学模式契合终身教育的特点。为了给职业青年利用业余时间学习提供便利，立信采取灵活多样的办学方式开办了晨校、夜校、日校、函授学校等。可以说只要职业青年有学习会计的需求，立信就能提供适合其自身特点的学习机会，这是传统教育所不能比拟的。

伴随着经济全球化、社会信息化，学习型社会建设迫在眉睫。而职业

---

① 潘序伦.从职业补习教育说到本校[J].会计季刊,1931(第2期):1.
② 潘序伦.职业青年的业余生活[J].益友月刊,1939(第3卷第2期):5.

教育作为社会教育体系的重要组成部分,应当充分发挥其实用性和灵活性强、多样化、个性化与大众化并重的特点,在终身教育体系中扮演重要角色,为经济转型、产业升级、个人发展服务。

(武海涛　郁顺华　王　因　沈　劼)

第六章

潘序伦
中国现代会计教育思想

引言

潘序伦会计教育思想是立信会计事业的重要组成部分，至今在会计人才教育培养及现代会计教育发展中发挥着重要影响。关于潘序伦对中国现代会计教育的贡献研究，学术界主要聚焦于潘序伦诚信教育思想研究、潘序伦会计审计思想研究、潘序伦"三位一体"协同办学模式等领域。随着中国特色社会主义市场经济的深入发展，中国式现代化建设对会计教育及会计人才培养提出的新要求，潘序伦会计教育思想越来越受到重视。

习近平总书记在党的二十大报告中提出要"实施科教兴国战略，强化现代化建设人才支撑"，要着力深化高等教育领域综合改革，推动高等教育高质量发展，培养国家和民族长远发展大计所需的德才兼备的高质量人才。潘序伦在现代会计人才教育培养中，坚持以会计学校为主体，以提供师资的事务所和提供教材的会计图书用品社为两翼，培养了大量现代会计人才。他开创的现代会计人才教育培养模式至今仍被沿用与推广。本章聚焦潘序伦关于教师队伍、教育教学及教材编制的建设理念与实践，探讨潘序伦会计教育思想丰富内涵和时代价值，以期对新时代会计教育高质量发展及高质量会计人才教育培养有所裨益。

第一节 "高标准"打造教师队伍

潘序伦创办的立信会计学校虽为私立学校,但教师队伍质量是高质量高水平的。这里不仅有社会名流、名师大家,而且普通教师也是事务所一流会计师。潘序伦将教师队伍质量视作立信会计教育事业的生命线。他认为,没有相当水平的教师,就不可能培养出优秀的学生来。[①]他常说:"要办好会计学校,必须要有一支坚强的教师队伍。"[②]潘序伦从辞大学教职,创办立信会计师事务所,并由事务所开办簿记训练班到办立信会计学校,志在为社会培养更多懂现代会计专门人才。希望立信学子毕业后,能推动国家工商业发展,能为国富民强贡献力量。潘序伦说:"序伦等朝夕所从事者,不仅为谋本所业务之发展,以期于社会有所贡献,而于提倡会计学术及养成会计人才两端,亦曾尽其最大之努力,立信会计丛书之编纂,立信会计学校之创设,盖均本此目的以赴者也。"[③]正是怀有实业救国、教育救国的理想,务求立信学子"有用"于国家社会的抱负,坚守只有高质量高水平教师才能培养高质量学生的理念,潘序伦打造出了独具立信特色的高质量高水平教师队伍。

一、专职教师实务能力卓越,确保了立信学子理论与实务一流

立信专职教师多为立信会计师事务所员工。严格说,他们既是事务所职工又是学校教工。这意味着立信教师既懂业务又懂理论,即为黄炎培所

---

①② 俞辉.中国现代会计之父——潘序伦[M].北京:大众文艺出版社,2008:146.
③ 潘序伦.潘序伦文集[M].上海:立信会计出版社.2008:345.

说的既能"先知觉后知"又能"先能授后能"① 的有理论有实践的教师，也就是今天我们所说的双师型教师。潘序伦是哈佛大学硕士、哥伦比亚大学博士，开创立信会计事业，理论水平和会计业务水平一流。立信校友蔡经济回忆说，潘序伦对于会计理论的讲解非常清楚，而且举例很多。因此，学生学后相当得益。他特别强调理论和实务结合。每教一课书，必有相当多的习题，要学生在课外去完成。假定学生偷懒而不做习题的话，则第二课习题又来了。所以，学生绝不能偷懒，否则习题愈积愈多，非但习题无法理清，而且连下一课的理论恐怕也听不明白了。② 顾准担任过《高级商业簿记教科书》编辑助理，独立编写了一册《簿记商业习题详解》，出版了我国第一部《银行会计学》。他讲课即使对教材非常熟悉，依然事先充分备好课。校友丁苏民回忆说，他教课深入浅出，理论联系实际，深受同学们的欢迎。原中国社会科学院副院长李慎之追忆说，最早听说顾准的名字是在20世纪30年代末的上海。当时我有亲戚在立信会计学校上学，说起那里有一位杰出的老师，年纪只有20岁上下，却已当上了教授，而且最得学生的崇敬。立信并不是北大、清华那样的"最高学府"，但是其专业训练之严格却是全国闻名的，等闲之辈是上不了讲坛的。大概就因为这一点吧。这个名字从此就永远地印在我这个中学生的脑子里。③ 黎照

---

① 黄炎培说："办职业教育，必须把试验业已有效的授给人家。如果自己还没有试验，或试验结果在我和我的同事都还没有把握，无宁不办。因为一般教育，总是根据一种原则，就是'先知觉后知'；而职业教育，不惟着重在'知'，尤着重在'能'，在'先知觉后知'以外，还须郑重地补充一句——'先能授后能'。若我和我的同事，都还没有取得'先能'的资格，以盲导盲，又哪里行呢？"选自黄炎培：《怎样办职业教育——警告创办和改办职业教育机关者》，详见黄炎培：《职业教育论》，商务印书馆，2019年版，第90页。

② 罗银胜.潘序伦传:中国会计之父潘序伦的坎坷人生[M].上海:上海人民出版社.2007:22.

③ 罗银胜.顾准传[M].北京:团结出版社.1999:26.

寰是我国著名的爱国人士,曾任上海交通大学校长。在立信开设了工商管理、经济学和财政学等课程,讲课内容深入浅出,娓娓动听。学生反映,听他的课,时间过得最快,而且获益良多。他学问博大精深,讲授经济学时,不仅列举李嘉图、亚当·斯密等各派学说,也介绍马克思的剩余价值学说。① 还有讲授"公司会计"的钱素君、讲授"成本会计"的唐文瑞、讲授"商法概论"的李文杰等,他们无不是一流会计师审计师,更是授课严谨认真,循循善诱的教学引导,得到学生一致好评。② 当然,还有余性元、桂世祚、李元民、周仲千、管锦康、王澹如、王传曾、王恩立、潘兆申等学贯中西的教授专家。③

至于立信专任教师的实务能力,看立信会计师事务所承担的业务便可一目了然。立信会计师事务所是当时社会影响力最大的会计师事务所。与当时上海正则、正明、公信等几家著名的事务所相比较,立信会计师事务所的委托户最多,业务最广,中外客户上也最多。④ 正是因为立信会计师事务所职工业务能力是全国中翘楚,接受的事务所委托业务才遍及全国。南洋兄弟烟草公司、申新纱厂、永安纱厂、大中华火柴厂、信宜药厂等民族工商企业、中国银行、邮政汇业总局等著名金融企业,中国红十字总会、中英庚款董事会等著名团体,以及北极冰箱公司、派拉蒙影片公司等外商企业等,它们都是立信会计师事务所的客户。⑤ 由此可见,立信会计学校的教师不仅理论一流,而且业务也是一流的。他们在课堂上讲授的会计知识也是当时市场上最需要的,也是学术界最前沿的。这里根本不存在

---

①⑤ 罗银胜.潘序伦传:中国会计之父潘序伦的坎坷人生[M].上海:上海人民出版社.2007:92.

② 温以仁.立信培育我成长[M]//龙一圆.立信史话.上海:立信会计出版社.1993:121.

③ 俞辉.中国现代会计之父——潘序伦[M].北京:大众文艺出版社.2008:149.

④ 李文杰.潘序伦与立信会计事业[M]//财务与会计编辑部.潘序伦回忆录.北京:中国财政经济出版社,1986:68.

课堂教学与市场需求相脱节的问题。实际上，这也是当前会计教育遇到的比较严重的问题，学校会计教育远远落后市场需求，而企业界会计业务甚至已经走在了高校会计教育教学的前面。

二、兼职教师业界蜚声，确保了立信学子知识学习博采众长

立信的兼任教师有教育家黄炎培、经济学家马寅初、经济学家章乃器、财政税务专家崔敬伯、交通大学教授林和成、会计专家张尧禹、统计专家邓静华、金融专家钱新之、著名作家胡絜青、编译专家夏贯中等大师名家。① 也有诸如当时会计界已有声望的甘允寿、张英阁、张更生、顾福佑等业界大咖。② 这些老师有的讲授专业课，有的讲授基础课。知名人士和校外名师来校授课，一可以缓解自有师资的不足问题，壮大教师队伍。二可以让学生聆听大师学者们的观点，扩大自己学术视野，掌握学术前沿动态。三可确保了立信教学质量。黄炎培在立信主讲国文和"中国文学史"等课程。立信校友温以仁回忆说，折服于黄炎培敢于对旧社会一针见血大胆批判的风骨。③ 马寅初在立信主讲"经济与哲学"等课程。校友向江南回忆说，马老用启发式教育方式把经济与哲学的联系讲得别开生面，让自己受益匪浅。④ 潘序伦与师生旧友多年后回忆说，听到我国经济学界巨星马老的讲演和授课，引以为终生莫大的荣幸；并认为立信作为大专院校里的小卒，能与全国第一学府北京大学同样亲身受到马老的教诲，是终生的荣幸！⑤ 章乃器在立信主讲"商业通论"等课。校友姜新洋回忆说，

---

① 向江南.善教善导的林和成教授[J].立信校友通讯,1991(5).
② 俞辉.中国现代会计之父——潘序伦[M].北京:大众文艺出版社.2008:146.
③ 吴元简.立信是我的指路明灯[J].立信校友通讯,1988(8).
④ 向江南.马寅初别开生面讲经济[J].立信校友通讯录,1990(11).
⑤ 潘序伦.潘序伦文集[M].上海:立信会计出版社,2008:533-534.

章乃器老师说"要做一个有良心的中国人!",这句话让校友们"至今言犹在耳"①。交通大学林和成教授留学德国,通晓英文德文亦懂法文,在学校边教边著"企业管理"等课程。校友向江南回忆说,难忘他鼓励同学们善于学习,笔记要钩玄提要,看书要多思勤练,善于总结分析的教导。②曾任新中国成立后复旦大学首任党委书记李正文在学校主讲"工商管理"等课程。校友陆伯钊回忆在当时的政治背景下,不畏强权敢为人先,介绍过当时苏联计划经济管理及工商管理制度。③交通大学王思立主讲的"统计学"授课条理清晰,中英对照,图文并茂深受同学欢迎。祝百英教授主讲的"货币银行",一口宁波话讲得生动幽默,时不时引起同学笑声,还未听够下课铃声就响了,大家都依依不舍。④可见,学校当时虽是一所私立专科学校,教师队伍水平绝不逊色。

三、校董社会身份显赫,确保了立信学子学习条件相对"宽裕"

根据当时政府的要求,社会办学除需要基本办学人员外,还需要社会上贤达名流支持。一些社会名望之士成为学校董事也是平常之事。在这里,将校董纳入教师队伍行列,遵从的是一种"大师资"理念。⑤学校校董包括沪军都督陈其美胞弟、国民政府要员陈其采,商务印书馆总经理王

---

① 姜新祥.章乃器老师[J].立信校友通讯.2005(10).
② 俞辉.中国现代会计之父——潘序伦[M].北京:大众文艺出版社,2008:148.
③ 陆伯钊.难忘名师授课的风采[J].立信校友通讯,2005(7).
④ 罗银胜.潘序伦传:中国会计之父潘序伦的坎坷人生[M].上海:上海人民出版社,2007:96.
⑤ 所谓的"大师资"理念,就是认为教师队伍的建设不仅仅局限于课堂的教学的教师,而是涵盖有助于整个学校教育事业发展有利于学生品学成长的所有教师。孔子说:"三人行,必有我师焉"。韩愈曾说:"吾师道也,夫庸知其年之先后生于吾乎?是故无贵无贱,无长无少,道之所存,师之所存也。"中华优秀传统教育文化中自古就崇尚"大师资"理念,也从来没有将教师仅仅定位是在私塾里教书。

云五，中国银行董事长宋汉章，交通银行董事长钱新之，中华职业教育家江问渔，申新纺织公司总经理荣鸿元，著名爱国实业家中国航运界的先驱卢作孚，大明染织厂经理查济民（新中国成立后曾任国务院港事顾问）等。这些董事既有政府要员，又有企业巨子。在办学实践中，这些校董确实推进了学校会计教育事业的发展。抗日战争时期，潘序伦筹办重庆、北碚校区校舍时，曾遇四川军阀杨森部下一师长百般刁难，索要10万元地盘费。无奈之下，潘序伦委托陈其采、卢作孚董事从中调停，最后以4万元了结此事。①查济民不仅捐重款兴建重庆筷子街立信大楼，而且在物资紧缺时，受潘序伦之托，于开学校初用学费集中购买布匹、燃料等物资。这种用学费换成物品的做法，使学校免于通货膨胀纸币贬值，确保学子们每学期能上满20周课，而其他高校因无法维持师生生活则只能上16～17周课。②虽然有的校董没有走上讲台给学生们亲自授课，但他们为学子们拥有一个良好的学习环境做出不可替代的贡献。作为一所私立民办学校，立信不如公办学校，有政府作为后盾，他只能更多依靠自身的努力和社会力量来解决发展中的难题。潘序伦女儿潘屹瞻回忆说："想当初，父亲办学的艰辛所遇到的困难，常人是难以所想象的。""为解决校舍，为解决师资，他整天在外奔波，与各方人士打交道。世道艰难，常常奔波一天后回到家里，一脸的沮丧，情绪低落，但到了第二天还得振作起精神，面对现实，去挑战新的困难。立信学校从无到有、从小到大过程耗尽了父亲毕生的精力和财力。"③潘序伦聘请社会名流做校董并把他们作为学校师资的一部分，解决学校教育事业发展中遇到的难题，为学校发展筑起一道保

---

①② 罗银胜.潘序伦传：中国会计之父潘序伦的坎坷人生[M].上海：上海人民出版社，2007：74.

③ 朱坚强，何佩莉.立信往事[M].上海：立信会计出版社，2013：67.

护屏障，为学子们成长成才创造了相对"富裕"的外部条件。

四、助教辅导课业，确保了立信学子实践能力顺利生成

为帮助学生及时掌握教师课堂上所讲内容，帮助学生完成教师布置的大量课后作业，立信会计学校还非常重视助教队伍建设。"考虑到教师都是在职人员兼任的特点，他们可能忙于工作而减少课外作业量，或批改不及时、不全面，影响教学质量，因而每一课程都要设置助教。潘序伦对助教制度很关注，要求他们跟班听课，及时批改好作业发还学生，并作必要辅导。"① 这些助教一般也都有立信会计师事务所的实务经历或者是在立信所办各类学校学习过并且是优秀毕业生。顾准在立信会计师事务所实习时，也做过助教。潘序伦回忆说："顾准在补校学习一年光景，我看到他的成绩优良，所做簿记会计书中的习题答案，非常准确，就派他充任会计簿记等科的助教，专任批改学生所做习题的工作。"②

总之，立信虽然是一座私立专科会计学校，但潘序伦并没有因此而让学校自降身段，苟利谋生，而是怀着培养为国为民做事情为社会培养有用人的初心使命，以"高质量"教育标准打造由专职教师、兼职教师、校董和助教共同构成的特色教师队伍建设体系。梅贻琦说："所谓大学者，非谓有大楼之谓也，有大师之谓也。"立信会计学校是一个汇聚大师培养社会栋梁的平台。这里有大师名师，更有既能"先知觉后知"又能"先能授后能"的双师。正如校友俞辉所说："立信学生正是在这些见多识广，博学多才，教育经验丰富，德高望重的专家、教授的培养教育下，茁壮地成

---

① 赵友良.中国近代会计审计史[M].上海：上海财经大学出版社,1997:308.
② 潘序伦.顾准和我的一段史实[M]//陈敏之,丁东.顾准寻思录.北京：作家出版社,1998:313-315.

长起来的。"①

第二节 "三重理念"推进教育教学

拥有高质量高水平教师队伍解决"由谁教"的问题，拥有高质量高水平教材则解决"教什么"的问题。然而，这也只是完成了其中的一部分，要确保教师把教材内容有效传递给学生，那还要解决"如何教"的问题。古人常说："授人以鱼不如授人以渔。""如何教"在价值层面涉及培养什么样的人的问题，在管理层面涉及是严格管理还是放任自流，释疑解惑上重知识轻技能还是两者并重。在办学实践中，潘序伦形成了重德、重学、重验的"三重"教育理念。

一、重德重在培养立信学子致力国家民族强盛的家国情怀

潘序伦"重德"理念是解决培养什么样的人的问题。潘序伦兴办教育具有强烈的家国情怀，他希望像自己老师黄炎培那样实现"教育救国"的伟大理想。潘序伦历经千辛万苦办学，无不希望立信学子成为社会有用之人，成为国家栋梁之材。从事会计教育事业，一可以救己，二可救社会，三可救国。为规范学生的道德操守，他从《论语》中的"民无信不立"选取"立信"二字，他要求立信学子"信以立志，信以守身，信以处事，信以待人"，并勉励他们"毋忘'立信'，当必有成。"为立信师生能将"立信"校训内化于心，外化于行，潘序伦利用一切机会，在开学典礼、毕业

---

① 俞辉.中国现代会计之父——潘序伦[M].北京:大众文艺出版社,2008:149.

典礼及全校性的集会上，宣讲"立信"精神，要求师生自觉践行"立信"精神。他在立信学校毕业生的纪念册上题词道："若孔圣有言去食去衣，无信不立，则因以立信为建国之首务矣。若退而言会计，则立信为尤要信苟不立，虽良法美意，必基石稳固而后可以尽其功能此虽常言，实为先圣之所昭示，昭并日月，愿与请同学拳拳服庸而信守也。"① 校友顾福佑、王成杰回忆到，他提出了"信以立志，信以守身，信以处事，信以待人，毋忘'立信'，当必有成"的口号，不仅对学生经常宣讲，而且在同事间也时刻互相砥砺。② 立信学子只有确立"信"的价值准则，才能做好以诚信为基石的会计职业。潘序伦常说："然会计师之为职业，实为工商企业保障信用而设，苟有不道德行为，而自丧其信用，则此项职业，即失去其根本存在之理由。"③ 这也是潘序伦对立信学子做人做事的第一要求，也是习得会计能够养活自己的最低要求。

按照儒家"修身齐家治国平天下"人才标准，立信学子以信为志，读好书，守好身，处好事，会待人。而这只是做到了修身要求，还要达到潘序伦培养"立信"人才的高阶段标准，④ 按照冯友兰划分的"自然境界""功利境界""道德境界"和"天地境界"人生四境界，要达到服务于社会的"道德境界"或服务于人类的"天地境界"。⑤ 黄炎培在谈及职业教育与

---

① 宋雅仙.潘序伦与近代会计职业的演进[C].武汉:华中师范大学,2008:38.
② 顾福佑,王成杰.潘序伦与立信会计学校[M]//财务与会计编辑部.潘序伦回忆录.北京:中国财政经济出版社,1986:73.
③ 潘序伦.潘序伦文集[M].上海:立信会计出版社,2008:23-50.
④ 笔者认为,潘序伦以"信"来判定会计人才标准,遵循了孔子用"道德"标准划分众生的"小人"和"君子"的价值准则。而"君子"又分为"仁人""贤人""圣人"等不同的层次,那以"信"为判断标准立信学子,不仅仅要修身,还要像贤人圣人那样的治国平天下之志。
⑤ 冯友兰.中国哲学简史[M].北京:北京大学出版社,1996:292.

个人与国家社会之间的关系曾指出:"夫使职业教育而仅供解决个人生计问题,已足令感受生活压迫者闻而起舞矣。虽然,此犹狭义的耳。吾人更愿郑重声明职业教育之宗旨曰:职业教育,将使受教育者各得一技之长,以从事于社会生产事业,藉获适当之生活;同时更注意于共同之大目标,即养成青年自求知识之能力、巩固之意志、优美之感情,不惟以之应用于职业,且能进而协助社会、国家,为其健全优良之分子也。"① 潘序伦告诫立信学子切勿失信,否则"殊背国家社会期望之愿意",② 讲的也是希望立信学子能有更大的理想抱负,有益于国家有益于社会。这也寄托着潘序伦对自己培养的会计人才能济世救民的殷殷期待。如果说新中国成立前潘序伦对立信学子"立信"的最高要求是能推动当时工商业发展,以实业救国,那么新中国成立后他对立信学子的要求就是成为社会主义现代化建设人才。在社会主义条件下,"立信"深刻内涵就是"应当忠实地履行国家赋予的职责权限,让党和人民信得过,努力为四化作贡献。"③ 潘序伦正是这样要求立信学子的,他在《热烈庆祝国庆30周年》中明确表达:"我的年龄太老了,今天可以呈献于国庆佳节的礼品,就是我花了前后30年所训练出来的数以十万计的同学和同事。""我今天要求我所训练出来的成千上万同学和同事一起和我高喊口号:我们有生之日,都是为国竭智尽忠效力之年,这是我们最最幸福之时!中华人民共和国万岁!"④ 在《立信会计在重庆》中,他嘱咐立信学子要"团结一致,通力合作,不论在职的或退休的,在健康条件许可下,都能担任专职或兼职教师,为母校出力,为祖国四化建设培养更多、更好的财会接班人而努力,实有厚望焉!"⑤ 潘序伦

---

① 黄炎培.职业教育论[M].北京:商务印书馆,2019:170-172.
②④⑤ 潘序伦.潘序伦文集[M].上海:立信会计出版社,2008:23-50.
③ 朱肖鼎.潘序伦会计教学思想初探[J].财经研究,1992(7).

希望立信学子重德崇信，实为解决"如何教"及"培养什么样的人"问题的第一要务。对于潘序伦提倡的立信的重德教育理念，杨纪琬曾这样评价："尤其可贵的是由潘序伦亲自拟定提出，并贯彻始终的'信以立志，信以守身，信以处事，信以待人，毋忘立信，当必有成'的'立信'精神，作为办理各项会计事业的信条，不仅在过去赢得了立信会计事业的发展，今天也仍然可以为广大会计人员忠诚社会主义会计事业、保持崇高职业道德所借鉴。"① 在新时代，我们更应该坚定不移地秉承"立信"精神，培养有诚信职业道德的会计人才，培养推动中国式现代化建设的会计人才，培养致力于中华民族伟大复兴的会计人才。也只有此，才能践行好潘序伦倡导的"重德"教育理念，表达好"立信"校训的深刻内涵，不辜负潘序伦对后辈的殷殷期待。

二、重学重在以严格的教育管理培养立信学子完备的知识结构

重学方面主要体现在潘序伦对教师传授给立信学子会计知识的严格要求，当然也包括学生学习的态度。《尚书·兑命》就有"教学半"说法，说明"教"与"学"的统一性。会计学是一门应用型很强的学科，学习者经过学习或相关培训后要具备解决实务问题的能力。但要具备较强的实务能力，就需要扎实的知识。在改造世界的实践活动中，知识是以能力为基础的，有知识才有能力，没有哪门专业知识，就不具备那种能力。② 按照我国教育传统，"教"是"督促"或"促进"学生"学"的活动。③ 我国

---

① 罗银胜.潘序伦传：中国会计之父潘序伦的坎坷人生[M].上海：上海人民出版社，2007：4.
② 冯石岗.知识与能力[J].煤炭高等教育，1986(1).
③ 石中英.教育哲学[M].北京：北京师范大学出版社，2007：157.

古代教育有"不打不成器"的传统，教师对学生的管理较严厉。学生读书不认真或学不好，戒尺责打、罚跪禁闭等是正常之事。东汉王充的《论衡·自纪篇》讲："书馆小僮百人以上，皆以过失袒谪，或以书丑得鞭"。明代黄佐《泰泉乡礼·乡校》讲："无故而逃学一次，罚诵书二百遍；二次，加扑挞，罚纸十张；三次，挞罚如前，仍罚其父兄。"由于从小就读私塾，潘序伦深悉教师"督促""促进"学生读书学习之严厉。当然，古代教师严格要求学生，也是希望学生能谋得功名，出人头地，光耀祖宗。潘序伦重学，虽无古代之严厉，但也是希望学生能成才成器，做个有益于国家社会之人。对于严格教育学生，潘序伦要求有三：第一是学习会计最忌缺课，缺了二三次课，便追不上班中的功课，只有辍学了事。第二是学习簿记会计，不要把自己当做学生看待，要把自己当作一个机关里的簿记员看待，把主任当做经理，把教师当做会计主任。教师嘱咐今天要做的功课，断不可迟至明天，做得不对，必要重做，直至做得对为止。学生能早早养成习惯，卒业便不成问题。第三是簿记学及格的标准不是六十分七十分，简直要是一百分。① 那么在立信的教学管理中，学生要在学习时间上，保证每学期授课二十个星期，上课时一律点名，规定在一学期内学生缺课三分之一以上，不能参加期终考试，迟到早退三次作旷课一次。在考核学习成绩方面，各类学校都严格实行考试，补习学校规定 70 分为及格，不及格则不准毕业。② 测验、考试如有作弊情事，一经查实，从严处理。③ 据潘序伦暨南大学的学生回忆，做他的学生，的确是相当辛苦的。

---

① 潘序伦.潘序伦文集[M].上海:立信会计出版社,2008:451-452.
② 罗银胜.潘序伦传:中国会计之父潘序伦的坎坷人生[M].上海:上海人民出版社,2007:45.
③ 赵友良.中国近代会计审计史[M].上海:上海财经大学出版社,1997:308.

当时有些同学因为偷懒的关系，修读了两个月就无法读下去，只好少读簿记一科，实是相当可惜！①

为了让学生掌握教师所讲知识，能够理论与实务相结合。每教一课书，必有相当多的习题，要学生在课外去完成。助教老师认真批阅学生的习题和考卷，并让学生复看自己演习题，有无错误，如何纠正。②立信办学样式多样，有大量函授学生。即使对函授的学生，潘序伦也同样是严格要求，绝不例外。立信校友顾福佑、王成杰回忆说："函授学校采用通讯教学方式，为了防止学生对学习前紧后松，有始无终，校方采取了各种有效措施，如对学生习题的批改，力求迅速，解答尽量详细；发行函授刊物，作为补充教材，提高学生的学习兴趣；制定学习日程，规定每天至少阅读讲义一小时，练习及解答问题一小时；加强通信联系，督促学生按时学习，寄交习题。对中途辍学的，不断发函督促，务使学生坚持修毕课程。"③如果学生不能完成作业，正如立信校友蔡经济所说："假定学生偷懒而不做习题的话，则第二课习题又来了。所以，学生绝不能偷懒，否则习题愈积愈多，非但习题无法理清，而且连下一课的理论恐怕也听不明白了。"④当然，潘序伦严格督促学生认真学习，还是希望在"立信"学到的都是有用的本领，培养他们成为"口能言之，身能行之"的会计专门人才。⑤潘序伦不认为会计仅仅是计算和记录数字，"一面算盘一支笔，算来算去没出息。"他认为会计是一门经济管理科学，非有高度文化知识的人，

---

① 赵友良.中国近代会计审计史[M].上海：上海财经大学出版社，1997：308.

②④ 罗银胜.潘序伦传：中国会计之父潘序伦的坎坷人生[M].上海：上海人民出版社，2007：45.

③ 顾福佑，王成杰.潘序伦与立信会计学校[M]//财务与会计编辑部.潘序伦回忆录.北京：中国财政经济出版社，1986：81.

⑤⑥ 赵友良.中国近代会计审计史[M].上海：上海财经大学出版社，1997：308.

是不能胜任的。⑥一名会计人才还要有较高的中文水平能力,要懂得外语,要有健康的体魄。因此,在立信教学中,潘序伦聘请有黄炎培、胡絜青等名家来立信讲授国文与写作。学校曾设英文簿记课,英文课程的班级按程度进行分班教学。更建有在当时上海大专院校中最完美的室内操场。潘序伦重学,就是希望把立信学生培养成为全面人才,以适应社会的发展需要。① 立信学子也确实如潘序伦所愿,不仅在新中国成立前高失业率下学校毕业后都能得到工作,更在新中国成立后社会主义现代化建设中发挥了重要作用。

三、重验重在培养立信学子以实务见长人才竞争力

重验就是重视学生的实务操作能力,学生能够在毕业后胜任会计实务工作。在立信学生培养过程中,学生实务技能实践教学、德育教育及理论学习同等重要。潘序伦重验的理念大概有三个来源:一是根植于我国传统文化的知行统一思想。孔子认为,"君子耻其言而过其行,""敏于事而慎于言"。荀子认为,"不闻不若闻之,闻之不若见之,见之不若知之,知之不若行之,学至于行而止矣"。《中庸》则提出:"博学之,审问之,慎思之,明辨之,笃行之。"程颐认为"知先行后,知难行亦难"。朱熹认为,"知之愈明,则行之愈笃;行之愈笃,则知之益明"。王阳明认为,"知是行的主意,行是知的功夫;知是行之始,行是知之成""知之真切笃实处便是行,行之明觉精察处便是知"。潘序伦把我国优秀传统文化应用到自己办学实践中,强调学生学习的理论与实践的统一。二是杜威的实用主义。潘序伦在哥伦比亚大学读书期间,杜威在哥伦比亚大学师范学院担任哲学教授。作为学校著名教授,他的实用主义哲学思想为学生所熟悉,且

---

① 宋雅仙.潘序伦与近代会计职业的演进[C].武汉:华中师范大学,2008:40.

实用主义贯彻于美国社会政治和思想文化的各个方面，这对当时寻找救亡图强的中国学生来说，实用主义更有较强的敏感性。加上潘序伦在美国读书又与美国实用主义哲学代表人物同校，对实用主义耳濡目染。杜威也曾在中国讲学两年，其思想曾对当时中国产生影响重大。① 接受他的实用主义哲学影响的有其哥伦比亚弟子，诸如胡适、陶行知、张伯苓、蒋梦麟、郭秉文、郑晓沧、陈鹤琴、李建勋等，教育家蔡元培、黄炎培等，哲学家梁启超、冯友兰、章太炎、张东荪、张申府等，革命家孙中山，文学家鲁迅，共产党人李大钊、陈独秀、毛泽东等。有的更是对杜威的思想给予高度评价。② 陈独秀说："杜威到中国来最精要的讲演，……是在教育学。"杜威提出"教育即生活""学校即社会"，倡导"做中学"，鼓励学生自己实践，用直接经验来改造已有的认识等，深刻改变了中国的教育观念。壬戌学制（其颁行标志着中国现代教育制度的确立）乃至1923年的新学校课程、1929年修订的课程等都不同程度体现了杜威的教育思想。潘序伦办学师承黄炎培办学理念。黄炎培创办中华职业教育社，强调的就是实用主义教育教学。他曾评价杜威对自己的影响："杜威氏之来华，实予吾人以实施新教育最亲切之兴味与最伟大之助力。""学校宜注重生活，与社会联络，于是惩乎书本教育，虚名教育而唱实用主义。顾三五年来，口头笔底所窥见一鳞一爪之新教育，今得杜威博士来为探本穷源之指导，于是吾人之知识渐归于系统，而措之行事，亦觉有条理可寻而无所惑矣。"③ 黄炎培借鉴杜威的实用主义办学理论，自然而然影响到潘序伦办学。加之潘

---

① 详见胡适在夏威夷大学作的《杜威在中国》的演讲。他的教育思想也影响了壬戌学制（其颁行标志着中国现代教育制度的确立）乃至1923年的新学校课程、1929年修订的课程。
② 顾红亮.杜威在华学谱[M].上海：华东师范大学出版社，2019.
③ 黄炎培.黄炎培日记（第2卷：1918-1927）[M].北京：华文出版社，2008：63-64.

序伦与杜威之间的联系，自然对杜威的教育思想了然于胸。在教学实践中，潘序伦积极倡导"学一遍、做一遍""学了要做，从做中学"等教学方法。① 三是会计学科的特点。潘序伦认为，要掌握会计这门科学，如同医师一样，必须亲自动手实践，才能真正学到手。② 潘序伦在《敬告国内有志于会计职业之青年》中谈到会计职业说："会计系实用科学之一种，其活动之范围，又纯以吾人之经济生活为限。故从事会计职业者，必能养成一种实用的习惯，而其一举一动自能合于经济生活之原理。"③ "因之现代会计，已成为一种专门化之职业，一般普通人才，绝不能担任其事。且会计一职，与医术同，不能仅持书本上之学识，而尤赖于实际上之经验。"④ 潘序伦在《会计学修习法》一文中说："会计是科学，是社会的科学，是应用的科学。因为会计学是科学，所以修习会计的人，需要理解和记忆力，但他是科学中的社会科学，所以他的实务，不独随社会法律时变迁，即理论也不是一成不变的，习会计者，应抱'日日新又日新'的态度。同时会计又是应用的科学，常带了技术的色彩，所以必须多多练习，在校多做习题，任职前尤要多多实习。"⑤

关于实践能力的培养，潘序伦在学生掌握所学理论知识基础上侧重以下几个方面：一是模拟实践训练，这主要由学生做实习题完成。立信各项课程除讲授课本外，特别重视练习题，平时有习题，最后有整套的实习题，印成"实习题应用文件"，使学生通过实习，对整个会计过程有一个模拟实践的机会。⑥ 各习题也都编有详解，由助教批阅学生习题，让学生

---

① 朱肖鼎.潘序伦会计教学思想初探[J].财经研究,1992(7).
② 罗银胜.潘序伦传:中国会计之父潘序伦的坎坷人生[M].上海:上海人民出版社,2007:34.
③④⑤ 潘序伦.潘序伦文集[M].上海:立信会计出版社,2008:432.
⑥ 李鸿寿.立信会计 永展光辉[J].立信校友通讯,1988(12).

反复看自己的演习题,并知如何纠正。① 二是到工商企业单位实习。潘序伦认为,会计理论教育虽重要,但没有实践知识,理论就成为"空"的东西。在学期中和学业结束时,就组织学生到工矿企业和商店、银行、立信会计师事务所实习,以丰富感性知识。② 在立信会计师事务所和同学会的配合下,学校经常组织学生去工商企业和政府机关参观、实习、派成绩优良的学生参加查账实习,后期学校还让学生参加立信会计师事务所附设"会计职业咨询所"工作。这些实践活动,不但使学生加深了对课本知识的理解,有利于实际运用,而且为他们扩大了就业的机会,使许多实习生和查账员被机关、企业留用。③ 三是巩固学生的技能。还用簿记竞赛、增加习字课程,加强珠算练习等办法,使基础技能训练得到可靠保证。④ 立信重视学生实务能力的培训和教育,与其他商科大学相比,不仅不逊色反而胜出许多。正如潘序伦所说:"且商科大学学生与会计实务界之接触,虽亦密切,然本校添设会计日校,则学员之实习机会,必较一般商科大学学员为多,从而其适应企业界之需要亦强。"⑤ 正是在潘序伦重验理念教育下,立信毕业生具有了毕业就能胜任会计岗位的能力,并获得了较好的就业机会。

总之,潘序伦重德重学重验的会计教育理念,植根于中华优秀传统教育文化,结合了会计教育自身特征,同时也受到当时社会主流教育思潮的影响。随着立信会计事业的发展,重德重学重验的会计教育理念凝聚成为

---

① 龙一圆.立信史话[M].上海:立信会计出版社,1993.
② 郭松林.发扬潘序伦会计教育思想——怀念我的老师——纪念潘序伦一百一十华诞(续)[J].立信校友通讯,2004(6).
③④ 龙一圆.立信史话[M].上海:立信会计出版社,1993:89.
⑤ 潘序伦.潘序伦文集[M].上海:立信会计出版社,2008:347.

立信"诚信为本学验并重"办学特色。潘序伦这一教育理念，由于揭示了会计师培养教育的最本质特点，也被奉行为会计师培养教育的三原则，全国各地立信学子沿用至今并弘扬广大。潘序伦重德培养以信为本的国家社会栋梁之材，重学以严格的教育管理尽可能培养学生完备的知识结构，重验重视学生的实际动手能力实现毕业与就业实操能力的无缝对接，依然是新时代会计教育的要求。潘序伦的三重教育理念及其实践对做好新时代会计教育事业具有重要的时代价值。

第三节 "三讲原则"编制会计教材

教材作为师生间传继知识的主要工具，影响到教师如何教知识和学生如何学知识。一本好的教材，在进行知识的传授上，师生其实已经完成了教学活动的一半，甚至更多。由于教材呈现了所教所学的知识体系。依据教材，即使没有老师，学生也可以自学系统知识。即使没有教师教，也可以先预习教师所教内容以便更好吸收消化。学习完之后，学生可以用教材巩固所学知识。在会计教育事业上，潘序伦非常重视教材建设。这也是他创办立信会计事业最为骄傲的地方。潘序伦说："如果说我对会计学术有所贡献的话，当以编辑出版立信会计丛书为最。"[①] 立信会计丛书就是潘序伦为培养我国现代会计人才而编写的会计教材。我国现代会计教育起步较晚，刚开始时主要使用翻译的国外教材，其中的诟病也很多。潘序伦回忆说："那时大学里研习会计科学者不多，教科书大都是外文原版；少数

---

① 王海民.潘序伦立信会计思想研究[J].会计之友,2011(1).

译著亦以簿记居多，缺乏高深之作。"①在认识到这一问题后，他结合自己的办学实际，开始自编教材。由于所编教材质量高，普遍为社会所接受，各大高校都以立信会计丛书为教材。像《高级商业簿记教科书》等修订过四五次，再版几十次，畅销国内外，到20世纪80年代，中国台湾、中国香港等地还有人在翻印发行。总而言之，潘序伦注重教材建设注重原则有三：实用性、严谨性和系统性。

一、教材务求实用性

会计是一门实用学科，会计教材当然也要注重实用性。潘序伦要求教材编写者必须从实用出发，先自编讲义，反复研磨，经过二三个学期实践，不断补充修订，才能正式出版。这种做法本身，就是强调教材实用性。如果不在实践中检验自己的教材，处理好其中存在的问题，即使编写出版，也不被社会认可，这本身就是一种不实用。如果从潘序伦致力于教材建设的具体工作来看，这种实用性主要体现以下五个方面：一是要能够便于学生自学。潘序伦认为，编写教材的"文字尽可能通俗易懂，举例做到不厌其详，使读者能够无师自通。以《高级商业簿记教科书》为例，这本书由潘序伦亲自主编，经多人审稿校阅，精心推敲，务求通俗易懂。各章顺序由浅入深，由简到繁，循序渐进，并经实地试教，几经修订，设有教学进度分配表，每隔若干章，就设一章复习，要求学生反复演习，务求熟练掌握所学内容。结业前，还要布置一整套模拟业务实习题，让学生去做，以求参加工作后能很快胜任工作。"②能把教材编制得自学者易学易懂，也是教材编制是否成功的最重要判断标准。捷克著名教育家夸美纽斯

---

①② 财务与会计编辑部.潘序伦回忆录[M].北京:中国财政经济出版社,1986:36.

说:"寻找一种教学的方法,使得教员因此可以少教,但是学生可以多学;使得学校因此可以减少喧嚣、烦厌和无益的苦劳,多具闲暇、快乐和坚实的进步……"在这里,他认为"格外重要的"是教科书。①

二是要贴合学生实际水平。只有贴合学生实际,加强教材编写的针对性,才能有效提升学习效率。在英文簿记教学上,潘序伦就是针对不同学生的英语水平,按程度进行分班教学。教材编写也是同样,编写时务求实际,方可"因材施教"。潘序伦针对学生自身水平的差异性,将立信会计教材分为初级、中级和高级三种课程,分别编撰。每书的章节之后都附有思考题和习题,供学生复习参考。

三是要适合本国会计教育实际。潘序伦主张推广现代会计不应原封不动地照搬西方的理论和方法,而是应该根据中国的实际情况,为中国的实际服务。潘序伦学成归国后在商业学校任教职,发现当时商业学校所用教材全是外国教本,"关于教材问题,不是我说一句狂妄的话,今日中国的许多商业学校,不论其为国立、公立、私立,几无一校可算是研究中国的商业。"② 他认为,编制教材的"有关理论和实务的论述,都要从实际出发,以满足社会需要为原则。对引进的国外先进学术,我们不是照抄照搬,而是结合我国的国情,在现行法规和工商惯例的基础上,适当采用。"③ 潘序伦和顾询编写的《审计学教科书》就提出:"所论各点,尤以切合我国国情为度,其有采自东西文书籍者,亦以国内习惯法律无抵触者为限"。④ 新中国成立后,为尽快地编出一套适合我国已经改变了的社会

---

① 钟启泉.现代课程论(新版)[M].北京:高等教育出版社,2005:393.
② 李相森.论潘序伦审计思想[J].会计之友,2022(5).
③ 财务与会计编辑部.潘序伦回忆录[M].北京:中国财政经济出版社,1986:36.
④ 潘序伦,顾询.审计学教科书[M].上海:商务印书馆,1936.

经济制度的会计教材。他组织编写了 1951 年到 1953 年出版的《会计学教程》一、二册,《国营企业会计概要》和《苏联会计述要》(主要是介绍苏联会计理论和实务),以替代原已流行多年的、作为大学本科教材的《会计学》一、二、三、四册。改革开放后,关于教科书编写的意见,我们同样可以看到潘序伦编写教材务求适合本国国情的精神。他说:"我国现在和过去的会计教材中,计划全部都是工商财政金融等方面的,农业会计和农村簿记教程,竟成为会计教程中空白点,面对我国有八亿农民,数十万个农业社队,而社队会计人员中,受过正式会计学培训的为数极少的情况下,编写农业会计,簿记教科书已刻不容缓。"①

四是要体现国家发展的时代性。"教材是历史的产物,更是时代的产物。一定时代的教材必然反映了这个时代的要求,也是为这个时代服务的。"② 潘序伦当年编写会计教材,推广新式会计人才培养,是因为当时国家社会亟需大量会计人才。改革开放初,潘序伦呼吁会计电算化建设,他说:"近年来,国外工厂规模和国际贸易日益扩大,联合企业和跨国公司的形成,国外财务会计理论的研究,已由传统的财务会计发展到管理会计,电子计算机也在会计工作中得到广泛的应用。这些先进的科学理论,应该学习,取人之长,为我所用。"③ 正是能看到会计发展的规律,潘序伦在教材编写中才能把握着教材的编写的时代性。

五是要立足国际前沿。如果仅从立信会计教材经济效益来讲,潘序伦

---

① 罗银胜.潘序伦传:中国会计之父潘序伦的坎坷人生[M].上海:上海人民出版社,2007:144.

② 袁帅,潘信林,吕建晴.推进新时代教材建设高质量发展[J].中国社会科学报,2021(10).

③ 罗银胜.潘序伦传:中国会计之父潘序伦的坎坷人生[M].上海:上海人民出版社,2007:144.

还可编写中式会计图书,毕竟当时国内大量会计人才还是只能按照旧式从业方式。然而,潘序伦始终坚持以推广新式会计,培养我国现代会计人才为己任。现代会计在当时是以新式会计为主,推广和传播新式会计自然成为潘序伦推动我国会计教育事业发展的首要任务。当然,潘序伦在教材编写上还具备国际视野,能正确把握国际会计发展态势,积极吸收与传播世界会计理念,博采众长,编写反映世界会计发展最前沿的教材。潘序伦回忆说:"当时比较新颖的会计内容,已作了较深入的研讨。"①

二、教材务求严谨性

潘序伦做事情历来认真严谨,他经常讲:"尽能激起天良,严守岗位,对于各机关的账目,绝对抱着不做假账,不隐蔽舞弊的态度。"② 他首先强调的是编制态度要认真严谨。他说,图书是传世的精神食粮,更富有严肃性而已。编辑无非就是看稿改稿,如果我们给予"放行",则我们的责任也就不言自明。因此,只要本着"认真对待,一丝不苟"的态度,是不会做不好的。"谨小慎微"也许习惯上常常用作贬义词,但看来编辑工作却非"谨小慎微"不可。否则,"差之毫厘谬以千里",完全是有可能的了。③ 欧阳仲华回忆说,在编辑《国营企业会计概要》时,以为自己提了很多意见会遭到潘老批评。然而,事实上,潘老对他的意见,不论正确与否,采纳与否,都一一斟酌。正确的、采纳的自不待言,不正确的、未予

---

① 财务与会计编辑部.潘序伦回忆录[M].北京:中国财政经济出版社,1986:37.
② 罗银胜.潘的一篇佚文[M]//朱坚强,何佩莉.立信往事.上海:立信会计出版社,2013:64.
③ 罗银胜.潘序伦传:中国会计之父潘序伦的坎坷人生[M].上海:上海人民出版社,2007:144.

采纳的,都将理由写出来,作了解释。① 其次,他在编制过程中,要求做到认真严谨。以《会计名辞汇译》编辑出版为例,在编译书籍过程中,潘序伦感到会计名词不统一,译名无标准。他本着对会计教育事业认真负责的态度,集合同事进行讨论,收集会计名词 2 400 余条。每条先把国内会计书刊原有的翻译名词开列出来,然后从中选定一个适当的译名或者暂时拟定一个统一译名,并加以注释。当时名词选择标准有三:一是涵义恰当,二是习用普遍,三是用词简赅。② 李鸿寿回忆说:"老一辈会计学者治学严谨。朱祖晦等三位译了会计名词 1200 多条,并列举译名的来源。潘序伦和立信同仁为了编写'立信会计丛书',译了 2 000 多条,也列了旧有译名的译者姓名和书名。丁佶为了提供意见,译了 700 多条。殊可敬佩。""朱等译了 1 200 多条,称为'试译',并列举旧译名的作者姓名和书名。潘序伦在序言中有这样一段话:'本书之编,不过继续朱祖晦氏之工作,而为统一我国会计名词做进一步努力。自惭知识肤浅,译才短绌,深盼国内会计专家不吝加以修正及补正,尤盼将修正意见随时见示,俾可于再版时照改。'并将各家所提意见附录于后。丁佶提了 700 多条,自称'商榷',潘将'商榷'改为'补遗'。"③

三、教材务求系统性

在知识体系获得与建构上,系统性的教材是必不可少的。"立信会计丛书"就是系统性会计教材。潘序伦主张教材编制的系统性体现在以下几

---

① 罗银胜.潘序伦传:中国会计之父潘序伦的坎坷人生[M].上海:上海人民出版社,2007:144.
② 财务与会计编辑部.潘序伦回忆录[M].北京:中国财政经济出版社,1986:37.
③ 龙一圜.立信史话[M].上海:立信会计出版社,1993:106-107.

个方面：一是教材与课业作业辅导一体性。立信各项课程除讲授课本外，特别重视练习题，平时有习题，最后有整套的实习题，印成"实习题应用文件"，使学生通过实习，对整个会计过程有一个模拟实践的机会。① 不仅如此，潘序伦"对助教制度很关注，要求他们跟班听课，及时批改好作业发还学生，并作必要辅导。"② 配备助教除能帮助主讲教师进行理论教学外，主要任务就是督促学生加强实操训练及实务能力提升，并及时解决在其中遇到的各种问题。如训练学生技能的习题，各习题也都编有详解，由助教批阅学生习题，让学生反复看自己的演习题，并知如何纠正。③

二是实现了课程、教材、教学和评价一体化。潘序伦编制教材，是为了课程教学的需要，当然这也与当时的教材缺乏相关。但潘序伦化不利为有利，而不是生搬硬套其他材料，也不是东拼西凑，而是根据课程需要、根据教学需要进行教材编制。王庆成回忆说，为解决立信学校的教材问题，潘序伦就在立信会计师事务所里设立了一个编辑科，并且配备了以顾准、黄祖方、王谵如为骨干人员。至1936年年底，已编译出版了各类会计、审计书籍50余种；以后由会计扩展至商业、统计、法律等方面书籍达200余种。此外，又创办了《会计季刊》，除刊载中外会计论文以外，还组织编写各种专业的会计制度，供各企业改革旧式会计制度参考，指导会计改革实践。④ 在对教材进行评价上，作业和考试评价是落实教材理念与功能的重要抓手。潘序伦在课后作业和考试上都抓得非常严格。如果发现教材中有什么问题，就会及时进行修改调整，从而实现了教材编的与老

---

① 李鸿寿.立信会计 永展光辉[J].立信校友通讯,1988(12).
② 赵友良.中国近代会计审计史[M].上海:上海财经大学出版社,1997:308.
③ 潘序伦.立信会计学院创办和发展[M]//朱坚强,何佩莉.立信往事.上海:立信会计出版社,2013:85-94.
④ 王庆成.两次聆听潘序伦讲话忆实[J].新会计,2012(2).

师教的、考试考的紧密衔接，教材与课程、教学、评价实现良性互动。潘序伦经常提醒教师："绝不能使'立信'课堂上采用的教材老化。"① 这不仅保证了立信会计教材的常用常新，而且确保课程、教材、教学和评价之间关系的动态平衡。

三是实现了教材体系、学科体系和学术体系建设一体性。潘序伦是现代会计学科体系建设的推动者。潘序伦等编制《审计学》《审计学教科书》的教材，提出审计是与会计并列的学问，并非仅是会计学的消极部分，也不仅仅是一种技能、技术。这种观点对于确立审计学的独立学科地位，促进审计学术研究发展以及近代中国审计事业的发展都是有益的。②

四是教材"编"与"用"的统一。立信会计学校所开设的课程最初仅有簿记及初级会计一科，后又增设商业算术、珠算、高等会计、银行会计、政府会计、公司会计、成本会计、审计学、初级簿记所得税等科目。此后，先后编辑了相关教材。

五是教材涵盖初、中、高会计教材。各类教材在编写中，做到梯度分明、循序渐进。

总之，潘序伦在编制教材中重视实用性、重视严谨性、重视系统性，才使得立信会计教材成为当时社会最好的教材。同时，我们还应看到潘序伦编写教材所体现的精神对新时代教材编写的价值。在新时代，教材建设尤为重要。教材是教学内容的主要载体，对老师教学和学生学习都具有重要的影响。③ "教材是育人育才的重要依托，教材建设是铸魂工程。有什么样

---

① 朱肖鼎.潘序伦会计教学思想初探[J].财经研究,1992(7).
② 李相森.论潘序伦审计思想[J].会计之友,2022(5).
③ 邱柏驺.把教材编写当作自己的一生事业[J].中国大学教学,2021(11).

的教材，就会培养出什么样的年轻一代，就会有什么样的国家和未来。"① 在新时代推进会计教育事业中，绝不可放弃潘序伦留下的宝贵财富，正如杨纪琬所说："他们还从实际出发，自编讲义，先行试讲，不断修订，最后形成一整套切合实用的立信会计教材。这些也都是我们在今天发展会计教育事业中可以仿效的。"②

结语

本章通过对潘序伦关于会计教育事业的观念和实践研究，通过对立信校友和支持立信会计事业发展的人士的回忆，基于立信会计教育实践的过去和现在，深刻探讨潘序伦会计教育思想精髓，同时揭示潘序伦对中国现代会计教育的杰出贡献，及对推进新时代教育高质量发展的重要价值。潘序伦对我国会计教育事业贡献正如同《史记》中所言"大会计，爵有德，封有功。会稽者，会计也"之于"会计"之名那般，是谓起源与开辟。正是因为有了潘序伦打下的坚实而稳定的根基，此后之发展变迁才更能有序可依、有则可守。潘序伦的会计教育思想博大精深，并深深凝聚在其开创的立信会计事业之中。潘序伦关于教师、教学和教材的理念和实践只是他会计教育思想的一部分，尽管如此，我们由此感受体验到他的会计思想蕴含着丰富的传统优秀文化及传世千年的优秀教育思想，并通过自己的办学实践，完整呈现了自己的会计教育思想，与我国会计发展实际密切结合。《抱朴子·循本》讲："德行文学者，君子之本也。莫或无本而能立焉。是

---

① 李娟.教材建设必须坚持党的教育方针和正确价值导向[J].中国纪检监察报,2022(8).
② 财务与会计编辑部.潘序伦回忆录[M].北京:中国财政经济出版社,1986:6.

以欲致其高，必丰其基，欲茂其末，必深其根。"这也是潘序伦会计教育思想能够推动立信办学事业走在时代前列的原因。流传百年的潘序伦会计教育思想，伴随着立信会计事业的发展壮大，随着新时代中国特色社会主义教育事业发展迸发勃然生机。在习近平新时代中国特色社会主义思想指导下，为推进我国教育高水平发展，我们能够从潘序伦会计教育思想精髓汲取智慧，处理好高水平应用型人才培养中所亟待解决的教师队伍建设问题、实用教材问题和教学管理问题。潘序伦会计教育思想不仅仅能够解决会计学科高水平建设及应用型人才培养问题，对其他学科教育高水平学科人才培养同样具有重要价值，更有助于回答中国式现代会计人才培养的时代之问，社会之问，发展之问。

(孔晨旭　郎莹君　李　益　肖　伟)

第七章

潘序伦
"三位一体"办学模式

引言

2022年12月中共中央办公厅、国务院办公厅印发了《关于深化现代职业教育体系建设改革的意见》,持续推进现代职业教育体系建设与改革,其中重点强调了产教融合的战略任务。产教融合对解决当前产业结构转型升级、高等教育结构性矛盾以及经济社会持续健康发展具有重要的意义,产业和教育两个领域的融合发展关系仍然是当前全球比较公认的挑战,需要更多的经验与知识。当前创新驱动发展阶段基于技术创新的产业转型升级对知识应用提出了多元需求,知识的应用价值迅速提升,这为产业和教育的进一步融合提供了良好的发展契机。推动应用型大学发展是当前一段时间我国高等教育体系应对外部需求变化的重要发展方向和建设举措,国家层面的相关推进政策陆续出台。2021年3月通过的我国《国民经济和社会发展第十四个五年规划和2035年远景目标纲要》第43章"建设高质量教育体系"关于提高高等教育质量部分中再次强调指出,"推进高等教育分类管理和高等学校综合改革;建设高质量本科教育,推进部分普通本科高校向应用型转变"。

本章以"重应用"为特色的产教融合典型早期立信会计学校为例,其"三位一体"的"实业组合链"办学模式可谓是我国产学研一体化的拓荒者[①]。

---

① 潘序伦.潘序伦文集[M].上海:立信会计出版社,2008:2.

学校与企业之间的有机融合模式成为立信的办学特色,产教之间基于多样化的知识转移路径形成深度融合的共生关系,资源、信息、知识和产品螺旋循环,"三位一体"的立信模式产生了广泛深远的社会影响,立信品牌享誉海内外。

第一节 潘序伦"三位一体"办学模式的时代背景

从系统论的视角来看,一所应用型院校的产生与发展是外部社会经济发展的产物,其发展所需资源受制于环境,早期立信办学正是适应了外部环境需求而逐步确立了教育事业的根基,形成广泛的社会影响。正如创始人潘序伦所言:"取之于社会、用之于社会、取之于会计、用之于会计",学校的发展生长于社会,作为社会有机体的组成部分,与社会息息相关。

一、民族工商业发展对西式会计的需求

我国工商企业和国家机关的会计在辛亥革命之前基本沿用传统的单式收付簿记,只有一些洋行企业里采用西方复式借贷簿记。一直到20世纪二三十年代,几位留日学生归国后引进了西式簿记,随后在银行试用并扩散至大型企业。民族资本主义工商业的发展使中国经济结构发生了深刻变化,传统的中式簿记显现出与工业生产及近代商业经济发展的不适应。外资在国内产业中仍占有很大优势,1914—1936年国外资本投入持续增长,带来了新的西式会计方法,且增加了对会计人才的需求。国民政府成立后,银行金融资本对产业资本的渗透需要加强对工商企业的监管,从而产生并加大了对会计市场与会计人才的需求,当时西式会计人才极度缺乏。

二、国民政府会计制度改革对会计人才的需求

1927—1937年国民政府成立初期的这段时间,政局相对稳定,为维护其政治统治,政府对会计组织及会计政策进行了系列改革。1931年国民政府设立了"主计处",下设岁计、会计、统计三局,在监察院设立了审计部,政府在会计相关的组织形式变革方面进步十分明显。1927年,国民政府财政部和立法部陆续颁布了相关会计师、会计法及营业税等一系列法规制度[①]。工商企业及政府各界对会计师业务需求大大增加,促进了会计师业务的发展,对会计人员需求大量增加。

三、会计改革与改良的革新运动

20世纪30年代,为救助与振兴中国的工商企业,以潘序伦和徐永柞为代表的知名会计人士发起中国会计革新运动,其中徐永柞主张对中式簿记进行改良,潘序伦则主张对西方簿记理论与方法的全面引进。双方通过出版著作、发表论文、实务活动等多种方式进行了广泛的争论和商榷探讨,最后争论重点及结果转移至各自会计执业实践业务上。当时双方都有比较丰富的会计业务活动,如创办经营会计师事务所、出版会计丛书、开办补习学校,其中会计补习学校的规模与经营状况从一定程度上反映出论争双方在会计思想与实务方面的竞争程度。郭道扬教授评价其为中国会计发展史上最早且影响最大的一次会计学术讨论与交流[②],改良思想与改革思想的论争推动了会计学术的交流发展,会计学术著作得以加强,各级会

---

① 陈春华.潘序伦会计诚信思想形成的历史背景分析[J].商业经济研究,2007,(12):109-110.

② 郭道扬.会计史研究—历史·现时·未来(第3卷)[M].北京:中国财政经济出版社,2008:473.

计学术团体不断出现，改进了工商企业会计方法，推动了会计教育和出版事业的发展①。

第二节 潘序伦"三位一体"办学模式的主要内容

一、潘序伦"三位一体"办学模式的形成历程

立信"三位一体"办学模式是适应经济社会发展需求的时代产物。20世纪20年代民族资本主义工商业发展使中国经济结构发生深刻变化，国外资本投入的增加带来了西式会计方法，同时传统的中式簿记显现出与工业生产及近代商业经济发展的不适应。当时银行金融资本对产业资本的渗透，需要从财会方面加强对工商企业的监管。在我国会计事业处于萌芽阶段的20世纪20年代，潘序伦创办了立信会计事务所、立信会计学校，随后出版一系列会计丛书，逐渐形成的"三位一体"立信模式为我国会计事业发展作出了特殊贡献。

（一）创办立信会计事务所

1924年潘序伦获得博士学位回国，任上海商科大学、暨南学校大学部教授，1927年辞职创办了潘序伦会计师事务所，1928年更名为"立信会计师事务所"，"立信"二字源于《论语》中的"民无信不立"。潘序伦抓住当时工商业发展以及会计市场的大好机遇，积极利用广泛的社会联系，凭借扎实丰富的专业水平和勤奋努力积极开展业务，1927—1935年，立信会计

---

① 刘常青.20世纪30年代我国会计界的主要学派及其争论[J].河南师范大学学报（哲学社会科学版），2005，(09)：63-66.

师事务所逐渐形成了规模，委托客户中有很多知名的大型企业①。1936年时立信会计师事务所已设有6科1校：总务科、计核科、信托科、文书科、法律科、编辑科、立信会计补习学校。

(二) 兴办立信会计教育

针对当时工商企业会计制度的革新，原来的旧式会计人员都需要掌握新的会计知识并训练新的能力素质，委托立信会计师事务所的工商企业希望原来的账房先生能同时得到训练，后因接受培训的人员数量增加，从零散的训练改为集中培训，逐步扩大到成立日校、夜校、函授学校、专科学校等多样化办学形式，办学模式遍布全国各大城市及港澳等地，全国各工商企业、行政机关多数都有立信的学生任职，在上海的各大小商店或工厂机关，到处可以碰见立信的学生②。

(三) 成立立信会计图书用品社

1941年6月潘序伦与生活书店共同投资法币10万元合作成立股份有限公司，定名为立信会计图书用品社，其中潘序伦筹资6万元并担任社长，生活书店的褚度凝担任经理，主要出版"立信会计丛书"和印制发行会计账册报表。1956年前，共出版发行150多种书籍，由潘序伦亲自编制的有30多种③。该社在桂林设立了分社，在成都、贵阳、昆明、西安设立了特约经销处④。抗日战争胜利后，立信会计图书用品社从重庆迁往

---

① 中国人民政治协商会议全国委员会文史资料委员会《文史资料选辑》编辑部.文史资料选辑[M].北京：中国文史出版社，1994：130.
② 潘序伦.追述私立立信会计学校的一些史实[M]//中国人民政治协商会议上海市徐汇区委员会文史资料工作委员会.徐汇文史资料选辑第7辑（工商经济专辑）.上海：上海古籍出版社，1991：156.
③ 谢诗芬.高级财务会计学[M].长沙：湖南出版社，1993，12：34.
④ 立信图书用品社简史[J].立信月报，1947(6)：16.

上海并自设了印刷厂，在南京、天津、广州增设分社，特约经销处遍布全国各大城市，并向港澳和南洋一带推销书籍①。

二、立信办学实践中的"三位一体"产教融合

（一）立足变革的课程体系

早期立信会计学校的课程体系基于引进西方会计理论，立足于推进改革中国旧式会计，革新工商企业会计制度。课程体系按照从初级到高级的顺序安排，根据社会需求的变化不断更新课程设置，如随着企业关注科学管理方法而重视产品的成本计算，学校则随之开设了成本会计课程，编译出版国外经典的成本会计著作成为国内权威的会计教材，立信学校所得税课程的设置则源于1936年国民政府开征个人所得税②。

（二）教学中的业务技术训练

学校非常重视学生的业务和技术训练。鉴于当时会计专业实务能力要求，多做习题是训练学生实践能力的重要方式，"立信学校的教学方针就是特别注重习题的习作"③。学生每日应学课程和应做习题都应今日提交而不能迟到明日，就如商店内的日常簿记会计工作，"使学生所得之训练及经验切合实用，自能收事半功倍之效"。④ 为做好习题的布置与批改，学校设置了专门的助教老师批改、汇总、分析习题的完成情况，任课教师主要负责布置与反馈。除了专业知识的习题训练，教学还要求学生在实践训练方面写好小楷和练习珠算。

---

① 潘序伦.编辑出版立信会计丛书[J].财务与会计,1984(06).35-36.
② 常国良.近代上海商业教育研究[M].哈尔滨:黑龙江大学出版社,2008:170.
③ 潘序伦.追述私立立信会计学校的一些史实[M]//中国人民政治协商会议上海市徐汇区委员会文史资料工作委员会.徐汇文史资料选辑.上海:上海古籍出版社,1991:101.
④ 潘序伦.立信会计学校之教学方法[A].立信会计专修学校同学会会刊.1931:1-4.

组织专项竞赛是训练学生专业技术能力的常规方式。教学中学校通过竞赛的方式提高学生学习的兴趣，同时促进学生实践能力的提升。例如政府会计等一些课程设有许多平行班，同级各班学生由教师推选成绩优良的学生参加习题竞赛，比赛成绩优秀的学生给予证书和实物奖励，尤其是毕业后可以优先介绍职业，竞赛获奖能够作为学生毕业后专业能力的证明，因此学生都比较重视实践类竞赛项目。校内还组织珠算、写字竞赛等。

（三）兼职实务教师占比高

基于"三位一体"办学模式的资源和条件，立信学校中的教师主要由会计师事务所同仁及聘请的兼职教师组成，一般都为企业机关在职财会人员，事务所的会计专家既掌握高深会计理论知识又具有丰富的实务经验，在教学中具有理论联系实际的优势。立信会计学校一直秉持精打细算原则，即使补习学校增至几千学生时，大部分教师仍为事务所的兼职人员，只有少数的专职教员①。在1937年《立信月报》刊登的立信会计专科学校19名教授名录中，校董会7名成员为会计师事务所同仁，其余12名均为兼职聘任，除1名为暨南大学教授外，其余11名均为在其他机构工作的在职人员。

立信会计学校的专业课教学一般由会计师事务所的会计师和相关会计人员承担，公共类课程如伦理学、国文等也聘请一些社会知名人士来授课，曾聘请社会进步人士章乃器担任商业通论课程教学，马寅初在受国民党政治压迫时期立信会计学校仍聘其为经济学教授②，讲授经济与哲学课程。

---

① 钟叔河,朱纯.过去的学校[M].长沙:湖南教育出版社,1982:406.
② 潘序伦.追述私立立信会计学校的一些史实[M]//中国人民政治协商会议上海市徐汇区委员会文史资料工作委员会.徐汇文史资料选辑.上海:上海古籍出版社,1991:177.

（四）自编切合实用的教材

立信会计学校以培养实用会计人才为特色，学生不仅要掌握会计理论知识，更要通过技术训练提升实践能力。教材是教学的关键要素，立信从一开始办学就注重结合国内会计业务实践自编教材。因为当时大学里的教材基本为国外原版著作，国内没有自编的现代会计教材。立信编写的"立信会计丛书"是我国自己编写的比较系统、完整、水平较高的一套会计著作，在全国各地都被广泛使用，各地院校学习会计的学生十之八九用立信编写的教材，对中国的会计学理论、会计人才培养以及会计工作等都发挥了很好的作用①。

教材对于实用性会计人才的培养发挥了重要作用，教材的编制设计符合教师教和学生学的特点，教材内容切合国内会计实务的发展，教材书稿先作为讲义在立信会计学校试讲，经过2~3学期后根据师生意见修改才正式成为教科书。教材编制者既是会计理论名家，又是会计师事务所实务专家，同时兼任会计学的教学专家，他们精通会计理论、熟悉会计业务实务，掌握工商企业对会计人员的专业能力要求，教学实践同时有助于了解教学需求与特点，因此身兼多个角色的教材编制者编写出广受社会欢迎的会计系列教材也就不足为奇了。

立信教材根据不同层次、不同类型学习者的学习特点和需求，编制难易程度不同的教材，分为初等、中等和高等三种类型。一般程度较深、内容较多的教科书会对应编制程度浅、较容易的初级教材，如《高级商业簿记教科书》对应有《初级商业簿记教科书》，《高级会计学》对应有《会计学》等。高深的教科书适用于大学，浅显的则适用于专科学校或其他层次的学习者。

---

① 潘序伦.潘序伦回忆录[M].北京:中国财政经济出版社,1986:38.

会计是一门应用学科，必须适应于社会经济活动的需要和政府法令的变化。立信会计教材编制紧跟环境变化，及时更新教材内容，不断修订再版，提升了教材的实用性和适用性。习题是训练学生会计实际工作能力的有效方法，立信会计教材开创了将会计理论与技术训练结合的先例，改变了当时教材重理论和方法的阐述而对实际能力训练未加考虑的问题，如会计教科书的每章之后附有实践性和操作性强的练习题，或隔几章后列入一套总复习题，并另外配套专门的习题讲解和成套的习题，教材和习题讲解单独发行成套出版。章节后设计习题训练就如同安排实际的会计工作一样，使学习者学以致用，从而提高了工作的实践能力。

（五）实习实践与就业

立信会计学校围绕"学校—事务所—图书用品社""三位一体"办学，会计师事务所与工商企业界及政府界等组织机构因会计业务建立了比较密切的业务合作联系，这些业务网络为立信学子的实习实践都提供了丰富便利的条件。同时，多样化广泛的办学形式形成了立信校友文化，校友资源为立信学生的就业及实习实践提供了广泛可靠的来源，在事务所和校友会的配合下，学校会经常带领学生到工商企业单位及政府机关参观学习，或选派成绩好的学生参加查账实习①。

为搭建会计人才与用人单位之间的桥梁，1940年立信会计专科学校、立信会计师事务所共同成立了会计职业咨询所，类似于现今的职业介绍所或大学的就业推荐部门，不过职业咨询所服务的求职人员不限于立信会计学校学生，而是同时面向社会人员。职业咨询所一方面承接公司、社会组织机构的用人需求，另一方面为求职人员提供职业介绍服务，根据求职人

---

① 潘序伦.立信会计学校的创办与发展：创业散记[G].上海：立信会计出版社,1993：1-22.

员的学历、经历等因素为其介绍合适的工作，其中大部分的服务都是免费的。

注重建立与社会各界的联系和关系是立信教育事业的特点，职业咨询介绍所则是其中典型的一种方式，既为学生的实习或就业搭建了平台，同时为工商企业提供人才推荐服务，作为中介服务方的事务所和学校也加深了与用人单位之间的联系。1941年职业咨询所成立半年的工作报告中总结到，事务所共承接了国内外企业用人需求106起，求职登记人员共计562人，同时分析了用人单位需求和求职者希望的特点，结合分析结果指出，求职者最大弊病在于好高骛远、恃才傲物，无经验者更需"服从勤奋"增加工作训练经验，希望各界摒除成见支持女性求职者就业。

（六）需求导向的继续教育多样化体系

继续教育体系是院校服务社会较为直接的一种方式，参加继续教育的学员一般为在职人员。立信构建了符合社会受教育者多样化需求的灵活多元的教育形式和体系。可以说，立信会计学校的应用型教育体系起始于继续教育，最早的办学形式为会计补习训练班。针对当时工商企业会计制度的革新，原来的旧式会计人员都需要掌握新的会计知识并训练新的能力素质。当时委托立信会计师事务所设计会计制度的工商企业等社会组织希望原来的账房同时得到训练，后来因接受训练人员的数量逐步增加，零散的指导训练改为集中培训，因此设置了会计补习班，后成为独立的会计补习学校，逐步扩大至日校、夜校、星期日校、函授等多样化的办学形式，适应了在职人员继续学习时间灵活的特点和需求。继续教育培训的学生数量占立信教育的大部分，学生遍布全国乃至南洋地区，学生规模的扩大提升了立信品牌的影响力。

1. 立信会计补习学校

立信会计补习班最初创立于 1928 年，当时只是作为立信会计事务附属的一项补习业务，当时委托事务所进行西式簿记会计制度设计的企事业单位希望事务所训练原来的账房，随着补习班班次增加，因此提出统一组织补习训练的方式，后来补习学校设置成为一个独立的单位。

结合参训人员白天上班的实际，补习学校原来只设立晚班，为方便学生有时间学习，将晚上的时间段又分为早晚班（17:30—18:30）、中晚班（19:00—20:50）和夜班（21:00—22:00），让学生灵活选择。后来因为夏秋晚上蚊虫多又设置晨班（6:00—7:00）。为满足平时工作忙累只有星期日有空的职业青年，或其他一些肄业于中学或大学的学生为掌握一门实用技术增加谋生的机会，补习学校开设了星期日班，课程定在周日上午。以上这些班级比较适合职业青年或市区在校学生，而对于那些失业失学或外埠来沪求学的学生来说并不适合，他们时间比较多又急于谋生，因此针对这些学生设置了日校形式，又称为速成班，一般两学期结束，第一学期学习商业常识、商业簿记、珠算、会计学，第二学期学习政府会计、成本会计、银行会计和审计学，每学期都会安排实习。

立信会计补习学校的办学发源于上海，后在全国其他地方也陆续办学，抗日战争期间立信会计学校搬迁至重庆获得了很大发展，之后在南京、天津、北京等地也开办过补习学校。

2. 短期职业训练班

根据当时教育部颁发的《短期职业训练班办法》，职业训练班的形式相比补习学校是受到教育主管部门承认的一种学历和办学形式，且这种形式适合接受机关、企业的委托代为培训工作人员。短期训练班分为两种：其一为高级会计职业训练班，招收高中毕业或同等程度的学员；其二为初级会计职业训练班，招收初中毕业或同等程度学员。毕业年限一般为一年两学期或三学期。

接受企业的委托，为企业培训人员是院校与企业之间建立联系，为企业提供服务的一种教育培训形式。立信会计学校曾受永安公司委托代为培养一批具有中学程度的会计人员，学习一年之后由企业选用。抗日战争时期，立信也曾受教育部委托获得教育公款代办过几届职业训练班。职业训练班根据国内各地情况也办了很多分校，如重庆、桂林、柳州、梧州、衡阳、兰州、上海、北碚等地。

3. 函授班

函授班形式是为了给不方便参加面授且距离较远的学生提供学习的一种教育形式，最早是在 1930 年附设于补习班的，后来因为函授班的学习形式和管理方式不同，补习学校则逐渐将函授班独立出来成立了立信会计函授学校。函授学校通过邮寄讲义，再将学习、习题完成情况返寄回学校，学校再将批阅情况邮寄给学生。函授形式修业期限最少 4 个月，最多 6 个月，考试成绩平均 75 分以上为及格。根据 1950—1952 年的数据，参加函授学习一半以上的为工厂职员和商店店员，各年龄段都有，最小的 16 岁，最大的 50 岁以上，这段入学人数为 10 895 人，毕业率大概 51%[①]。

三、潘序伦"三位一体"办学模式成功的影响因素

潘序伦"三位一体"的立信发展模式，学校、事务所与图书用品社相互交织、相互支撑的螺旋循环体系造就了广受欢迎的实用型立信会计人才、备受推崇的立信会计丛书、享誉社会的立信会计师事务所。立信向社

---

① 潘序伦.追述私立立信会计学校的一些史实[M]//上海市政协文史资料委员会.上海文史资料存稿汇编.上海:上海古籍出版社,2001:164.

会提供的人才产品、知识产品与服务产品契合经济社会发展之需。通过对早期立信会计学校发展史实的结构性分析,其早期成功发展之路径特点具有类似企业家精神与创业的特质。

(一) 强有力的领导者

潘序伦作为"三位一体"立信事业的创办者和领导者,他主修会计获得哈佛大学硕士学位、哥伦比亚大学经济博士学位,他是我国会计界的早期开创者、新式会计理论和方法的传播者,被称为"中国现代会计之父",1931年被国民政府教育部聘请为学科课程标准起草专家①。他一生著作颇丰,在会计学术领域具有广泛深远的影响力。

在潘序伦的倡议组织下,在原来会计补习训练班基础上创办立信会计补习学校,之后根据需求陆续创办了立信会计专科学校、夜校日校、函授学校等。他本人亲任校长职务,邀请联络当时教育界、实业界及政府知名人士组成校董会。1928—1952年为全国各地培养会计人才10多万名,办学分校遍布全国乃至中国香港地区。他组织编写的立信会计系列教材为会计教育奠定了坚实基础并被广泛使用。

潘序伦创立的立信会计师事务所在当时国内首屈一指,业务范围遍布全国,离不开潘序伦本人在会计学术和专业业务方面出众的能力,以及在政府界、实业界的影响力,潘序伦一生致力于立信会计事业,持之以恒开拓、实践、创新,作为成功的创业者、企业家、教育家,立信事业全方位"三位一体"的发展模式与成功实践,与潘序伦本人的领导力紧密相关。

---

① 张亚群.中国近代大学通识教育与创新人才培养[M].福州:福建教育出版社,2015:109.

（二）拓宽性发展外联

立信会计学校教育是开放的模式，在培养受社会欢迎的会计人才的基础上，"三位一体"的办学模式有力地促成了学校与外部工商企业、社会团体之间广泛的联系。

在组织机制方面，立信会计学校通过事务所业务关系与外部机关企业团体形成了自然的联系，通过图书用品社的丛书出版与广大用户之间建立了关系。在学校教育方面，除了正规的立信会计专科学校及高级会计学校、训练班等形式，为满足社会人员求学会计的广泛需求，设置了形式多样的继续教育形式。补习学校、函授学校在全国各地建立分校，接受继续教育的大部分为在职人员，继续教育有效扩大了立信教育与社会的联系，拉近了学校与社会之间的距离。保障学生就业是学校的办学原则之一，学校面向社会成立了立信会计职业咨询所，为工商企业和学生及社会人员提供大部分免费的服务，其形式拓宽了学校与外界的联系，有利于学生的就业，校企之间的合作关系同时成为学校教学、事务所业务发展潜在的资源。立信学生遍布全国，早在1931年就由顾准等人成立了立信会计同学会，后扩大改为立信校友会，成为立信办学与外界建立联系的又一渠道。

立信会计学校"开放　实用　诚信"的办学理念和多元有效的实践模式极大拓宽了学校的边界。正如应用型院校发展所需构建的三螺旋体系环境，在立信的办学实践中得到充分体现和验证，注重实用的办学必须积极拓展建立并维护与组织外更多利益相关者的联系，从而拓宽学校的办学边界，获得社会更多的认可与支持。

（三）经营办学与经费的多元化

早期立信会计学校属于私立性质，办学经费是影响其发展的重要因素。潘序伦在追述立信学校办学经费时谈到，立信不像当时其他私立学校仅靠学费收入或靠有产阶级的有条件捐赠而运行困难，学校的办学经费主要通过多种方式经营和理财获得，所以基本没有感受到经济困难。由于立信会计学校的创办者和管理者都是商业会计专家，在办学过程中形成了多元投资创收、开源节流的经营理财和投资方式。

日常经费精打细算，自给自足。事务所兼任学校教师的人员在事务所领全薪则不再领教薪，其他兼职教师的薪酬比当时其他私立学校还要高些，少量的专职教师和助教则严格按照工作量支付薪酬。

办学经费的"投资"与核算方式保障了学校的办学经费。例如当时租借校舍教室时，学校关注租金市场价的浮动而精算学费收入与租金支出后的收益；在物价飞涨时期，学校将学期初的学费收入购买兑换成其他可以保值增值的物品、股权等；抗日战争时期货币严重贬值，潘序伦想方设法将向教育部备案过的办学基金连同其他费用购置了土地以保值且备建校舍之用。

版权收入与投资收益作为办学资金来源。潘序伦当时主张将"立信会计丛书"的版权收入捐赠给立信会计专科学校，学校则将每年的版税收入再投资于立信会计图书用品社，学校成为大股东，这样既可以获得巨额版税收入，还可以分得图书用品社巨额的盈利[①]。

社会捐赠募集学校建设资金。立信校舍建设资金除一部分自有资金及潘序伦本人捐赠外，其他则通过校董、工商界知名人士等社会捐赠方式获得。立信办学历程中多次迁址办学，且办学遍布全国主要地区，其校舍建设资金经常性得到当地工商界人士捐赠或其他形式的大力资助支持。

（四）深厚的学术创业基础

潘序伦本人作为我国现代会计理论和实践的开拓者和创新者，获哈佛

---

① 上海市政协文史资料委员会.上海文史资料存稿汇编(教科文卫)[M].上海：上海古籍出版社,2001:187-188.

大学硕士和哥伦比亚大学博士，在会计学术领域具有一定造诣和影响力。作为西式会计思想和理论的代表者，一方面通过著书立说、出版教材、创办会计刊物传播新的会计理论与思想；一方面他辞去大学所有的职务，创办潘序伦会计师事务所，后为吸引更多会计家加入，遂改名为立信会计师事务所。会计师事务所成为潘序伦推广和实践其会计思想的重要方式。立信会计教育的兴起是新式会计人才缺乏所需，通过学校教育，更多的人接受了西式会计的思想并运用于实务中，受教育者成为新式会计的推广者和宣传者。"立信会计丛书"的出版和推广使用从另一个侧面反映出立信会计事业发展之源在于潘序伦及同仁所拥有的新式会计学术知识。

（五）孜孜以求的创业信念

潘序伦及其同仁一生致力于立信"三位一体"的会计事业，其间经历了抗日战争动乱时期的迁址异地办学，为寻得合适的办学场所而奔走相求，四处募捐校舍建设所需资金，办学过程中他带头捐出自己所有存款。1952年院系调整，立信并入其他院校。1978年潘序伦提议立信复校，在立信老校友和会计同仁的共同努力下，1980年正式复校。

第三节 潘序伦"三位一体"办学模式的运行特征

应用型大学的发展需要与区域产业发展构建双向互动、协同发展的机制，产教融合、校企合作是突破口。立信是一所以教学为主的学校，致力于会计人才培养。应用型人才的培养不仅需要将高深的会计知识通过教学传授至学生，且学生的应用实践能力和素质的培养需要在产业和政府等组织机构协力下才能有效完成，应用型人才培养中所涵盖的校企教育合作是参与式应用型大学的显著特征。院校与企业之间在资源、条件、资金、人员、信息等各方面的沟通交流与合作,影响和决定了应用型院校发展的成效,大学—政府—企业之间形成的内外部三螺旋环境,以及由人员、信息、产品循环活动构成的运行环境,院校与企业之间形成了人员流动、信息流动和产品流动的循环动态体系。大学与企业之间的关系以及交往互动机制一定程度上决定了应用型大学的发展前景。

早期立信会计学校应用型人才培养实践路径的成功主要在于立信的办学遵循了"事务所—学校—图书用品社"三位一体的办学模式,在立信办学自有的生态体系中形成了院校与企业及社会组织的良好合作关系,事务所作为企业组织将自身所具有的优势资源转移转化成为立信会计学校的教学资源,学校根据事务所业务和会计职业发展需求来设计和组织教学活动,将工商企业对会计人才的需求嵌入会计人才培养过程中。

立信早期办学中由于"三位一体"的连带关系,学校与企业之间的合作基本不存在隔阂问题,三者循环互动形成的自生态体系为彼此的发展尽可能提供所需资源与环境,相互支撑,在立信早期办学的历程中已形成产教融合、校企合作的雏形与图景,"三位一体"的办学模式开创了我国产学研教育的先河。

一、人员循环

有什么样的教师就会培养什么样的学生,应用型师资是院校提升应用性的关键,同时也被认为是院校转型发展的前提和基础。立信会计学校中的专职教员和管理人员为数极少,"一般都是各企业机关的在职人员"[1],一部分来源于立信会计师事务所的会计师,一部分来源于社会知名人士,

---

[1] 潘序伦.追述私立立信会计学校的一些史实[M]//上海市政协文史资料委员会.上海文史资料存稿汇编(教科文卫).上海:上海古籍出版社,2001:205.

还有来自机关企业具有一定学历的在职人员。会计是一门实践性强的学科，务求实用是立信办学的基本原则，所以实务型师资在教学中能够将一些缄默性的经验知识传授给学生。会计师事务所的会计师兼任教员，将会计的理论知识与会计实务经验有机结合，在分析教与学特点的基础上，编撰出具有教学指导性、内容实用、习题务实、方法有效的教材，汇聚了理论教学与实务训练相结合的特点，这也是"立信会计丛书"受欢迎的重要原因。

二、信息循环

立信会计学校在办学中形成了内外部信息循环流动的体系，为学校培养应用实践型人才提供了教学资源和实习实践平台，为立信会计师事务所的业务提供了信息来源，为立信会计学校毕业学生的实习就业提供了渠道。

立信会计师事务所业务委托关系常年总有好几百家，成为国内享有盛誉的事务所，与机关、工商企业、银行、社会团体等都保持着业务和人员往来，业务网络关系为立信学校学生的实习实践和推荐就业获得信息和平台，"假如他们所服务的机关、企业有什么机会要请会计师的话，他们总该会给他们的业主或经理推荐他们老师的"[①]。立信的办学形式多样，其中占重要组成部分的继续教育如补习学校和函授教育的学生大多数从事工商企业的财会工作，立信会计学校则通过校友刊物和学校同学会与学生保持经常的联系，同学会"为同学职业介绍方面做了不少工作"，而且他们也成为"立信会计丛书"的潜在宣传者和推广者。而立信会计职业咨询所

---

① 上海市政协文史资料委员会.上海文史资料存稿汇编（教科文卫）[M].上海：上海古籍出版社,2001:205.

一方面为学员及社会人员登记个人信息为其推荐工作,为有需求的雇佣单位登记用人需求信息,立信会计学校则作为中介服务平台,形成了企业、学校、社会之间的信息联系。

三、产品循环

立信会计学校的人才培养是"会计师事务所—学校—图书用品社"三位一体体系中的组成部分。会计师事务所提供的"产品"主要是为工商企业、政府、社会团体提供会计业务类相关服务,服务所构成的业务关系网为学校的应用型人才培养提供实习和就业岗位。同时会计师工作中的实务经验成为学校教学中的案例与习题来源,为具有实用性的会计教材编写提供了素材来源,尤其是习题的编制等。学校教育的"产品"——会计人才,则为他所服务的工商企业所用,数十万的会计人才遍布全国乃至港澳等地,反过来又可以为会计师事务所的业务做"义务牵线人",成为立信会计图书用品社图书的使用者和义务推销员。同时学校教育规模的扩大带来了教材编撰和出版的大量需求,自编教材丛书成为图书用品社的主营业务,图书的版税收入成为立信会计学校办学重要的经费来源。会计师事务所、会计丛书、会计图书用品社又转过来为学校做宣传广告,会计师事务所和图书用品社的经营所得可以捐赠给学校作办学经费。

会计师事务所、学校、图书用品社之间相互依存、相互借力和相互推进,连锁反应,循环发展。新中国成立前夕,立信会计师事务所在国内处于顶尖地位,立信会计学校培养的学生在国内同类学校中首屈一指,会计丛书的出版也颇有集中"垄断"之势。

第四节 潘序伦"三位一体"办学模式的现代意义与启发

创新驱动的知识经济时代,知识的应用价值凸显,全球科技链、产业链、产品链等都面临巨大挑战,创新发展成为第一要务,如何重构教育和产业之间的关系是影响创新的重要因素。院校—产业之间的知识转移是产教融合发展的本质内涵与基本路径,需求导向的知识转移与应用将有助于利益主体相关方的共同发展。早期立信会计学校"三位一体"的办学模式是产教融合实践的生动诠释,以需求为导向不断拓宽知识转移路径,扩大知识的应用范围并提升应用价值,构建校企合作共生的发展体系,为当前院校的应用型建设和发展提供了可借鉴的历史经验。

"三位一体"产教融合的特色办学模式对当前我国地方院校的应用型发展仍具有较高的现实启发意义和借鉴价值。院校的应用型建设是一项系统性工程,需要做好顶层设计和战略规划,基于利益相关者发展需求构建"院校—产业—政府"之间的螺旋体系,在人才培养、科学研究、社会服务中贯穿知识转移主线,通过知识转移和应用构建院校与产业之间的多元立体网络合作关系,夯实产教融合创新发展的知识基础。以史为鉴,结合应用型高校发展实践提出以下几点思考:第一,优化师资队伍建设中的校企人员交流合作机制,通过人员流动、非正式交流等方式整体谋划师资队伍的应用型能力建设。第二,整合学科专业优势,选定发展方向,集中力量办好现代产业学院,开拓创新应用型发展模式。第三,鼓励并支持应用型本科人才培养中的校企合作,积极探索院校—产业之间教育合作的契合点。第四,通过继续教育、校友会、产学研基地等拓宽夯实学校与外部企业、政府的沟通交流基础,将区域经济社会发展中对应用型知识的需求有机嵌入融合到院校发展中。总之，当前应用型院校建设是一项系统性复杂工程，在深入理解应用型办学本质内涵的基础上，要做好顶层设计和战略规划，在具体办学过程中紧抓知识转移和知识应用主线，创新发展理念和工作机制，突破局限思维，探索实践形成立信特色的"三位一体"现代产教融合新模式。

（牛媛媛　郁顺华　张　蕾　薛国强　黄庆玲）

第八章

潘序伦
会计思想

引言

当今世界，经济飞速发展，经济全球化进程不断加快，信息技术日新月异，经济技术的发展也带来了会计的深刻变革。这场巨变，对会计的发展提出了更多、更高的要求，这要求我们不断地发展和创新会计理论，使用更符合当前经济技术发展情况的会计理论去指导会计实践。

发展会计事业，首先要学会继承，被誉为"中国现代会计之父"的潘序伦对我国现代会计的发展做出了杰出的贡献，其会计思想也影响了几代会计从业人员。潘序伦曾经说过："会计是一门实用科学，随着社会经济的发展，服务遍及于各行各业。既需要精通业务，具有管理能力的高级会计、审计人才，也需要会精打细算，具有做账能力的中级和初级会计人才。"继承潘序伦提出的符合中国国情的会计理论知识，为未来中国会计的发展提供了理论基础。另外，潘序伦提出以"诚信"为本的核心理念，强调会计人才培养应该兼容并蓄、多学科交叉以及会计应该适应时代趋势、与世界趋同等思想，在当今仍旧指导着会计职业的发展，并不断地被会计实践所证实。

在党的二十大报告中，习近平总书记强调教育、科技、人才是全面建设社会主义现代化国家的基础性、战略性支撑。会计事业的发展也应该顺应国家发展要求，不断开拓创新，为国家高质量发展提供人才储备力量。

因此，我们需要对潘序伦的会计思想进行系统研究，从中吸取其思想的精华，发扬其在理论、实务上的创新精神以及"诚信为本，学验并重"的教学理念，这有助于我们把握当代会计思想、实务以及教育的发展脉络，推动未来会计在"产、学、研"各个方面的共同进步，为未来会计的发展提供理论参考。

第一节 潘序伦会计思想的形成背景

潘序伦会计思想的形成与其自身的经历、所处历史背景有着密不可分的关系，更是会计思想顺应时代发展的必然产物。

一、潘序伦会计思想源于个人教育与求职经历

潘序伦出生于书香门第，童年时代，父亲对他学业要求严格，科举制废除后，潘序伦在一所高等小学接受教育。由于天资聪慧且早在私塾中接受过教育，潘序伦表现优异。直到中学，潘序伦的成绩也一直名列前茅，却因为参与到某次"交白卷"的风潮中而被开除了学籍。潘序伦在回忆起自己的求学经历时，用的形容词是——坎坷。在被退学后，潘序伦称自己先是为了满足其做官的虚荣心，选择了当时急需人才的法律专业，又因"私立大学"被勒令停办而二次失学。不久后，因为海军军官学校无线电收发学员可以免全额学费并获得补贴，为了减轻家里负担，潘序伦成为我国第一批学习无线电专业的学生之一。在这段学习经历中，他依旧以每科成绩都是满分的优异成绩毕业，却因为骄傲自满没能留校任助教，而是被校领导派到军舰上做一名无线电收发报员。由于这份工作枯燥且单调，最

终也不了了之。这是潘序伦就业的第一次失败。

第二次就业是在造币厂中做翻译,由于对造币工艺一无所知,这样"无意义"的翻译工作自是以失败告终。不久后,潘序伦回到家中的乡村小学担任起了教师,由于他门门课都教授但门门课都不精,最终随着校长一同离开了学校。三次就业的失败让他认识到了没有真本领是难以在职业上立足的。后周君从外地任教回乡,在与其交谈中,潘序伦发现比自己家境清寒且天资一般的周君都不甘于现状,想去法国寻求更多的希望与发展,这令他意识到自己不能再如此浑浑噩噩虚度光阴。在黄炎培校长的帮助下,潘序伦重新开始他的求学之路。他前往圣约翰大学进行学习并勤学苦读英语,以全班最优的成绩毕业后,潘序伦被保送至美国哈佛大学学习。也正是这一次决定和求学经历,为潘序伦会计思想的形成奠定了基础。当时,中国赴美留学生考虑到毕业后的薪资以及就业机会,大多选择"银行货币"这一门学科,潘序伦却做长远打算,他认识到未来中国对会计这样一门应用性极广的学科,人才需求量一定会逐年增加,因此选择了相较高薪专业偏冷门的会计学作为自己的学术研究方向。正如潘序伦在回忆录中写道:"现在我被有些人称为'会计专家',甚至过誉为'会计界的泰斗'。但是,在我30岁以前我还不知道'会计'是什么样的学科呢!尽管我在南京民国政法大学也念过'簿记'课程,但对什么是簿记分录还没有搞清楚。直到我进入哈佛大学,才在学习会计学的征途上迈出第一步。"[①]

潘序伦先后在哈佛大学以及哥伦比亚大学进行学习深造,在他回忆这段留学经历时曾写道,在哈佛大学学习期间除了修习经济学、商品学、销

---

① 《财务与会计》编辑部.潘序伦回忆录[M].北京:中国财政经济出版社,1986.

售学、市场预测等课程，还尽量选学了许多有关会计的课程，并受时任哈佛大学企业管理学院会计学系主任教授的科尔博士的教导，自己能够更加透彻地理解会计知识①。纸上得来终觉浅，绝知此事要躬行。在回国途中，他还特意去了欧洲各国游历考察，想要更好地了解一下西方的会计发展情况，为之后引进和传播西方会计知识奠定了基础②。

二、潘序伦会计思想形成依赖于国内外历史背景

潘序伦前往美国留学深造时，美国各州颁布了会计师法，与此同时，公共会计师在美国也得到了法律的认可，并达到了较为完善的程度。然而在1929年至1933年，迄今为止持续时间最长，损失最为惨重且涉及范围最广的经济危机③爆发了，美国彻底陷入了经济大萧条时期。此次经济危机也让人们对当时现行的会计制度进行反思，并且意识到会计行业存在的舞弊以及监管部门不够到位也是引发经济危机的重要原因之一。危机爆发后，当时的美国会计师协会对会计实务进行调查，率先制定了公认会计准则用以对实务会计进行规范。同时为了达到监管作用，证券交易委员会设立，并作为监管机构并相继颁布了《证券法》与《证券交易法》。后一系列法律法规又颁布了，开启了财务会计接受准则规范的时代。

美国经济大萧条时期，正是中国民族工业发展的时期。1924年潘序伦学成归国时，中国正处在"实业救国"思想浪潮的积极影响下。20世纪30年代后，众多民族资本企业得以发展，也促进了中国经济结构的变

---

① 《财务与会计》编辑部.潘序伦回忆录[M].北京:中国财政经济出版社,1986.
② 任武,李湖生.潘序伦会计思想的形成和发展初探[J].新会计,2016(02):12-14.
③ 陈春华.潘序伦会计诚信思想形成的历史背景分析[J].商业时代,2007(21):109-110.

革与封建经济体系的瓦解。在这样的时代背景下，传统的"中式簿记"已不能够满足更加多样化的工商业发展需求，渐渐暴露出了众多弊端。一些开明人士开始琢磨如何对其进行改良。《连环账谱》的出版面世对后续引进西式簿记起到了引导作用，这也是我国第一部较为系统地阐述了复式记账法的专著。在此背景下，潘序伦提出改革中国传统的簿记模式，引进西方记账模式。

当时除了有支持潘序伦的彻底进行会计改革的观点，还有学者认为可以在传统中式簿记的基础上进行改良，而不是彻底地改革。潘序伦并不认同这一观点，他认为对会计方法进行改良只能算是改革过程中的权宜之计，并不存在真正的学术价值，也不能成为普遍宣传的方法。为了更为全面地引进西方记账模式，潘序伦从翻译入手，考虑到中西方文化背景、法律制度、经济发展程度的不同，他在翻译西方会计著作的同时结合我国实际情况，对适用的内容予以删减或保留。在翻译西方会计著作的过程中，潘序伦组织会计人员进行研讨，统一会计名词，使会计职业人员能够更加便利地学习会计知识。他不仅组织并翻译了立信系列书籍，而且还开始编辑出版《立信会计季刊》，使读者对国外的会计知识及发展有一个更全面的认识，从而让更多的人关注到会计学的发展。这些举措对会计改革发挥了指导作用，营造了会计改革的良好环境。

在会计制度与记账方式全面改革的背景下，公共会计师事业也随之兴起，1925年，我国建立了第一个会计师公会。除了民族工商业的发展，国内证券市场在该时段也得以复苏。银行、证券以及期货市场得以发展，以中国银行，交通银行等银行为主的金融体系逐渐建立起来，与此同时国民政府发行了大量的公债，并增加了对工商业的放款比例。因此，银行与产业间形成了相互渗透的代理关系。银行通过贷款给工商业来获得丰厚的利润，产业资本吸引着银行进行投资。由于两者需要共同承担风险，银行必然会加大对工商业的监管力度，顺势也促进了民间审计的发展，同样提高了对会计信息的需求以及对会计信息质量的要求。

会计的发展离不开法律法规的约束，国民政府在对会计进行改革的同时，也加强了对会计法规制度的建设，陆续颁布了一系列法律及章程，并在原先会计制度的基础上颁布了简称为"一致规定"的会计制度，对当时特殊的路、电、邮、船四个行业的会计方法进行了着重改进。这一系列的重大举措，极大地推进了会计的发展，也孕育了潘序伦会计思想的形成。

三、潘序伦会计思想是顺应时代发展的产物

民族工商业的发展、外资的投入为会计的发展提供了机遇与挑战，新的会计方法也需要相应的会计人才运用。除此之外，相关法律法规也为其提供了制度保障。正是在这样一个经济快速发展与政局相对稳定的背景下，潘序伦的会计思想应运而生。

考虑到当时采用新式簿记和会计制度的工商企业仍然是少数，潘序伦于1927年设立了"潘序伦会计师事务所"。至此，潘序伦辞退一切职务，将会计作为其终生事业，专心为中国会计事业的发展而奋斗。受当时环境的影响，加上潘序伦会计师事务所始终坚持取信于社会，会计人才供不应求。会计师事务所不断扩充人员，会所面积不断扩大，并在南京和重庆等国内一些重要城市设立了分所。潘序伦会计师事务所承接业务范围广，服务质量高，很快便赢得了社会的信誉。

在建立了会计师事务所后，潘序伦又意识到，有了健全的制度，还需要专业的人才来执行。因此，潘序伦从两方面入手，一是设立了会计补习学校，传授西方复式记账法的知识和会计实操技能。二是自行编译会计书

籍，开设图书用品社。潘序伦通过会计补习学校，传授西方复式记账法的知识和会计实操技能。要想把财会事业做得好，必须像医生那样去实际操作，使理论与实践相结合。因此，他十分注重学生亲自动手实践的能力，利用会计师事务所的有利资源为学生提供实习机会，坚持"会计人才取之于社会又用之于社会"的目标，从根本上培养会计人才，提升会计从业人员的执业能力。因此，从补习学校学成走上社会工作的学生受到了工作单位的一致好评，会计学校也得以发展迅速，扩大了招生人数并开设分校。然而潘序伦并不满足于此，他认为当时的教育方式使得学生学习的时间过短，只能够掌握浅显的知识，无法成为一名高级会计人才。为了更好地将理论知识应用于实践中，潘序伦在经历战争停办学校、又获得资助重新办学后，聘请知名学者来校任教，提高教学质量。潘序伦"三位一体"的发展模式也得到了贯彻落实，事务所为会计学校提供了师资，而会计学校培养出的会计人才又协助事务所完成任务，同时，图书用品社也为学校学生提供了教材。这正是立信会计事业的最后一部分——编辑出版"立信会计丛书"。

潘序伦早在留学期间，就通过撰写文章引进了部分西方新式的会计学知识，然而这远远不够满足此时中国工商业发展所需的会计知识需求。潘序伦以自己学习会计时所遇到的难题为参考，指出在编译"立信会计丛书"时，必须要做到以下几点：首先是必须结合中国的实际情况，立足于当前社会的需要，编写出符合我国国情和法律的教材供学生试学，最终再出版成正式教科书；其次是方便读者理解，教材应当做到通俗易懂，由浅入深地传达知识；最后是力求翻译准确。当时我国会计名词正面临极其不统一的问题，潘序伦同编译工作者一起，先将会计名词统一，再加以注释，使其言简意赅，便于读者及会计实务工作者使用。根据实际需求的不同，潘序伦为高中商科及职业学校编写了会计全套教科书，后又编写了相关财经丛书供相应执业人员使用。除了图书社、图书用品社，潘序伦又组织成立了"会计编译社"，出版新著作的同时对旧的丛书进行了修订，其在回忆录中写道："如果说我对我国会计学术有所贡献的话，当以编辑出版立信会计丛书为最"①。至此，潘序伦将事务所、学校和图书用品社三者融合，形成了"三位一体"的"立信会计事业"。潘序伦创立的立信会计师事务所、立信会计专科学校以及立信会计图书用品社"三位一体"的立信事业发展结构②，环环相扣密不可分，开拓了中国现代产学研一体化模式，推动中国会计改革③，为中国会计理论知识与实践的发展作出了巨大贡献，培养了一批又一批的优秀会计人才。

在顺应形势的发展的同时，潘序伦也将其会计思想中最为核心的"民无信不立"的思想贯彻落实到"三位一体"发展模式中。"三位"分别为"立信会计师事务所""立信会计专科学校"和"立信会计图书用品社"，潘序伦将"立信"作为其会计思想的核心，并提出"信以立志，信以守身，信以处事，信以待人，毋忘'立信'，必当有成"二十四字作为校训。④早在设立会计师事务所时，潘序伦就意识到必须建立信用，将争取他人的信任作为承接会计实务的训条。对此潘序伦自我总结道："我国会计师职业不是从我开始，设立会计师事务所也不只是我立信一所，而我之所以能略有信誉稍有成就，大致有以下几点：树立信誉，关心会计人才的前途，建立会计专业制度。"⑤潘序伦坚持信誉就是会计师的生命力，尽管假账或者不实的证明书可能会满足某些委托人的要求，但是只有长久地保

---

① 《财务与会计》编辑部.潘序伦回忆录[M].北京:中国财政经济出版社,1986.
② 王海民.潘序伦立信会计思想研究[J].会计之友,2011(01):126-128.
③④ 任武,李湖生.潘序伦会计思想的形成和发展初探[J].新会计,2016(02):12-14.
⑤ 《财务与会计》编辑部.潘序伦回忆录[M].北京:中国财政经济出版社,1986.

持诚信,并为人所知,人们才会信任"立信","立信"从而获得大批的业务,后续"立信"的发展和赢得的广泛声誉,也证实了潘序伦"立信"会计思想的绝对正确。这一点仍符合当今时代对会计执业人员的要求,只有诚信忠诚地履行会计人员应尽的职责和义务,才能被人民信任。

此外,"立信"的理念在财会教育中也得到应用。潘序伦对"立信会计专科学校"学生的品德和道德素质也有着极高的要求,考试作弊者一律开除学籍,培养学生良好的学风和工作作风,以身作则引导学生坚守立信原则。"立信"的思想培养出一代又一代高级财会专业人才。在"立信会计丛书"的出版方面,潘序伦依旧坚守诚信,立信会计出版事业十年如一日地围绕出版宗旨,为培养出财会人才推进学术的发展而服务。在编辑过程中潘序伦也强调,材料必须切实,内容必须从实际出发满足现实生活的需要。这是潘序伦会计思想在教学、实操、学术等众多实践活动中的生动反映,奠定了会计诚信文化的基础,开创了会计诚信文化的先河。

第二节 潘序伦会计思想的主要内容

一、推动国家会计理论创新

潘序伦的一生致力于会计学理论研究,成果丰硕,其思想具有卓越的理论价值和广泛的学术影响,极大地丰富了我国现代会计理论宝库,对我国的会计学术研究具有重要的启蒙和先行作用。

(一)大力推广西方借贷复式簿记

在潘序伦所有的理论贡献中,对我国会计领域影响最为重大和深远的莫过于将现代会计的复式簿记方式及其理论引入中国。1921年至1924年，潘序伦曾于哈佛大学和哥伦比亚大学留学，在美留学期间，潘序伦奠定了一生会计学的基础，学习了借贷复式簿记等西方先进的理论和科学的方法。潘序伦在归国途中，为了更好地深入了解西方的经济发展，他特意绕道欧洲十三个国家，到当地的工厂、行肆，对他们的账目作了实地观察和对比。

1924年，潘序伦学成归国，看到20世纪20年代的中国，在"实业救国"思想的推动下，民族工商业逐渐发展起来，工商业机构的规模和数量与日俱增，财务活动日趋复杂，对于会计核算的需求更为迫切。然而，当时的中国会计业务水平很低，仍然在使用毛笔楷书直写的中式簿记。在愈加复杂的财务活动面前，这种方法落后且不科学，已经力不从心。通过对中外会计制度的考察比较，潘序伦认为，当时工商企业中所通用的旧式簿记亟需改变，要想改变中国会计的落后局面，必须急起直追，舍己之短，取人之长。从那时起，潘序伦就开始了对旧有会计制度的改革和对新型会计制度的探索。

落后、不科学的中式簿记终将被先进、科学的西式簿记所取代，会计的改革是必然的，会计学的发展正处于改革的十字路口和转折点上。然而，"如何改"是当时的会计界所面临的难题，彻底改革还是局部改良，会计界众说纷纭、各执己见。因此，20世纪二三十年代，我国会计界出现了一股改革的风潮，会计革新运动兴起，试图通过会计的改革与改良，改变中国积弱积贫的现状。大批有识之士参与会计革新运动，并提出自己观点。在这一场运动中，争论的最大焦点就是"是否要让西式科学会计来取代传统簿记"。以潘序伦为代表的改革派，主张引进西方会计，对传统的中式簿记进行彻底的改革，以复式簿记来取代传统中式簿记。而与之相对的是改良派,其代表是徐永祚,主张中式簿记虽有弊处,但通过改良仍在形式和实质上有保存的可能。

针对改良派的观点,潘序伦认为"改良中式簿记似只能认为改良簿记运动中之一种过渡方法,而不可视为有学术上之价值,仅能视为小商号不得已之补救方法,而不可作为普遍之宣传①。"要想真正改变中国会计界的现状,还是需要全面引进西方先进的会计方法。潘序伦等人著书立说,积极推进复式簿记,将西方会计中借贷平衡、成本计算、永续盘存等方法引入国内,试图帮助工商业改变旧习。潘序伦基于借贷复式簿记先进的理论和科学的方法,并结合我国国情,通过较为全面的引进达到改革中国会计的目的。这次运动是中国会计史上最具影响力的一次学术交流和研讨,也是中国近代会计研究的一个重要发展阶段。以潘序伦为代表的改革派成功推动了我国会计理论创新,将我国工商企业的会计事业推向了一个新天地。

(二)积极从事会计文献编译工作

20世纪30年代,我国会计领域的学术研究还是一片空白,各个大学、专科或大公司仍选用外国书籍作为教材,而外国书籍是基于其经济环境、会计制度、习惯用法所编撰的,在国内并不能完全适用。会计读物的过度缺乏,也导致了国内会计人员水平参差不齐,严重阻碍了民族工商业的发展。

潘序伦看到了这一问题,认为有必要根据中国的实际情况,编写、出版一系列会计丛书。哈佛大学以及哥伦比亚大学的留学生活以及学成后的回归途中绕经欧洲各国进行实地考察,使得潘序伦对西方的会计制度有了

---

① 任武,李湖生.潘序伦会计思想的形成和发展初探[J].新会计,2016(02):12-14.

更深刻的了解。回国后,作为熟悉西方会计科学进步性的权威学者,潘序伦认为,国内要引进和传播西方会计知识,但并非完全照搬照抄,要想更好地吸收和消化西方会计知识,需要在现行法规和工商惯例的基础上编译一套适合中国国情的丛书。于是潘序伦便开始着手编著簿记和会计书籍,运用其在海外学习及实地考察过程中所获得的会计知识,更好地为民族工商企业的发展提供有效助力。

潘序伦刚开始从事编译工作时,国内的会计术语尚未统一,已出版的会计书籍虽然附有中英名词对照表供读者检阅,然而这些对照表并不完整,不同的书刊在书写和翻译上都不甚统一,这给读者、实践工作者和编辑带来了诸多不便。因此,潘序伦组织和倡导立信同仁编修了《会计名辞汇译》一书,秉持"含义确切、习用普遍、用字简赅"的标准,该书收录了会计名词2 400余条。《会计名辞汇译》与中国会计术语的统一进程相吻合,是当时最有系统研究、社会影响较高的书籍,推动会计名词的统一。潘序伦曾言:"当时会计名词之应用,虽尚未臻统一,然其渐趋一致,则至为明显[①]。"

在潘序伦从事会计工作的六十多年里,先后翻译和出版专业著作30多部,发表了学术论文上百篇。潘序伦在美国时,曾写过多篇有关经济与会计的论文,并寄回上海,刊登于《大陆周刊》上。归国后,潘序伦先后出版了《簿记与会计》《公司理财》。至于《高级商业簿记教科书》则更是潘序伦的最著名的著作,该书由潘序伦主编,并经过了许多专家的审核和修改,为了将其作为立信夜校的讲义,该书力求通俗易懂。此外,"立信会计丛书"也是由潘序伦主持编辑并出版的,这本书包括簿记、会

[①] 任武,李湖生.潘序伦会计思想的形成和发展初探[J].新会计,2016(02):12-14.

计、审计等多个领域的内容，收录了一百五十种多种会计学著作。其中，由潘序伦所著、所译、所编的大约30多种，具有较高的学术价值，为人们研习会计提供了参考。潘序伦在其回忆录中提到："如果说我对我国会计学术有所贡献的话，当以编辑出版立信会计丛书为最"。[①] 潘序伦编撰的会计学著作，对于复式簿记的推广、会计理论的创新起到了重要作用，及至今日仍对我国会计领域的发展具有重要的借鉴作用，实属传世之作。

（三）提出开展"人才会计"的研究

潘序伦于1981年发表了《培养人才也要计成本》和《应开展"人才会计"的研究》，鉴于其从事会计行业几十年以来，发现在培养和利用人才方面，仍然采取一锅煮、铁饭碗的做法。潘序伦认为这样的教育方法存在很多的弊端，是一种极大的浪费。他在文章《应开展"人才会计"的研究》中对"人才会计"思想进行了尝试性的探讨，希望能为国内关注教育和培养会计人才的人士提供一些借鉴。

潘序伦认为，社会主义国家可以秉持"洋为中用"的原则和方法，用货币的形式来计算国家或某一企业、某项事业对于培训所需人才支出的费用，并计算被培训成才的人是否能为其获得若干成果。假使所获成果利益，超过培训他们的费用投资，就是纯收益，否则就是纯损失[②]。潘序伦的这一建议，是基于其多年以来开办立信会计学校的经验。他认为，可以运用会计的方法来推动人才的培养与利用，就像地尽其力、货尽其流一样人尽其才，避免浪费，增加效果。潘序伦的提议很快引起了当时教育管理部门的重视，他们迅速召开专题研讨会议，开始在几所大专院校里进行教

[①] 《财务与会计》编辑部.潘序伦回忆录[M].北京:中国财政经济出版社,1986.
[②] 潘序伦.应开展"人才会计"的研究[J].武汉财会,1981(02):59-61.

学改革。

二、坚持理论与实践相结合

潘序伦始终坚持会计理论与实践相结合的观点。他代表的改革派在当时的国内会计业界产生了很大的影响，不仅从理论上提出了以借贷复式簿记代替传统中式簿记，积极从事会计文献编译工作，著书立说，还从实务角度出发，致力于会计师业务的发展，培养各种新式会计人才。为了更好地将会计理论与实践相结合，潘序伦逐步构建其"三位一体"的立信事业发展模式。

（一）设立立信会计师事务所

自1918年起，与会计师相关的法律法规相继颁发并实施，如《会计师暂行章程》《会计师注册章程》《会计师章程》《会计师条例》等，这些法律上的明确规定促进了会计师业务的发展。但是潘序伦认为，以会计师为其专业的人，普及度还远不如医生、律师等职业。而且当时的中国，几乎没有工商企业使用新式簿记，会计界亟须改革旧式账簿。因此，1927年，潘序伦辞去了一切职务，在上海创办了"潘序伦会计师事务所"，也就是现在的"立信会计师事务所"。从那时起，潘序伦开始了一条艰辛之路，推行新式会计、改革传统会计。

立信会计师事务所建立的初衷旨在为民族工商企业及各事业单位提供会计服务与品牌咨询，主要业务对象涵盖了新兴的民族工商企业、国有企业、中外合办企业及人民慈善团体等。通过承接南洋兄弟烟草公司等中大型企业的委托，立信会计师事务所在大中型企业实行新型会计核算体系及核算方法方面的开拓性探索，将西方先进理论运用于会计师事务所开展的实务工作中。立信会计师事务所凭借其"信以立志，信以守身，信以处事，信以待人，毋忘'立信'，当必有成①"的"立信"精神，很快取得了良好的信誉。不过几年，立信会计师事务所的业务逐步壮大，承接的会计服务、咨询业务量大幅增加，很快就在上海及其周边地区设立多个分所，服务范围扩大到国内的其他大城市，综合实力在民国时期四大会计师事务所中稳居榜首。

（二）创办立信会计学校

潘序伦认为，会计作为一门应用性较强的学科，它的应用范围将会随着经济和社会的发展而不断扩大。因此，会计行业不仅需要既懂业务又具备管理技能的高级人才，还需要精打细算、有做账能力的中级和初级人员。然而，在立信会计师事务所提供会计服务的过程中，潘序伦看到了当时国内会计人员的不足，深知要想真正实现中式簿记的改革，需要从提高会计人员的综合素质着手。为应对新型会计人才短缺问题，推广新式簿记，潘序伦于1928年成立了簿记训练班，之后又陆续创办了立信会计补习学校、函授学校、专科学校以及高级职业学校。潘序伦与其同仁于1937年联合创办立信会计专科学校，旨在为会计界培养更多具有专业知识和管理技能的高层次会计人才。至此，立信会计形成了从大专到中专，再到职业补习的完整教育体系。

与此同时，潘序伦认为，会计实践应当与理论学习并重，讲究实效性，学生需要像医师一样，通过亲自动手实践来真正掌握会计学科。而立信会计师事务所能够成为学生的实践基地，也可以作为毕业生的工作接收单位，为实践提供有利条件。在潘序伦的坚持下，立信会计始终秉持"学验并重、知行合一"理念，培养了大量会计专业人才，这些人成为国内会

---

① 赵有良.潘序伦的会计审计思想[J].立信学刊,1996(01):1-6.

计界的中坚力量。正如潘序伦所言,刻苦耐劳办学校,然后可能有成就;理论实务相结合,然后可望有专才。事实也正是如此,立信会计培育出了一大批理论素养深厚、专业技术过硬的会计名家。

(三)成立立信会计图书用品社(现立信会计出版社)

1940年之前,潘序伦所编译的各类簿记、会计等书籍,包括立信会计学校的教材均通过商务印书馆出版发行。后日本帝国主义挑起了太平洋战争,商务印书馆在战争中遭受了巨大的损失,无力继续出版发行。为了解决立信学校教材多为外文原版,且商务印书馆无法出版的问题,1941年由潘序伦出任社长的立信会计图书用品社于重庆正式成立。除了编印"立信会计丛书",立信会计图书用品社还为广大工商业客户提供各种会计账册和报表。抗日战争胜利后,立信会计图书用品社从重庆迁移至上海,并自设印刷厂,在各地成立分社。

至此,潘序伦建立的集实践教学、科学研究和社会服务为一体的"三位一体"会计事业体系逐渐成形,实现了产学研相结合。事务所和图书用品社的收入用来支持办学,推动会计教育事业发展;办学用来培养人才以支持事务所和图书用品社,推动会计事业发展,实现三者的良性循环,立信会计也因此成为国内著名的会计品牌,社会知名度高、社会美誉度高。

立信会计事业是潘序伦毕生心血与智慧结晶,是其会计思想的重要体现。

三、强调会计职业道德思想

潘序伦曾言,"夫学识经验及才能,在会计师固无一项可缺,然根本上终究不若道德之重要[①]。"潘序伦在他的整个职业生涯中始终坚持着对

---

① 朱灵通,张华勇.潘序伦治理假账思想及其启示[J].财会通讯,2021(05):164-167.

会计职业道德问题的思考。随着其对于职业道德问题思考的逐渐深入，潘序伦对于会计职业道德的理解大概可以分为三个阶段：第一阶段，潘序伦将会计职业道德的积极方面总结为"一曰公正，二曰诚信，三曰廉洁，四曰勤奋[①]"。公正是会计师应具备的首要公德，诚信是其职业成功的关键，廉洁是其职业的根基，勤奋是其会计师应具备的美德。第二阶段，随着思考的逐渐深入，潘序伦后又将会计职业道德归纳成六字：即公信廉密勤敏，即在之前基础上增加了"密"和"敏"，"密"要求会计人员对账目的核查，在没有受托人同意的情况下不得公布；"敏"要求会计师在承办业务的时候，不能拖延，遥遥无期。第三阶段，直至晚年，潘序伦对于会计职业道德的思考依旧未曾停止。潘序伦于1983年发表《谈谈会计人员的执业道德》，认为会计人员的职业道德应由"品德""责任"和"业务技术"三部分构成。在品德方面会计人员应当做到守纪守法，以身作则；坚持原则，廉洁奉公；忠诚老实，毋忘立信[②]。在责任方面，做任何工作都必须具有强烈的责任感，每一个财会人员应当做到按原则办事、按政策办事、按制度办事，加强责任心和原则性。在业务技术方面会计人员要精益求精，既要勤奋练习基本功，又要学习现代化的科学知识，做到精通熟练，有过硬的本领，账务处理要做到完全正确。

在潘序伦对于会计人员职业道德理解的三个阶段中，"信"是其始终强调的重要方面。潘序伦从小接受中国伦理道德教育，"立信"亦是其财会理念的重要组成部分。他认为，诚信是促进会计师职业发展的最重要因素，是会计师职业成功与否的关键所在，会计师之所以能够成为一项职业，其本质在于"建立社会各界财政上之信用"。正是在执行会计师业务

[①][②] 陈云.潘序伦会计道德原则的继承与发展研究[J].会计之友(中旬刊),2009(03):106-107.

中逐渐认识到诚信的重要性，潘序伦从《论语》的子路问政篇"人无信不立""人而无信，不知其可也"中归纳出了"立信"二字，并以此为其所创办的事业命名。后又将"立信"作为校训，并扩展为"信以立志，信以守身，信以处事，信以待人，毋忘'立信'，当必有成"。① 这二十四字校训至今仍沿用，这种立信精神教育了众多青年学生，潜移默化影响着一代又一代的立信学子。

潘序伦的"立信"思想不仅体现在立信会计学校的校训中，也体现在了立信会计师事务所的执业过程中。1933年潘序伦的《中国之会计师职业》一文，从"学识""经验""才能"三个层面对会计师资格的考察，着重论述了会计师的执业道德，并列举了其积极、消极两方面的影响。潘序伦深刻认识到诚信建设对会计行业的长远意义，唯有"立信"，方能立于不败之地。不仅对于会计人员是如此，对于会计师事务所更是如此。信誉可以说是会计行业的生命之源，信誉一旦丧失，会计行业将无法立足。为了获得业务而迎合委托人，造假账、出具失真的证明书，看似取得了业务，实则败坏了自己的声誉，失去了会计人的根本。

潘序伦的"立信"思想，即使是在现在的市场经济环境下，依旧未曾过时，反而更为珍贵。

---

① 赵新民,彭秋龙.潘序伦会计诚信思想的内涵、特征及当代意义[J].财会通讯:1-8[2023-05-09].DOI:10.16144/j.cnki.issn1002-8072.20230331.001.

第三节　潘序伦会计思想的基本特征

一、以诚信为核心

诚信作为潘序伦会计思想的核心，贯穿于潘序伦整个职业生涯和思想体系中。潘序伦不仅在实践中坚守诚信，还在理论上强调了诚信的重要性和作用，提出了诚信是会计人员最重要的道德品质，也是会计事业发展的根本保障。

潘序伦意识到商业社会对信用的高度需求，也认识到只有通过建立信用才能推动商业社会的发展。他于1928年将自己创办的会计师事务所和会计夜校改名为"立信"，寓意着"以信立业"。此后，潘序伦将"立信"作为自己的教育理念和思想核心，旨在强调诚信对于会计事业的重要性。他认为，在现代商业社会中，信用是经济活动中最为重要的因素之一，而会计师作为会计信息的主要提供者和保障者，其行为和工作的诚信性和准确性对商业信用和社会稳定具有重要作用。

在潘序伦看来，诚信是会计人员最重要的道德品质，也是会计事业发展的根本保障。他曾在1933年的文章《中国之会计师职业》中提出会计师职业道德的四条标准："公正、诚信、廉洁、勤奋"[①]，其中诚信是会计师的灵魂所在。他认为，会计师应该以诚信为本，把审计行为建立在信用之上，从而为整个社会提供保障。在会计审计工作中，诚信是最重要的职

---

① 任武,李湖生.潘序伦会计思想的形成和发展初探[J].新会计,2016(02):12-14.

业道德标准之一。会计师应该坚守职业操守，勇于承担责任，保持独立和客观，维护职业荣誉和声誉，为公众提供真实、可靠、透明的会计信息，以诚信为基础，维护公众对会计行业的信任和信心。潘序伦对于会计工作的独立客观公正原则也是"以诚信为核心"的重要体现。他强调，会计师必须坚持不做假账的准则，保持对客观事实的客观认识和正确处理，遵循严格的财务制度和法律法规，以确保企业财务信息的真实可靠性，为商业信用提供可靠保障。

此外，潘序伦对于职业道德的强调也得到了广泛的认同和尊重。他认为，会计师作为一个公众利益性的职业，必须坚持独立客观公正的原则，不偏袒任何一方，不违背法律规定和职业准则，不向企业和个人提供违法违规的建议和服务，确保财务信息的真实性、准确性和完整性。同时，会计师也要具备高度的保密意识，保护客户的商业秘密和隐私，严格遵守相关规定和法律法规，不泄露任何机密信息。在潘序伦看来，诚信不仅是会计师职业道德的核心，也是推动经济社会发展的重要力量。他在对当时国内外会计界发展状况的调研中，发现在欧美等发达国家，会计师事务所在企业经营中的作用不仅仅是提供会计服务，还可以为企业提供经营策略、管理咨询、税务规划等全方位的服务，成为企业管理和决策的重要参谋，这也是我们应该向欧美等发达国家学习的地方。因此，潘序伦倡导会计师事务所要把握机会，拓展业务领域，不断完善服务内容，不断提升服务质量，力求成为企业全方位服务的"管家婆"，通过以诚信为基础的专业服务，推动企业管理和经营水平的提高，为社会经济发展作出积极的贡献。

总之，潘序伦会计思想的"以诚信为核心"体现了他对会计师职业道德的高度重视和崇尚，这一思想不仅为当时的会计界所认同和遵循，也在今天依然具有重要的指导意义。在企业竞争日益激烈的现代社会，诚信已经成为企业在市场中获取竞争优势的重要因素之一，而在会计行业，诚信更是不可或缺的基础。只有在诚实守信、独立客观公正的基础上，会计师才能为企业经营和发展提供可靠的保障。

二、以科学为标准

潘序伦在美国留学期间接触到了全新的学科——会计，并深入学习了其理论与实践。在归国途中，他游历欧洲各国，进一步了解会计在工业生产中的应用，使他对会计学科有了更深入的认知和理解，能够更好地把握会计的实质和本质。他认为，会计是一门实用科学，应该与实际生产相结合，为生产经营服务。因此，他倡导会计工作要注重实际，强调会计工作的实用性和现实性，要根据经济运动和社会发展的需要，为经济建设和社会发展做出实际的贡献。这种以实际为导向的科学思想观成为潘序伦推动中国会计事业发展的思想基础。

潘序伦回国后，先后在上海商科大学、暨南学校大学部（国立暨南大学前身）等学校任教，并创办了立信会计师事务所和立信会计专科学校，对中国会计事业的发展产生了重要影响。[1] 他深刻认识到，传统的中式簿记过于繁琐，难以适应现代工商业的需要，需要引进西方的会计思想，通过改革和创新，推动中国会计事业的发展。经历了会计界"改良之争"后，西式的复式记账法成为中国会计学科的重要组成部分。除了推广复式记账法，潘序伦还在研究中不断尝试结合中国国情，探索出一条符合中国特色的会计发展之路。他在研究中发现，中国企业的经营模式和西方国家有所不同，需要对会计制度进行一定的改革和创新，才能更好地服务于中

---

[1] 李湖生.潘序伦会计学教材特点初探[J].图书馆理论与实践,2014(02):80-83.

国企业的发展。因此，他在会计理论和实践中不断进行探索和创新，有效地推广了西方会计制度，使中国企业的会计制度更加科学、规范、透明，开辟出了一条符合中国国情的会计发展之路。

在教材方面，潘序伦为适应会计师事务所对人才的需求，开始组织编写会计讲义，关注法律规定和商界习惯和文字，通过统一会计术语，让讲义和教材获得了良好的社会效果。这些教材的出版对于提高会计从业人员的专业水平、推动会计学科的发展以及规范财务报告等方面发挥了重要作用。同时，他采取了审慎的态度，对引进的国外先进学术进行了有选择、有比较的编译，结合我国的国情，在现行法规和工商惯例的基础上，将一些有代表性的著作取其精华，并通过通俗易懂的文字、含义准确地表达，方便了国内会计同行阅读和理解。这些改革和教育措施为中国会计事业的发展奠定了基础，也为中国的工商业提供了更加科学和有效的核算方法和管理手段。

在学校方面，潘序伦在创建立信会计学校时非常注重满足社会对会计人才的需求，以及培养具有实际能力的高级、中级和初级会计人员。他还采用了一系列多样化的教学形式，以满足不同人群和不同时间的求学需要。立信会计学校的课程设置也非常适应社会的需求，除了原有的簿记课程，还增开了多种选修课程，如会计学、公司会计、政府会计、银行会计、成本会计、英文簿记、所得税会计和审计等，以帮助学生更好地适应社会的需求和发展。通过这种开放、多元的课程设置，立信会计学校成为中国会计教育的重要推动者和先驱者。

除了这些会计知识，潘序伦还要求会计师要掌握各种商业知识，以及与中国外国商业活动息息相关的各项法律法规；由于会计师的工作业务种类繁多，要与各行各业人士打交道，会计师因此还要掌握为人处世的技巧。

除了课程设置的创新，立信会计学校还注重师资队伍的建设。在会计起步的年代，潘序伦将顾准等优秀学子留校任教，让后继学生们能接受更好的教育，为社会快速培养更多的人才，也让中国会计事业增速。此外，潘序伦通过"三位一体"模式将会计教育、会计师事务所和会计图书用品社有机结合在一起，为中国会计改革和会计理论与实务的提高做出了杰出的贡献。它的成功也得益于潘序伦和立信人的不懈努力和坚持，为培养更多优秀的应用型会计人才提供了强有力的保障。

三、以实践为指导

潘序伦强调以实践为指导，将学生的实践训练和理论基础知识同等看待，并坚持将会计理论与实践相结合。为了使学生将所学的理论知识应用于实际工作中，他将会计师事务所作为学生实习进修的基地。这种实践方式不仅使学生能够更好地掌握所学知识，还可以让学生更好地了解工作现场，获得更多的实践经验。

除了会计师事务所，潘序伦还安排学生到工矿企业和商店参观实习，以帮助学生拓宽视野，加深对实际工作的理解。这样的实践环节可以让学生接触到不同的行业和企业，了解他们的经营情况，掌握不同行业的会计特点和实践方法，为将来的工作做好准备。潘序伦注重实践训练，不仅是因为实践可以提高学生的专业水平，更是因为实践可以促进学生的自我认知和个人成长。通过实践，学生可以了解自己的优点和不足，明确自己未来的职业方向，掌握个人职业规划的重要性。因此，潘序伦不断完善实践教学体系，努力使学生在实践中学到更多的知识和经验，成为优秀的会计人才。潘序伦这种以实践为指导的教育理念为学生的职业发展提供了宝贵的支持。他将学生实习进修的基地设立在会计师事务所、工矿企业和商店等实践场所，让学生在实际工作中更好地掌握所学知识，为学生的职业生涯做好了充分的准备。

潘序伦与事务所同仁编写的教材以西方簿记著作及教材为蓝本，结合中国实际情况，采用循序渐进的方式，将抽象的会计原理、原则都渗透于会计方法中，并在每章后面都附有实务操作性非常强的习题，方便教学活动的开展。这样的教学模式让学生在理论和实践中有机地结合，使学生能够真正学到会计这门科学，掌握会计实践操作。①

除了教材的设计，立信会计学校的课程设置也非常注重实践。除了传统的簿记课程，学校还增加了多种选修课程，如会计学、公司会计、政府会计、银行会计、成本会计、英文簿记、所得税会计和审计等。这些课程的设置不仅为学生提供了更多的学习选择，也为中国会计教育的多元化和开放性作出了杰出贡献。通过这些课程的学习，学生不仅能够掌握理论知识，还能够在实践中更好地应用所学的知识，更好地适应社会的需求和发展。

潘序伦开创的"三位一体"会计教育模式，是以实践为指导的一种体现。这一模式是指会计教育、会计师事务所和会计图书用品社三者之间的紧密联系，相辅相成，共同促进会计人才的培养和会计事业的发展。

与此同时，立信会计图书用品社也在积极响应潘序伦的理念，致力于将理论知识与实践操作相结合，出版了许多涵盖广泛实务内容的会计书籍。这些教材不仅仅是理论知识的概括和总结，更强调了实践操作的细节和技巧，为学生在实际操作中提供了很好的指导。

而立信会计师事务所则是"三位一体"模式中的重要环节之一。学校

---

① 李湖生.潘序伦会计学教材特点初探[J].图书馆理论与实践，2014(02)：80-83.

将实习进修场所设置在会计师事务所,旨在让学生更好地了解会计工作的实际操作,同时提高学生的实践能力。同时,会计师事务所也承担着毕业生就业的重要任务,为学生提供了更广阔的就业空间和职业发展平台。

"三位一体"会计教育模式的实践,不仅仅是理论和实践的结合,更是学校、事务所和图书用品社之间的密切合作。通过这种合作,学校能够更好地培养出适应市场需要、掌握实际操作技能的会计人才;事务所也能够从中获得高素质的会计人才,进一步推动了会计事业的发展;图书用品社则能够出版更符合市场需求的教材,从而更好地推广会计知识。以上措施促进了立信会计事业的稳健发展。

四、践行会计工作的社会责任

潘序伦始终认为,会计工作不仅是一门技术活,更是一项有着严肃社会责任的工作。他深刻意识到会计工作对企业和社会的重要性,强调会计人员必须具备高度的责任感和职业道德,以保障企业和社会的利益。

潘序伦认为,会计工作的社会责任非常重要。首先,要确保企业财务报告的真实性、准确性和完整性。这个责任不仅仅是会计人员的职业道德问题,更是对企业及其利益相关方负责的体现。会计人员应该具备诚信意识,保守企业及其客户的商业秘密,严格遵守会计准则和法律法规,确保财务报告的真实性和准确性,不得有任何弄虚作假的行为。在当前市场经济的环境下,企业的财务报告不仅是企业自身管理的重要工具,也是向外界展示自身形象、获取资源的重要渠道。如果财务报告失实,不仅会对企业自身带来损失,也将对利益相关方造成伤害。因此,会计人员必须对财务报告的真实性和准确性负起责任,确保报告内容的完整性,为企业和社会提供真实、准确的财务信息。此外,会计工作的社会责任还包括推动企业的可持续发展,为社会和国家经济发展作出积极的贡献。在企业的财务管理中,会计人员应该积极参与企业的决策过程,为企业的长期发展提供专业的支持和建议。会计人员还应该关注企业的社会责任,推动企业在环境、社会、治理等方面的可持续发展,为社会和国家经济的发展作出贡献。

其次,会计人员必须对社会负有责任。会计工作不仅仅是为企业服务,还要为社会服务。作为会计人员,他们必须认识到自己所承担的社会责任,为社会作出积极的贡献。潘序伦认为,会计人员不仅要保障企业的财务报告真实、准确、完整,还应当积极关注社会问题,参与公益事业,提供有益的会计信息。在社会责任方面,会计人员需要深入了解所在行业、社会的经济、法律、政策等相关信息,以便为企业提供支持和保障。同时,他们还应当关注企业的社会形象,确保企业的经营活动符合法律法规和社会伦理,避免出现违法违规行为。在这个过程中,会计人员可以通过参与社会组织和公益活动等方式,为社会做出积极的贡献。

最后,除了参与社会公益事业,会计人员还应当尽可能地为社会提供有益的会计信息。他们可以通过编写专业的会计书籍、发表学术论文等方式,为社会提供专业性的会计信息,帮助企业和社会更好地理解和应用会计知识。同时,会计人员还应当关注社会的变化和发展趋势,及时调整自己的会计思维和方法,以适应社会的需要。会计人员必须深入了解所在行业、所在社会的经济、法律、政策等方面的情况,主动关注社会问题,积极参与社会公益事业。同时,会计人员还应当尽可能地为社会提供有益的会计信息,为企业的合法、合规运营提供支持和保障。

在现代市场经济中,企业的发展不仅仅是为了盈利,更要为社会的稳定和发展作出贡献。因此,会计人员必须充分认识到自己所承担的社会责任,不断学习提高自身素质和能力,不断推进会计事业的发展,积极履行职责，以保障企业、社会和公众的利益。

第四节　潘序伦会计思想的当代启示

一、重视会计职业道德建设

在经济快速发展的时代背景下，会计在国家经济、政治、社会发展中承担着越来越重要的作用。会计作为社会经济体系中的一部分，负责对企业日常账务进行登记和查办，通过记录真实发生的会计信息向社会公众传递企业经营状况，保障债权人和投资者等社会公众的利益。可以说，会计师职业是社会信用制度的保障之一。但随着商业模式的不断丰富，企业财务舞弊及造假案件频发，会计信息存在严重的失真问题。这些问题主要包括：数据不真实、账务处理错误、编制虚假凭证、账簿、报表、虚增利润、增加损失以及编制虚假审计报告等。因而，有时财务报表并不能真实、完整地反映公司的运营情况，有些公司甚至刻意隐瞒重要会计信息。这些问题都反映出会计信息失真严重阻碍了社会经济的发展，提高会计从业人员诚信意识已经成为当务之急。

当代会计从业人员需要提高自身的职业道德素养。潘序伦重点强调会计从业人员高尚的职业道德培养，提出了"诚信为本"的基础思想，认为会计从业人员应当具备"公正之品格、诚笃之心地、廉洁之操守、勤奋之精神"，并将诚信视为会计师职业成功或失败的关键[①]。为了促进国家政

---

① 李相森.论潘序伦审计思想[J].会计之友,2022(05):54-59.

治经济发展，维护社会秩序，会计从业人员应当全面加强其自身职业道德建设，坚持诚信为本的职业观。

诚信的会计职业道德规范对会计从业人员的要求主要体现在四个方面。首先，会计从业人员应该热爱其自身工作，在岗位上尽职尽责。其次，会计从业人员应该在会计实务工作中保持诚实守信、公正严谨、廉洁自律的态度，保证其自身的独立性，不弄虚作假，不被利益所诱惑。再次，会计从业人员需要了解相关章程与法律法规，依法办事，不做违法乱纪的事情，以及损害会计执业人员职业道德的行为。最后，会计从业人员应当积极主动地提高自身技能，以适应时代发展变迁，并且参与到企业管理之中，强化其服务质量和服务能力，促进企业经济发展，提高会计职业在社会中的良好形象。潘序伦的会计思想核心——"立信"，既是中华民族的传统美德，更是会计执业人员及会计师事务所的旗帜和标杆。在当下经济与教育快速发展的时代，我们更应该坚持潘序伦的观点，将培养有道德、有诚信的会计人才放在首要地位。

二、推动会计理论创新发展

所有学科的理论和观念都是在历史上逐渐形成的。近年来，随着科学技术的不断发展和经济全球化的趋势，会计领域也在不断的发展和改变，会计理论的发展创新已经成为必然趋势。我们应该顺应时代特征和现实要求，传承潘序伦的创新精神，坚持理论与实践相结合的道路，赋予会计发展不竭的生命动力。

潘序伦的创新精神主要体现在两个方面："新模式"和"新道路"。"新模式"是指潘序伦创建的"三位一体"立信事业版图，其实现了会计教育、会计实务以及会计出版的深度融合。这是对会计产学研一体化发展的早期探索，对于现代教育事业的发展具有开拓性的影响。到目前为止，许多学校都引进或传承这一一体化教育体系，将实践经验纳入平时的教育学习中，通过实践来巩固学生的理论知识，并提高他们的实操能力，实现理论与实践相结合；许多学校也拥有了自己的出版社，通过出版相关前沿书籍和报刊，使读者能够更快地了解到学术发展趋势，以及汲取更多的、更及时的新知识和新内容。

"新道路"是指潘序伦在多年的实践中总结出来的"学习引进—实践探索—创新发展"的会计道路。这条道路的形成与潘序伦坚持开放、包容的态度和其积累的丰富人生经验息息相关，是立足中国国情和会计发展趋势的道路，集中体现了潘序伦创新的精神和不受框架拘束的人生态度。在新时代信息技术发展的背景下，会计从业人员更应该继承这一"新道路"，推动中国会计理论创新发展，顺应时代发展潮流并与国际接轨。

早在1980年，潘序伦就指出"会计是一门科学，没有现代化的科学知识是不行的"[①]。会计学是一门具有复杂严谨原理的学科，其来源于实践又指导着实践，学习发展会计理论离不开实践的指引。现如今，越来越多的会计学专家都在尝试将科技与会计相结合，推出了许多创新的会计理论和方法，如数字化会计、云计算会计、大数据会计等，这些新兴的会计理论不仅可以提高会计信息的准确性和可靠性，而且还可以提高会计信息的实时性和可视化程度。我们应该继续传承潘序伦的创新精神，在学习会计知识、研究会计理论的过程中从实践出发，将理论与实践联系在一起，提高我们的会计实务运用能力，发挥会计实践所提供的方向性、宏观性的理论引导，推动中国会计理论的不断创新发展。

---

① 王志伟.缅怀大师风范,弘扬立信精神——潘序伦会计思想、教育思想研讨会综述[J].上海立信会计学院学报,2009,23(01):93-94.

三、培养国际化综合性人才

教育是培养人的事业,信息化快速发展的新时代更应该加强会计人才教育,坚持诚信为本的教育思想,培养国际化综合性人才。

潘序伦在《会计修习法》中提出"修习会计的人,不是单纯学习会计这一门学科,与会计相关的学科也要连带学习,以便应用"①。与"术业有专攻"的传统思想不同,潘序伦强调培养会计人才应该兼容并蓄、多学科交叉,不仅仅只学习书本上的知识,还应了解企业的商业模式和运营状况,熟悉国家的法律法规,顺应时代环境的变化,学习新知识,创新新方法,解决新问题。在丰富的知识储备的基础上,将其内化于自身的会计职业道德素养之中,提高会计从业人员的职业判断能力,而不是局限于会计传统的惯性思维。在新时代,由于我国现代经济模式和商业环境的不断发展变化,企业对会计人才能力的需求也发生了改变,其中更是对会计人才的素养提出了更高的要求。

随着信息技术的迅猛发展,尤其是人工智能、云计算等新兴技术的出现使得我国更重视国际化综合性会计人才培养。这要求会计从业人员提高其管理会计的能力,将会计知识与法律、工程、信息数字化等专业知识相融合,加强对新兴技术的学习,拓宽自身知识面,提高其综合能力,主动适应"互联网+"等社会信息化发展趋势。

在全球化的时代背景下,国家之间的经济交往愈发密切,各个国家的经济发展不再是独立的个体,而是存在相互影响、相互促进的关系。在我

---

① 李兴尧,王一舒,陈浩天,等.智能财务时代下会计人才核心素养培养研究——拾忆潘序伦会计思想[J].教育教学论坛,2020(53):119-121.

国,不论是国家主导的"一带一路"倡议还是全球化趋势下市场中跨国企业数量的增加,都对会计从业人员的素养提出了更高的要求,培养国际化的会计人才成为我国国际化未来发展的重要方面。财政部在 2018 年 5 月印发的《国际化高端会计人才培养工程实施方案》也证实了这一趋势。我国十分重视国际会计领域的话语权与影响力,同时也侧面反映了国际化高端会计人才稀缺的现实情况。培养国际化综合性会计人才,既可以满足国际对会计人才的需求,又可以提高中国会计行业的整体竞争力,增强中国在国际社会中的话语权和影响力。

未来的会计从业人员不仅需要具备扎实的会计理论知识和实践经验,还需要具备广阔的科学技术知识和人文素养。传承和发展潘序伦的教育观、创新观和发展观,适应时代的变迁,会计从业人员才能在这个人工智能快速发展的时代中立于不败之地。

结语

潘序伦经历了多年的求学之路,经过不懈地努力和自身的奋斗精神,最终成为一名著名的会计学家,给近代中国会计事业的发展带来了深刻的影响。他对于中国会计事业发展的贡献主要包括三个方面:首先,潘序伦吸收引进西方会计思想,并结合我国国情,提出符合当代背景的会计原理,推动中国会计理论创新发展;其次,潘序伦坚持诚信为本的核心价值观,既奠定了会计师职业道德规范的基础,又推动了我国社会信用制度的建立;最后,他创建了"三位一体"的教育布局,促使会计教育、会计实务以及会计出版相互影响,共同促进中国会计事业发展。

随着人才强国战略的提出，培养国际化综合性会计人才，提高其核心素养是我们如今应该重点关注的领域。顺应时代发展趋势，培养有能力、有学识、敢创新、敢实践、通国际的管理会计人才，是推动我国经济发展，提高中国在国际市场中的话语权和影响力，提高我国国际竞争力的重要动力之一。作为新时代会计从业人员，更应该继承和发展潘序伦的会计精神，发挥自身主观能动性，坚持诚信的职业道德观，为中国会计事业发展贡献自身的力量。

（杨　鲁　柳　青　郝正兴　黄　后　郑巧稚　史佳玉）

第九章

潘序伦
对中国现代会计的贡献

引言

潘序伦（1893—1985）是我国著名会计学家和教育家、发展我国会计事业和培养我国会计人才的先驱、中国现代会计学界的泰斗，其开创的"三位一体"立信会计事业①，为发展中国会计学理论、引进国外优秀会计学著作、推动会计工作和培养会计人才作出了卓越贡献。

潘序伦以"三位一体"立信会计事业而著称，但其对中国会计事业发展的贡献并不局限于会计职业教育、书刊出版、实务鉴证等具体事务，而是涉及中国现代会计发展的方方面面。本章力求进行综合研究、全方位呈现，充分挖掘、揭示潘序伦对中国现代会计事业的贡献，以纪念其卓越功绩。

---

① "三位一体"立信会计事业，是指潘序伦在60多年的会计事业中，先后创办立信会计师事务所、立信会计各级各类学校和立信会计图书用品社，将开展会计师业务、培养会计专业人才、编辑出版会计学术著作三者有机融合，相互支持配合，共同发展。潘序伦对此这样评价："事务所可以为学校提供师资，图书社可以为学校提供教材和补助部分办校经费，学校培养出来的会计人才，参加工作以后，可以回过来协助事务所和图书社发展业务。"

第一节　潘序伦对会计理论研究的贡献

潘序伦对会计理论研究的贡献，可以概括为如下三个方面：一是引进西方复式簿记，推动中国会计现代化发展进程；二是推动会计名词统一，促进中国现代会计规范化；三是编撰会计专业书刊，推动会计理论普及与运用。在此期间，他不断思考，根据教学与执业实践，深化对会计本质与功能的认识。

一、引进西方复式簿记，推动中国会计现代化发展进程

（一）敢于创新，积极参与中西簿记论战

中西簿记论战也称中西会计改良之争，是指20世纪30年代，对于采用何种方法消除传统中式簿记的弊端，会计学界以潘序伦为代表的改革派和以徐永祚为代表的改良派，通过媒体进行的学术论争。

20世纪初，中国民族工商业发展缓慢。中国会计界爱国人士意识到，所用会计方法的落后也是民族企业萧条的一个原因，因而迫切想要改变这种现状。关于传统中式簿记存在的问题，如账簿无一定格式、账目无适当分类、账簿组织无一定系统、记账程序无一定规则等，会计界持有相同或类似的看法，且都认为改进中国会计是顺应时代潮流、势在必行，但是采用何种方式，意见并不一致，因而形成了改良派和改革派两大对立派别。

徐永祚是中式簿记改良的主要代表人物。他认为，国人对西方复式记账法不太适应，国内利用复式记账法成功的案例不多，中式簿记虽有弊

端,但能够长久存在也自有其长处,既有保留的价值,也有保存的可能。因此,他主张保存中式簿记,吸收西方簿记原理对中式簿记的账户分类、账簿组织、账表格式、记账方法等进行改良,并通过图书、论文等论著①阐述其观点。

以潘序伦为代表的改革派,认为中国传统的直写记账方法,不能适应复杂的财务活动,主张放弃中式传统记账法,全面引进并推行采用西方复式记账法,因此迅即回击了徐永祚提出的十条"改良大纲"。立信会计师事务所顾准、钱迺澂等纷纷在《立信会计季刊》杂志发文②,从原则上否定中式簿记的基本原理,并对改良中式簿记大纲提出质疑,认为改良中式簿记只能作为一种过渡方法,在学术上并无理论价值,小商号可救急使用,但不宜普遍宣传、推广使用。由此引发改良派和改革派之间的中西簿记论战,不少社会名流参与其中。

改革派的观点得到了高校师生、国外留学归来人士及已经采用了西式簿记的企事业单位人员的支持。

---

① 徐永祚有关中式簿记改良的论著主要有《中式簿记改良大纲》(1932)、《改良中式簿记概说》(1933)、《改良中式商业簿记方案》(1933)、《改良中式簿记之管见》(1933)、《改良中国会计问题》(1934)、《改良中式簿记讲义》(1935)、《改良中式簿记实例》(1935)等。由徐永祚编辑的《改良中式簿记论集》(1935)收录《改良中式簿记总说》(徐永祚)、《现金式分录法与现金收付法之异同》(陆善炽)、《中国账簿之由来及其改革之成功》(冯柳堂)、《中式簿记与西式簿记之比较》(潘士浩)、《改良账户分类方法的商榷》(谢允庄)、《未改良的中式簿记备具已进化的西式簿记的优点》(张心澂)等26篇论文。

② 潘序伦后来将这些论文集成一册《"改良中式簿记"之讨论》,由立信会计师事务所于1935年出版,收录《立信会计季刊》有关改良中式簿记的讨论文章6篇,包括第二卷第4期之《为讨论"改良中式簿记"致徐永祚君书》(潘序伦)、《评徐永祚氏"改良中式簿记"》(顾准)、《对于徐永祚君"改良中式簿记"之批评》(钱迺澂),第5期之《对于改良中式簿记之管见》(张心澂),第6期之《四柱结算表与铁路总原簿之异同》(张心澂)、《中西会计沟通问题》(李云良)。

对于改革派的批评，改良派并未作正面回应，而是继续推行自己的观点和做法，以各种方式积极推动改良中式簿记运动。一是在徐永祚主办的《会计杂志》上编发"改良中式簿记专号"，并通过《申报》等宣传该专号，介绍改良中式簿记的基本理论与方法，运用对比的方法宣传其优越性，进一步肯定中式簿记。二是举行"改良中式簿记"展览会、讲演会，大力宣传改良中式簿记。三是开办讲习班训练簿记人才，积极在中小型企业中进行试点工作、推广改良中式簿记。

1936年7月南京国民政府颁行的《所得税暂行条例》，对这场簿记论争起到了降温作用。国民政府财政部一方面在《统一会计制度》中确定采用借贷复式簿记，另一方面又承认商家和其他企业可以采用改良中式簿记。这场争论一直延续到抗日战争全面爆发，不少企业内迁，双方刊物停顿，论争才暂时停止。至20世纪40年代，复式簿记的教学及运用在国内已经非常普及，而改良中式簿记在会计实务中已经较少使用（其中，大型企业多采用复式簿记，而中型企业多采用改良中式簿记）。但直到中华人民共和国成立，两种记账方法仍未统一。1949年9月，改良中式簿记班仍在招生。1949年10月，中华人民共和国成立后，中式簿记因不能适应处理日益复杂的经济业务的要求，逐渐被淘汰。

对于这场中西会计改良之争，会计学家郭道扬给予了很高的评价，称其是"我国会计发展史上影响最大的一次会计学术讨论与交流""我国会计学术初步取得进展的重要标志"[①]。

这场学术讨论意义非凡、影响深远，主要体现在如下几个方面。

首先，这是一场"君子之争"，双方的目的都是改进中国会计落后状

---

① 郭道扬.中国会计史稿(下册)[M].北京:中国财政经济出版社,1988.

况、振兴中国实业，分歧仅在于双方所选择的道路不同而已。所谓"争"，仅是学术争论、业务探讨，并无意气用事、人身攻击。

其次，从学术意义上，这场学术讨论增进了会计学术交流，活跃了会计学术气氛，繁荣了会计学术著作的出版，全国性和地方性的会计学术团体不断出现，会计专家、学者纷纷著书立说，进一步促进了近代会计学术的进步。

再次，从会计实务上，改革派和改良派的论争最初体现在理论上互相探讨，互相研究，后来转移到实践当中，即公开的业务竞争。在一定程度上，这场论争不仅推动了会计学术的进步，而且推动了会计制度化，同时推动了会计师事业、会计教育事业和会计出版业的发展。

最后，这场争论在理论上的探讨促进了近代会计学术的进步，实践上具体业务的办理则增加了会计师的业务量，从而促进了近代会计师职业的发展。

需要指出的是，潘序伦虽然对中式簿记基本持全面否定态度，但对徐永祚改良中式簿记运动的历史作用给予了肯定评价，这既是潘序伦求同存异学术交流方式的反映，也是其严谨的治学态度和实事求是的学术作风的表现。

（二）身体力行，推广西方复式簿记

潘序伦对西方复式簿记的支持不仅体现在积极参与中西簿记论战，撰写文章反驳中式簿记改良派，更重要的是将其理念付诸实践，身体力行。早在论战之前的 1930 年，潘序伦编辑的《高级商业簿记教科书》，即以复式簿记为基础。全书共四十章，单式簿记仅占其中一章，潘序伦在 1936 年第二次修订时将其改为附录、有仅供参考之意，1947 年第四次修订时更是直接删除该部分内容。潘序伦编辑的其他会计类教材也莫不以

西方复式记账法为基础。

建立立信会计师事务所之初,潘序伦就以改革中国旧式会计、建立新式会计为目标,做到了理论与实践相结合。立信会计师事务所当时的业务对象主要是新兴的民族工商业和中外合办企业,如南洋兄弟烟草公司、永安纱厂、申新纱厂等,事务所的主营业务和推行西方复式簿记有关。一方面,事务所为企业设计会计制度,改善会计方法,重点是改革成本会计的核算制度,使企业摆脱旧习惯;另一方面,事务所对外承办会计管理与整理事项,并有调查、取证、鉴定等业务事项。潘序伦把簿记改良与改革的论争落实到实践中,通过办理具体的业务,逐步改变工商业者的旧习惯,从而进一步引进并推行西方复式簿记。

潘序伦不仅熟悉西方会计,更注重脚踏实地的行动。他认为,完善的会计制度是科学管理中间一个重要环节,并深信中国"商业中多应用单式簿记而不用复式簿记,并不是复式记账如何艰深,实因主持会计者相沿成习,不知复式簿记为何物耳"。① 所以,潘序伦认为,要推行新式会计,必须改变旧习惯。但是,潘序伦并不完全盲从西方簿记理念,而是有选择地吸收,并在著述中对一些资本主义现象进行了批判。

1949年中华人民共和国成立后,在会计领域采用苏联经验建立"新会计"。为了方便国内读者学习当时苏联先进的会计方法,潘序伦决定将其所著的《会计学》第四册专门介绍苏联会计的基本原理、方法和制度,并以《苏联会计述要》之名单独印行。该书定位为苏联会计研究者的初级入门读物,因此,所有有关苏联较为高深的会计原理、较精细的会计方法和较专门的会计制度等内容,均未在该书叙述,这也符合当时我国普遍的

---

① 潘序伦.高级商业簿记教科书[M].上海:商务印书馆,1934.

文化水平和会计从业者的需要,体现了潘序伦实事求是的治学作风。

二、推动会计名词统一,促进中国现代会计规范化

潘序伦会计学思想的核心,在于通过全面学习和运用西方新式会计制度,在全国统一会计学科目过程中提升会计运用水平,以促进中国科学管理水平的提高。因此,潘序伦是民国时期会计名词统一运动的坚定支持者、践行者。他积极参与会计名词审定工作,编纂《会计名辞汇译》,并多次修订、补充,使其日臻完善,有力地推动了会计名词统一,为中国会计制度现代化做出了卓越的贡献。

20世纪20年代之后,欧美会计在中国日渐通行,西方会计译著不断在国内出版、发行,但由于各译者之间不相往来,译名并不统一,给读者带来了很大不便。立信会计师事务所编辑"立信会计丛书"和《会计季刊》杂志时,译名没有统一标准也是一个很大的困扰。

当时出版的部分会计书籍附列中英名词互相对照以便检阅。潘序伦对此做法并不认同:一是各书所附名词不完备,二是各书所附之译名多系个人主张,并未进行系统研究。他先后在上海商学院、复旦大学商学院等发表演讲,阐述他对于会计名词问题的观点,后决定自编一本《会计名辞汇译》,以达到统一会计名词之目的。

(一)编辑出版《会计名辞汇译》

潘序伦倡导和组织编写《会计名辞汇译》一书,契合中国会计名词统一运动的节奏,每次修订出版都在社会上产生了比较大的影响。

《会计名辞汇译》第一版于1934年4月出版,意在汇集多数会计名词、比较各家意见,因此,共收录34位编著者39种图书中的2 200个会计名词。每一会计名词包括"所属类别""英文原名""原有译名""选定

译名""拟定译名""暂拟译名""备注"7个项目,各项目之关联及译名处理流程如图9.1所示。其中,"原有译名"罗列国内会计书刊原有各翻译名词,而"选定译名""拟定译名""暂拟译名"均按"含义切当""习用普遍""用字简赅"原则进行取舍。

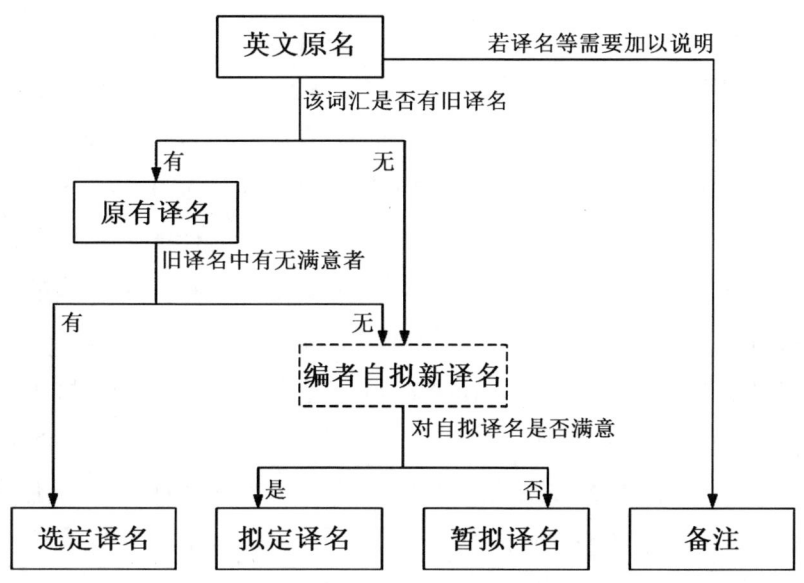

图 9.1 《会计名辞汇译》第一版译名处理流程

《会计名辞汇译》的问世,对我国会计名称翻译与应用之渐趋统一、国外会计著作的翻译与引进起到了积极推动作用,促进了会计学术的发展,对统一会计科目名词起到了启蒙作用。

1938 年,潘序伦对《会计名辞汇译》进行了改订,以作为统一我国会计名词的基础,收录名词 2 700 个。

《会计名辞汇译》第一版之后,我国会计类译著数量不断增多、所用的名词也已逐渐统一，因此，《会计名辞汇译》1938年改订本所摘引的书籍与初版相比大为减少，仅涉及4位（组）著者的7部著作，并且删除"原有译名"项，将"选定译名""拟定译名"和"暂拟译名"3项合并为"译名"项，每一名词仅包括"名词类别""英文原名""译名"3项，从而方便读者查检、使用。

1940年3月，"国立编译馆"完成《会计学名辞》初审本。潘序伦在对该书审查期间，认为大多数名词已经可以统一，但少数名词还有讨论的余地，因此决定对《会计名辞汇译》再次改订。第三次改译本于1941年7月在重庆出版，每一名词所包含的项目更加减少、简化，不再有"名辞类别"，只保留"原名""译名"两项。对于与《会计学名辞》所译相同者，《会计名辞汇译》都不再作诠注，且删除了必要性大为下降的"译名之解释及研究"部分，因此篇幅大为减少。

立信同仁黄组方、顾准等先后参与《会计名辞汇译》的编撰工作，该书初次编制及改订时，潘序伦等虚心听取南开大学商学院、上海会计教师联谊会会计名辞小组委员会、复旦大学会计学社会计名词讨论会的意见，利用《立信会计季刊》就会计名词问题进行讨论，并将丁佶的《会计名辞汇译补遗》、朱祖晦等的《会计名辞试译》部分内容，直接作为《会计名辞汇译》之补编。因此，《会计名辞汇译》具有非常广泛的应用价值和认同度。可以毫不夸张地说，该书出版之后至新中国成立前的近二十年间，国内会计界所能用来作为会计名词统一的参考工具者，非《会计名辞汇译》莫属，其对会计科目名词统一运动起到了积极的推动作用。

（二）积极参与《经济学名辞》《会计学名辞》的审订工作

潘序伦热心名词统一工作。1939年他以国民政府教育部经济学名辞审查委员会委员身份，审查国民政府教育部颁布标准《经济学名辞》初审本时，就其中有关会计方面之名词，与《会计名辞汇译》1938年改订本进行了仔细比对，提出七项建议，涉及了两书不同译名的处理方法、增加会计有关译名或专有译名、译名增删等问题。在潘序伦的支持下，立信会计师事务所顾准、陈文麟、李鸿寿、钱素君等以上海会计教师联谊会会计名辞小组委员会成员身份，对《经济学名辞》初审本中会计名词进行审查、讨论，并就其中70个会计名词的译名提出不同意见。潘序伦及其同仁的这些建议，对《经济学名辞》初审本的完善、定稿、颁布发挥了积极的促进作用。《会计名辞汇译》1938年改订本第二次印行时，这些意见均作为附件列于其后。

潘序伦认为，会计名词数量众多，其中与经济名词字同义异者也有不少，故曾建议另行编撰《会计学名辞》。在此之前，潘序伦曾主持上海会计师公会下设会计名词审定委员会的工作，但由于该会诸成员多被业务羁身，并未真正议事，会计名词也未列入准官方的科学名词审查会审查之列。1940年3月，国立编译馆完成《会计学名辞》初审本后，潘序伦等接受对该书审查的任务。

此外，国民政府教育部学科名词审定委员会曾拟定组织编辑会计名词，但是其后并未见成稿，直到1949年新中国成立前夕也没有在社会上发行。两相比较，更突出了《会计名辞汇译》在会计名词统一运动中的独特地位和重要意义。

（三）会计名词统一运动的意义

以《会计名辞汇译》的编辑、出版为代表的会计名词统一运动，有力地推动了潘序伦创立的立信出版事业、会计教育事业的发展，促进了西方会计学知识和新兴会计科目知识的传播和创新、会计制度的法制化进程。

　　修订"立信会计丛书"诸书及潘著各种教科书，是潘序伦对会计名词统一运动的另一种支持形式，这些图书在编辑、重版时均按照《会计名辞汇译》最新版本之译名统一所涉名词，在会计教育方面起到了普及相关知识的作用，为相关教材的推广、运用，培养新型会计专业人才起到了积极推动作用。事实上，借助《会计名辞汇译》推动会计名词统一，也是潘氏教科书不断改订、再版的主要原因之一。

　　会计名词统一运动的深入展开，不仅仅表现在会计名词译名和会计科目的统一，还表现在对会计科目处理的动态研究方面。20世纪40年代后期，物价不断上涨、货币贬值，对会计科目计量的处理影响比较大。潘序伦在《基础会计——"等值货币"会计报表之编制》一文中，对物价变动与币值变动之关系、币值变动的测量、币值变动与运用资本关系、资产负债表和损益表等会计报表编制的相应科目处理问题进行研究分析，提出了新情况下如何统一会计科目处理方式的新意见。这种对复杂会计科目处理方式的分析和研究、对企业开展科学计量和进行科学管理的各种应用，已经完全超出了会计名词统一运动本身的范畴，对整个企业管理科学化也具有重要的意义。由此可见，会计名词统一运动是一个具有实质性意义的课题。其中，在会计教育过程中灌输会计科目名词统一思想，在会计人才培训和教育中推动会计名词统一，是这次独特的组织管理科学化进程取得成绩的重要表现。

三、编撰会计专业书刊，推动会计理论普及与运用

　　潘序伦的理论研究成果主要体现在其所编撰的各类书刊之中，涉及簿记、会计、审计、政府会计、公司会计等领域。他认为，会计是一门实用

学科，学生既要当掌握扎实的会计理论知识，更要具有熟练的实际操作能力，必须与医师一样亲自动手实践。因此，立信各类学校所用的教材，都是由立信会计事务所具有丰富实践经验的会计师们编著。潘序伦不仅主持编辑"立信会计丛书"，还亲自参与具体编撰、翻译工作，完成了数十种各科、各层次教科书的编写、翻译，为我国会计教育事业和理论研究作出了重大贡献。

同时，潘序伦对会计学的教学与发展有颇多研究，先后发表《会计学发达史》（1933）、《怎样研究会计学》（1936）、《非常时期之会计问题》（1936）、《我国会计学术之追溯》（1939）、《会计学修习法》（1941）等论文，对相关问题进行阐述，其研究方法对现在的会计学科教学也具有指导意义。

（一）秉持开放心态，拒绝闭门造车和单打独斗

潘序伦在编写会计教科书时，采取开放的态度处理。具体体现在如下几个方面。

第一，洋为中用，积极引进外国经典著作。

潘序伦对于西方先进理论，坚持积极引进、消化的态度。如前文所述，他坚持引进西方复式簿记、编撰《会计名辞汇译》即为此证。在教科书编辑方面也是如此。

20世纪30年代，中国的工业落后于世界各国，而在现代会计学科领域，国内不仅缺乏研究人员、实施场所，也没有成本会计方面的相关资料可供参考。因此，潘序伦早期完成的教科书大多以西方会计学著作及教材为蓝本，同时结合中国实际情况，经过修改而完成，供国内相关人士进修、学习之用，从而起到事半功倍的作用。

例如，在成本会计领域，潘序伦认为，美国著名会计学家劳伦斯

(William Beaty Lawrence)所著 Cost Accounting 一书"说理透彻,举例详明"①,是一部较为详备的成本会计教材,因此,先后将其不同版本翻译为《成本会计》(1934)、《劳氏成本会计》(1939,1950),并以译本为基础编撰《成本会计教科书》(1934)、《初级成本会计》(1951),解决了当时各企业会计员非常缺乏成本会计知识,以及学校缺乏成本会计教材的问题。

又如,美国会计学家佩顿(Paton)著 Advanced Accounting 一书也为潘序伦拟翻译之一种,鉴于该书篇幅较大,而时间较紧,一时难以全书翻译、出版,潘序伦决定由其本人及编译所同仁将其中重要及精彩部分先行译出,使读者先睹为快。自1949年9月起,立信会计图书用品社将该书译稿以分单元形式陆续出版,其中潘序伦独译、出版了《无形资产》《收益之决定》《决算表之分析及解释》《合并决算表》等,还与其妻张蕙生、弟子萧克木等人合译部分章节,以《决算表之编制》《存货之管理与计价》等名称出版。1950年,Advanced Accounting 全译本以《高等会计学》之名正式出版。

《高级商业簿记教科书》的编译则参阅了潘序伦的英文著作 Bookkeeping and Accounting(《簿记及会计学》)、凯斯特(Roy Bernard Kester)的 Principles of Accounting(《会计原理》)、杨端六的《商业簿记》等。

潘序伦有选择、有比较地编译外国著作,并且要求译文统一、含义确切、有质量保证。在潘序伦及立信同仁的努力下,当时国外重要的有代表性的会计著作,都以通俗易懂、含义确切的文字形式翻译出版,被会计人员广泛阅读与传播。

除了全本翻译、引进,潘序伦还经常直接摘引原书部分内容作为所编

---

① William Beaty Lawrence. 成本会计[M]. 潘序伦,译. 上海:商务印书馆,1934.

撰教科书的章节。例如，潘序伦编写《基本会计学》时，就因美国会计学家斐南（Finney）的 Principles of Accounting Introductory（《会计学原理》）一书"深入浅出"[①] 而将其1948年第三次改订本部分内容直接翻译作为《基本会计学》第20、第23、第29全章及第24章之后半部分。

这些国外著作的翻译、引进和引用，促进了教科书的出版进程，极大地缓解了当时此类教科书严重不足的问题，并为当时国内会计学教育与研究提供了宝贵的参考资料。对于西方教科书的翻译、编译，潘序伦坚持尊重原著原意原则，在会计理论方面与原著有出入者，保存著者原意，不予更改，以存其真；而在文字方面则力求通俗化，使其易于理解。这可以作为教科书引进的基本原则而长期坚持。

再如，1949年中华人民共和国成立后，在会计领域，我国决定采用苏联经验建立"新会计"。为了方便国内读者学习当时苏联先进的社会主义会计，潘序伦决定其《会计学》第四册专门介绍苏联会计的基本原理、方法和制度，并以《苏联会计述要》（1952）之名单独印行。

潘序伦编著《审计学》时，以资产负债表审计为主干，并辅之以详细审计的原理与法则，这与当时世界审计工作发展趋势及欧美各国审计学著作的编排方法相一致。需要关注的是，外国教科书的内容及编写方法遵从外国法律习惯，并不完全适合于中国现实情况。因此，对于外国学术资料的编译，潘序伦采取非常严肃的审慎态度，"不是照抄照搬，而是结合我国的国情，在现行法规和工商惯例的基础上，适当采用"[②]。在时间、精力等允许的情况下，潘序伦更是立足于本国国情，直接编辑适用于中国现实的教科书，《公司会计》（1930）等莫不如此。

---

① 潘序伦.基本会计学[M].上海:立信会计图书用品社,1950.
② 潘序伦,王澹如.公司会计[M].上海:商务印书馆,1933.

第二，注重团队合作，积极发挥集体力量。

潘序伦本人天赋极高，在多个学科领域都具有非常丰富的理论知识和实践经验，但其在会计学理论研究、教科书编纂方面，并不单打独斗，而是注重团队合作，发挥集体力量，尤其是借助立信会计师事务所具有丰富会计执业实践经验的同仁的力量。如《中国政府会计制度》一书由潘序伦、顾准合作完成，并得到张蕙生、王成杰的协助；《高级商业簿记教科书》由吴君实、葛益栋、顾询、韩曼涛和顾准参与助编，由顾询、王成杰二人执笔完成修订；《会计名辞汇译》的编撰，黄组方、顾准等人先后参加，且参阅了丁佶等人的资料。

第三，不唯我独尊，推介同类著作。

潘序伦鼓励、支持其教科书与其他教科书之替换、搭配或接续使用，通常在所撰图书序言中加以推荐、说明。

例如，潘序伦在《基本会计学》（1950）序言中推荐了同期面世的同类教科书，包括李鸿寿、朱世杰的《初级会计学教程》、钱素君的《会计学教程》等。而《审计学教科书》的内容与潘序伦、王澹如合著的《会计学教科书》（1935）相衔接。

又如，《高级商业簿记教科书》的读者非常适合学习潘序伦所著《高级会计学》；修习过潘序伦的《高级商业簿记教程》《基本会计学》，顾询的《商业簿记教程》，钱素君的《会计学教程》的读者可以接续阅读《国营企业会计概要》；学习过潘序伦的《高级商业簿记教程》《基本会计学》《会计学教科书》，顾询的《商业簿记教程》，李鸿寿、朱世杰的《初级会计学》，钱素君的《会计学教程》的读者均可以将《苏联会计述要》作为补充读物。

《会计学》第一次修订本中，潘序伦提出可将施仁夫、唐文瑞之《会计问题》作为学生该书补充材料，或选定与《会计学》各编内容及程度相当的问题，予以讲解。

《通用簿记教程》的上册与潘序伦所著《基本会计学》（1950）相衔接。

潘序伦在图书序言中的这种说明，有助于读者查找、参阅同类教科书，从而使读者对会计学科课程体系及相关文献有一个完整的认识，这也是潘序伦一贯尊重业界同行、提携青年同仁的具体体现，展现了其高瞻远瞩的人格魅力。

（二）与时俱进，拒绝故步自封

潘序伦认为，会计学科是一门应用性非常强的课程，教科书必须适应社会实际经济活动和政府法令规定。因此，他对其教科书屡加修订、改订、再版或重印时补正，及时更新陈旧内容，以顺应时代发展、适应社会需要，使教科书具有实用性和针对性，使学生能够学以致用、服务于社会经济。其簿记类（图9.2）、会计类（图9.3）教科书均充分体现了这一特点。

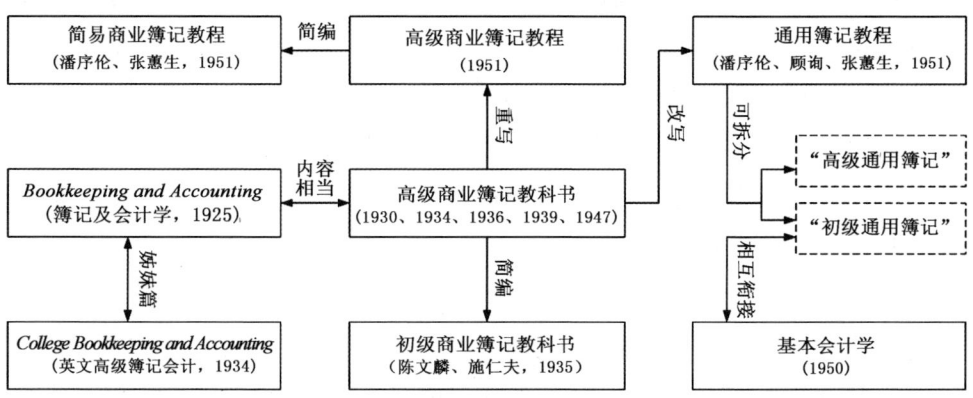

图 9.2　潘序伦簿记教科书沿革图

274

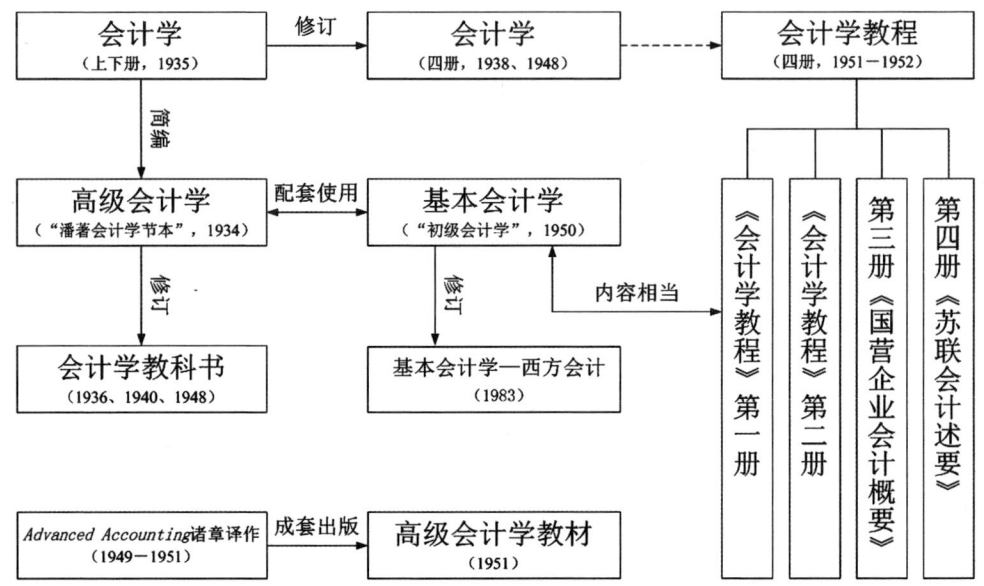

图 9.3 潘序伦会计教科书沿革图

第一，根据最新法律法规更新相关论述。

例如，《高级商业簿记教科书》1934年第一次修订，主要是按照当时的《公司条例》《商人通例》进行调整；《会计学》1938年第一次修订，则是根据新颁布的《中华民国破产法》《所得税暂行条例》等进行；《高级商业簿记教科书》1947年第四次修订，其原因是前一版本关于公司记录、公司组织的各章内容与1946年发布的《公司法》修正稿要求不合，因此须对相关内容予以修订。

又如，潘序伦与俞文青合编的《国营企业会计概要》（1951）着眼于新民主主义经济中的国营企业会计，其以1951年所施行的制度为基本对象。1952年年初，我国国营企业会计制度进行较大修改，潘序伦、俞文青遂于 1952 年 3 月对《国营企业会计概要》进行了第一次修订，以适应新的制度。

第二，适应社会发展现实。

例如，1933 年民国政府废两改元，上海规元停止使用，商店记账已不存在记账单位问题，因此，《高级商业簿记教科书》1934 年第一次修订时删去相应内容。

《高级商业簿记教科书》1930 年初版时，关于商品折扣账户的论述非常详尽，但其现实应用性并不高。因此，在 1936 年第二次修订中，仅附带述及了折扣处理方法，并做了一些示例。

单式簿记在《高级商业簿记教科书》1934 年初版时单列一章，后来因复式簿记的逐步推广运用而日渐式微，在历次修订过程中先从正文抽出作为附录以供参阅（1936 年第二次改订），后直接予以删除（1947 年第四次修订）。

1949 年 10 月，中华人民共和国成立，对簿记教科书的需求日益增加。但当时国内所出版的簿记及初级会计类书籍，其研究对象都只限于商业中的贩卖业，难以适应一般读者的需要。潘序伦的《高级商业簿记教科书》《高级商业簿记教程》等书中的资本利益等观点、引述的法律条文等，已经与当时的新民主主义社会现实不相符合，因此，潘序伦编著了与前者相比程度较浅但内容广泛的《通用簿记教程》，以满足普通读者之需。

又如，《会计学教程》第三册，另册出版《国营企业会计概要》关注新民主主义经济中的国营企业会计，第四册（另册出版《苏联会计述要》）聚焦苏联先进的社会主义会计，均是潘序伦为适应中国新民主主义革命阶段经济工作之需而作的努力。

第三，配合会计名词统一运动。

前文已经述及,"立信会计丛书"各书编著、修订时,均按《会计名辞汇译》最新版本统一会计名词。事实上,潘序伦部分著作修订、更新的主要原因就是由于《会计名辞汇译》不断成熟、国内会计名称渐渐统一。

例如,《会计学》1938 年第一次修订本,《高级商业簿记教科书》1939 年第三次修订本、1947 年第四次修订本,《劳氏成本会计》1939 年改译本,《会计学教科书》1940 年第二次修订本等,所涉及的名称均依《会计名辞汇译》最新版本予以修改,以达到统一。

第四,修正错漏等。

潘序伦根据实际教学效果及师生反映及时调整教科书内容架构、删繁就简,以提高教学效果。另外,修订时对原版中的文字、数字排错问题,以及印刷等错误进行改正,保证教科书的严谨和规范。

随着教科书版本的更替、内容的更新与调整,教学时数安排、习题、习题详解等也发生相应的变化、调整和修订。

(三) 坚持广谱原则,增加读者适用面

潘序伦具有丰富的教学经验,其编辑教科书具有灵活多用的特点。

第一,教材使用范围的灵活性。

潘序伦编撰的教科书,往往具有非常高的灵活性,通过对内容的取舍,更大范围的不同层次的学习者都可以使用。

例如,《高级商业簿记教科书》的适用读者主要是商科大学初年级学生和高中商科学生,但也可作为普通高中或大学文科、工科、政治经济科等学生选修簿记课程时的教科书,其区别在于读者使用时习题应当减去一半,以节省学生自修时间。该书甚至还可以作为初中教材,具体做法是略去对于簿记理解和课程本身"并无妨碍"的部分章节内容,酌情加长留存各章教授时间,如果授课时间实在不足,即使如非常重要的"簿记实务"

三章，也可"忍痛略去"①，并不影响学生对簿记知识的了解。

第二，编撰程度深浅有异的图书，以适应不同层次的各类读者。

尽管潘序伦及其同仁编著的教科书具有较高的灵活性，可以适应于不同层次的读者需求，但仍有可改进之处。

潘序伦组织"立信会计丛书"出版时，形成一个惯例：凡是有了一本程度较深的书，必同时再编一本内容较浅的书，以满足于各种程度读者（特别是会计学生）之需。潘序伦编撰的多部教科书采取了这种按不同程度分别编写、出版两个版本的做法。

例如，《高级商业簿记教科书》1934年第一次修订之后，潘序伦认为，该书虽然适于不同层次读者阅读，但总体而言，内容过丰、陈义亦深，不适于程度较浅的读者，因此，委托立信会计师事务所的陈文麟、施仁夫以该书为基础，加以改订，编制一本程度较浅、内容较简、适应初级教育需求的簿记教科书，以适应初级教育、满足社会之需。潘序伦与陈文麟、施仁夫共同商定编制方法和选择材料等问题，多次校读其书稿，并为所成图书《初级商业簿记教科书》作序。这也是"立信会计丛书"一详一简、一深一浅两个版本搭配编排、出版惯例之开端。

又如，《会计学》(1935)与《高级会计学》(1934)及其修订本《会计学教科书》(1936、1940、1948)，《成本会计》(1934)与《成本会计教科书》(1934)及其修订本《初级成本会计》(1951)，《审计学》(1936)与《审计学教科书》(1936)，《高级商业簿记教程》(1951)与《简易商业簿记教程》(1951)等等，前者（原书"详本"）往往更加注重理论，后者（简本）则更加具体、细致，类似于会计学简易读物，适用于层次较低

---

① 潘序伦.高级商业簿记教科书[M].上海:商务印书馆,1934.

的读者，读者面更广。

一般而言，潘序伦所著同主题图书的两种版本是先有"详本"、后有"简本"，两者编著时间相差不多，而英文版的 College Bookkeeping and Accounting（《英文高级簿记会计》，1934）、Bookkeeping and Accounting（《簿记及会计学》，1925），则是先有简本（"初级"）、后有详本（"高级"），算是特例。

（四）注重实用性，提高授课效果

潘序伦的教科书说理以浅显、周到、明了为主，力求通俗易懂，各章所举的实例也非常多，并经实地试教，注重实务。

第一，积极试用，听取师生意见，注重教授效果。

如《高级商业簿记教科书》（1934）编写过程中，随写随印，作为讲义，由潘序伦所办的立信会计补习夜校（会计实习班）试用，听取授课教师、学生的意见后，根据反馈情况进行修改或部分重写，有时还征询立信会计师事务所其他同仁意见，最终使授课者、受课者双方均感较为满意。

再如《高级会计学》（1934）初稿曾用油印讲义在立信会计补习夜校试教两次，效果较好，师生均认为较为适当，方于 1934 年 9 月由商务印书馆正式出版、发行。潘序伦、顾准合作完成的《中国政府会计制度》（1941）原稿油印本曾由编者在各校试用，结果较为满意，并根据试用情况做了一些修订，方交由立信会计图书用品社发行。

第二，注重练习、训练。

潘序伦认为，会计是一门实用科学，学习者重在练习，应当通过大量的练习增加理解、提高熟练程度，使学生从学校毕业后可以直接胜任实际工作。因此,其编撰的教科书,往往是每章后附有实务操作性非常强的习题,以方便教学活动的开展;并另编有配套的习题答解或习题详解,备供老师改卷参考。有的教科书,如《成本会计》(1934)还附有实习题,并为此实习题另印应用簿册,以供习作时采用。

潘序伦崇尚文字节俭,但他认为习题训练必不可少,并不吝为此增加篇幅。因此,在其编撰的教科书中,关于习题、练习的例外情况极少。《公司会计》(1933)、《审计学》(1936)首次出版时,没有习题部分,其主要理由是避免全书的篇幅进一步加大,但两书分别修订为《股份有限公司会计》(1938)、改编为《审计学教科书》(1936)时,每章之后均附有相当数量的习题,以供学生复习之用。

第三,螺旋上升,注重复习,循序渐进。

潘序伦认为,作为一门新兴学科,会计学的学习不能一蹴而就,必须循序渐进,不断学习、复习、练习,以达到巩固之效。因此,其所编著的教科书,具有如下两个特点。

一是普遍采用"螺旋式"叙述法,即每次叙述都有一部分是已经讲述过的内容的复习,另有一部分则是新内容的加入,进行多次重复讲述、由节而全、由简入繁、由易到难,将抽象的会计原理、原则渗透于会计方法之中,采用循序渐进、逐步深入的方式促进学员的理解和掌握,螺旋式提高学员的能力水平,从而实现熟练掌握,而不致有晦涩难懂的感觉。《高级商业簿记教科书》(1934)、《会计学》(1935)、《基本会计学》(1950)、《通用簿记教程》(1951)等均大量采用这种方法。

二是教材每隔数章即有一章复习内容,其目的在于要求学生反复演习,从而熟练掌握簿记方法。潘序伦在《高级商业簿记教科书》(1934)一书特别强调,"复习为簿记最要之着",无论是教师还是学生,都"万万不可略去"这部分内容①。

第四,提出非常详细、中肯的授课建议。

潘序伦认为,教科书不仅要编制得当、更要使用合理,方能发挥最大作用。因此,他非常重视教科书在教学过程中的使用方法,并经常根据实际教学经验对如何使用教科书提出详细的使用建议,使教师、学生双方均充分了解教科书的使用方法,使内容讲授和学习更具针对性,从而减轻教学双方的负担,提高教学的工作效率和实际效果。具体包括三方面的建议:一是设置详细的教学进度分配表以便于教师安排教学;二是针对不同层次读者(或不同年级学生)编制使用说明;三是关于某教科书与其他教科书之替换、搭配、接续提供使用指导。

潘序伦的授课建议几乎存在于其所编撰的所有教科书中,但他并不唯我独尊,而是积极鼓励教师、学生尝试、创新,这一理念还影响着立信同仁。如,陈福安为潘序伦《股份有限公司会计》(1938)一书习题编写《股份有限公司会计习题详解》,其中附有其于1938年9月24日提出的使用建议:一是提示授课教师不必拘泥于书本,若学生的解答与本书相异,但与会计原理并无不合,或能够言之有理,都应当予以认可;二是对于带有讨论性质的习题,建议授课教师在课堂上安排学生交流不同的解答方法。

四、不断深化对于会计本质及功能的认识

潘序伦对会计学的研究并未止于"术"的层面,即如何记账,而是更进一步研究其"道",即会计的本质与功能,探讨如何使其发展为一门独立的科学。早在20世纪30年代,潘序伦就已着手开展这方面的研究。他

---

① 潘序伦.高级商业簿记教科书[M].上海:商务印书馆,1934.

在《会计学发达史》《中国之会计师职业》等文章中,都明确提出会计要服务于经济、会计师要有独立地位等思想。尤其是在《会计学发达史》一文中,潘序伦开门见山地提出:"会计学,系应实际之需要而逐渐发达,其历史颇为古远。据专门学术之考证,公元前二千六百年之顷,巴比伦人关于商业上之交易,即多记录于金属或瓦片之上。至罗马共和政治时代,不特政府征收租税,有完整之计算组织,即家庭之间,为家长者,且设有账簿以记家计之出入。我国周礼天官亦有岁月考成之说,是皆会计史料之最古者。至十四世纪,意大利自由都市成立,会计学之雏形初具,因社会经济生活之发达而递相演进。产业革命之后,经济现象愈形复杂,会计学遂亦辉煌焕发,蔚为大观。最近世界经济已进入紧张之时期,而会计学亦必有崭新之发展,以担当其对于经济生活特有之任务。"[①] 他认为,会计是随着社会经济的发展而不断进步的,同时又反过来促进生产力的发展。"经济越发展,会计越重要。"潘序伦对于会计发展的认识,是基于历史文献和实践经验作出的符合历史发展规律的科学论断。毫无疑问,现代会计是一种对社会各类经济活动运用科学的原理和方法进行记录、计算、核算、管理的工具。资本主义可以用会计,社会主义当然也可以用会计。

对于会计的性质及功能,潘序伦的认识在不同时期也有所不同,大致经历了"簿记研究论—应用技术论—管理工具论—信息系统论"等阶段,这一变化在前述会计学教科书中均有体现。

(一) 20 世纪二三十年代前期:簿记研究论

潘序伦在《会计学》(上下册,1935 年版)一书中认为,"簿记

---

① 潘序伦.会计学发达史[M].//潘序伦.潘序伦文集.上海:立信会计出版社,2008:10-22.

(bookkeeping)者，用有系统有组织之方法，记载并整理一切交易，使各交易所影响于财产上之增减整化，得以正确明了，因而计算其财产状况与营业成绩之学术也。盖吾处世，所有经济的行为，举凡银钱之出纳，物品之受授，债权债务之消长，损失利益之发生，无不需正确明了之记载，以资整理；此种记载并整理之方法，即谓之簿记。倘使更进而研究记账原理之分析，会计科目之分类，账簿格式之规划，以期记载并整理之结果；使各交易所影响于财产上之增减变化，即营业成绩与财政状态，有最正确最明了最适当之表示者，则为会计（accounting）。故通常言之，簿记为会计之应用，会计为簿记之研究；吾人常称簿记为术（art），会计为学（science）者，即由是耳"①。也就是说，在当时的潘序伦看来，会计与簿记之间的关系类似于理论与实践之间的关系，一体两面，会计与簿记相比，相对抽象一些。

关于会计的功用，潘序伦认为体现在五个方面：

第一，可以帮助信息使用者了解企业的营业状况，作出正确的营业及管理决策。

第二，记录债权债务的收回与偿付情况，作为相关事项的凭据，防止记录重复、遗漏等情形发生。

第三，有助于防止或减少职员舞弊。

第四，帮助投资者（将会计表册）调查企业信用状况。

第五，帮助政府税务部门（将会计表册）核定纳税额。

（二）20 世纪 30 年代后期～40 年代：应用技术论

1938 年，潘序伦将《会计学》（上下册）修订为《会计学》（四册

---

① 潘序伦.会计学(上下册)[M].上海:商务印书馆,1935.

本），内容大大充实，关于会计性质和功能，他也有了新的认识。他在该书指出，"'会计'（accounting）者，用有系统有组织之方法，将各个人或团体一切经济活动之可以货币数额表示者，予以记载及整理，使此等经济活动所影响于财产上之增减变化，得以正确明了，因而计算其财产状况与营业成绩，并将此等财产状况与营业成绩，予以审核观察及应用之技术也"[①]。简单地概括，潘序伦认为，会计是一种应用技术，而会计学是一种实用科学。

关于会计的重要性及功用，潘序伦归纳为以下几个方面：

第一，经营者在向投资者报告营业结果及营业现状时，必须依靠会计表册，而投资者了解企业的营业状况及财产状况，也必须阅读决算表。因此，记录、整理相关交易事项，并编制正确的决算表册，以传达企业的经营信息，这是会计的重要功能之一。

第二，随着企业规模的扩大，严密的会计制度是科学管理方法之一，有利于防止舞弊和信息泄露。

第三，完善的会计记录是政府征税的根据。

第四，随着经济社会的发展，政府会计记录、预算决算之编制与审核日趋重要。会计记录对于监督政府度支及行政效率等方面具有重要作用。而随着社会上的一般公共团体及公益慈善团体机关的增加，其需要公布（披露）相关会计信息，以便取信于公众。

1948年，潘序伦在其《会计学教科书》第三次修订本（其前身为1935年《会计学》（上、下册）之简编本《高级会计学》）中指出："会计者，实为一种应用技术，将企业、个人或团体各种经济行为之可以货币

---

① 潘序伦.会计学(第一册)[M].上海：商务印书馆,1938.

数额表示者,运用科学方法,予以记录及整理,并将记录与整理之结果,予以表示及解释者也。会计学者,则为一种经过长期研究与实际经验中产生之有系统之会计智识,故为实用科学之一种也。"① 由此可见,这十年间,潘序伦对会计功能的认识、看法大体保持不变,仍然维持着"会计是一种应用技术""会计学属于实用科学"等观点。

(三) 20世纪50~80年代:从管理工具论到信息系统论

1949年中华人民共和国成立后,鉴于会计学基本理论的逐渐改进,会计记录汇总分析报告等方法也随着理论上的变化发展成实务上的变化。潘序伦在《基本会计学》(1950)一书中,对会计性质作出了新的定义,他认为"会计是管制一桩事业活动的工具"②。该书是潘序伦在与国内的会计学者和富有经验的会计教师讨论的基础上完成的,因此可以判断,潘序伦提出的"会计工具论"观点在当时得到了较为普遍的认可。

1983年,为了适应我国改革开放的需要,参照1950年版《基本会计学》体例,潘序伦、王澹如重编《基本会计学》。书中指出,从广义来说,会计是一种旨在传达一个企业的重大财务和其他经济信息,以便其使用者据以作出明智的判断和决策的"经济信息系统",即"经济信息专门化";作为一种系统的会计——一种经济信息系统,会计是指一个企业的经济数据转化为有助于制订该企业的财务决策所需要的经济信息的一种科学。它通过一定的程序和方法,将企业的大量经济数据转化为有用的经济信息——会计信息,以供管理当局作为制订决策的依据。会计,在现代资本

---

① 潘序伦.会计学教科书[M].上海:立信会计图书用品社,1948.
② 潘序伦,王澹如.基本会计学[M].上海:立信会计图书用品社,1950.

主义国家中,已经成为企业经营上的一种日渐重要的管理工具①。

随着新技术革命的到来和现代化建设形势的发展,潘序伦将会计置于企业决策和信息系统这些更为深广的背景之中,强调"在企业的管理当局制订决策所须借助的信息系统中,'会计'占有极其重要的地位"②。同时,对于"信息论""决策技术"等新兴学科如何应用于会计这一领域,潘序伦进行了有益的尝试,其会计工具论的学术思想也得到了深化。

第二节 潘序伦对中国会计制度建设的贡献

理论成果只有深入实践活动方能发挥作用,只有建立相应的制度才能规范化、长久化,直至变成行动自觉。因此,潘序伦对会计制度的建设非常重视,他为政府建立会计制度建议献策、尝试建立中国政府会计制度、组织编撰各专业会计制度,还积极翻译国外会计准则为国内同行参考。

一、研究总结中国政府会计制度

潘序伦关于中国政府会计制度的研究成果主要体现在潘序伦、顾准合作完成的《中国政府会计制度》一书,该书出版于1941年2月,1944年进行了修订。

该书对政府财务及近代政府财务制度、政府会计的意义和范围、我国的政府会计沿革等进行了论述。当时一般观点认为,"政府会计"与营利

---

① 潘序伦,王澹如.基本会计学[M].北京:知识出版社,1983.
② 潘序伦,王澹如.基本会计学——西方会计[M].上海:立信会计图书用品社,1989.

事业会计并无不同，潘序伦对此看法并不认同，他将铁道会计、矿局会计、工厂会计、银行会计等专业会计与政府会计相区隔，并将这一观点集中体现在《中国政府会计制度》一书中。

潘序伦创立的立信会计图书用品社还于1943年编辑出版发行《政府会计审计法规》《政府会计制度一致规定》，潘序伦亲任发行人。这两本图书收录了政府会计审计法规及制度文件，与《中国政府会计制度》可看作是当时政府会计审计法规及制度理论与实务之姊妹作品。《中国政府会计制度》修订本还收入了前一版本未及收录的"修正战时国家总预算编审办法""战时营业预算编审办法""战时营业决算编审办法及县市预算编审办法"等最新会计审计法规及制度，以方便读者参阅，实际上起到了政府会计法律法规汇编的作用，为当时中国政府会计制度的推广做出了贡献。

二、组织编辑各业会计制度

潘序伦有感于我国商科学校各业会计制度课程所用的教材都自英美国家引进而来，其所述内容均以各国情形为依据，与我国实际并不相符，适用性较差。因此，他于1933年以《立信会计季刊》杂志名义约请专家编写各业会计制度，为工商业采用新式会计制度创造条件，所得两批稿件分别编为《各业会计制度》第一集、第二集。

其中，第一集为商业会计制度，内容包括行业会计、国外汇兑会计、农业仓库会计、证券经纪商会计、进出口业会计、火险业会计、旅馆业会计、电影院会计、私立中学会计；第二集为成本会计制度，潘序伦将其有关立信会计学校经营经验的演讲稿以"学校成本会计"为题收入其中，其余篇目包括卷烟厂成本会计、橡胶厂成本会计、出版业会计、电厂会计、煤矿业会计、纱厂成本会计、纺织厂成本会计、牛奶业会计、火柴梗枝厂成本会计。

潘序伦要求各行业会计制度的内容既切实用、又合理论，因此写作难度较大。这些会计制度由各行业富有会计工作实践经验者编撰，以各行业实行的制度为蓝本，结合学理和撰写人的个人体会而拟订，因此具有很强的实用性、可操作性，受到广大读者的欢迎。

1942—1943 年，时任立信会计专科学校校长的李鸿寿在教授"会计制度"课程时，组织学生到各工商企业参观访问，分组设计某行业的会计制度，经他本人审阅修改，选取具有实用性的 8 篇归成一辑《专业会计制度》，包括缫丝厂会计制度、植物油厂成本会计制度、造纸业会计制度、公共汽车公司会计制度、日报业会计制度、医院会计制度、图书馆会计制度、话剧团会计制度。1950 年再版时《专业会计制度》作为"立信会计丛书"之一种，更名为《各业会计制度》第三集，与潘序伦编辑的《各业会计制度》第一集、第二集相衔接。

潘序伦认为，这些会计制度不仅可为各大学商科教学所用，对于相关行业的会计员、会计师理解会计学原理及实施情形，也具有参考价值。

上述各业会计制度并非政府相关部门颁布，并不具有法律上的强制性，但在客观上促进了同一行业间会计核算和成本计算的规范化。

三、翻译引进国外会计准则

如同积极引进外国先进会计教材一样，对于国外会计制度，潘序伦同样予以非常重视，先后翻译出版《公司会计准则绪论》《会计师查核决算表之原则与程序》等，以供国内参考使用。

《公司会计准则绪论》原名 *An Introduction to Corporate Accounting Standards*，由美国著名会计学家佩顿（Paton，原译裴登）和利特尔顿

(Littleton，原译立脱儿登）编纂，美国会计学会（American Accounting Association，AAA）于 1940 年在芝加哥出版该原著。Howard C. Greer 在该书序言中指出，"本书首从几条基本观念开始讨论，继对整个会计问题之本体，作明白详尽之论述，使读者对于全部准则之目标，及所达成此项目标之方法，有彻底之了解"①。该书首次用"准则"（standards）代替"原则"（principles）一词，全面介绍公司会计工作的准则、概念、成本、收入、收益、盈余等。简而言之，该书的写作出发点是为会计原理建一基础框架。潘序伦较早认识到其重要价值，于 1949 年将其翻译为中文，立信会计图书用品社以《公司会计准则绪论》（又名《会计学精义》）之名出版该译作。该书在推动会计准则研究方面功不可没，对我国会计学术的发展产生了较为广泛的影响。

20 世纪 40 年代末，潘序伦等人有感于西方各国会计理论及实务发展较快，"新著迭出，迥异曩时"，因此大力号召"我国学者允宜急起直追，予以研究，以资攻错"②，其本人也付诸实际行动，于 1949 年翻译出版《会计师查核决算表之原则与程序》作为响应。

《会计师查核决算表之原则与程序》原名 Examination of Financial Statement by Public Accountants，由美国会计师公会（American Institute of Accountants，AIA）编辑。潘序伦根据该书 1936 年原本及历次修正的查账标准进行翻译，述而不评。潘序伦在该书"译者引言"提出，"一切会计审计制度之建立，亦无不以保障业主私利为基础。现在时代变更，吾人

---

① Paton, Littleton. 公司会计准则绪论[M]. 潘序伦, 译. 上海: 立信会计图书用品社, 1949.

② 美国会计师公会. 会计师查核决算表之原则与程序[M]. 潘序伦, 译. 上海: 立信会计图书用品社, 1949.

对于私营企业之观念亦随之而变；前视私营企业纯为私人获利之工具，现则应视之为整个经济社会全体人民之一份子然……其对于社会大众之公的职能，亟应增加其重要性"①。潘序伦认为，鉴于私营企业具有服务社会大众的职能，其会计审计制度也应有公共责任，而"超然独立"的会计师查账制度是现代发展新经济政策所不可或缺的部分。正因为如此，推进会计师查账制度的发展显得尤为重要，潘序伦希望通过该书的引进为我国会计师查账制度的改进提供参考，事实上该书确实发挥了非常积极的作用。

四、参与会计相关法律法规研究

社会经济的发展离不开法律法规的规范和引导。在近现代信息传播方式有限的条件下，尤其是受战争等因素的影响，出版商业和会计等领域的法规对于完善法规制度建设、推动社会进步具有积极意义。因此，潘序伦非常重视会计法制建设，以各种方式参与相关工作。

潘序伦积极开展会计法律法规研究，为相关法律制度的建立或修订建言献策。如，在《立信月报》1936年第4期刊发的《潘序伦李文杰等呈请修改破产法》一文中，潘序伦等根据从业经验，认为当时的破产法有诸多待完善的地方，如由于破产法内未设置简易破产程序，对于破产事件采取"一刀切"的方式，浪费了大量人力、物力和财力。因此，潘序伦建议修改破产法，创行小破产制度，以避免资源浪费。

同时，潘序伦非常支持立信同仁参与相关工作，在他主办的刊物上刊发了不少对于当时许多重要法规制度的修订建议，推动了我国商业和会计

---

① 美国会计师公会.会计师查核决算表之原则与程序[M].潘序伦,译.上海：立信会计图书用品社,1949.

法规制度的进步，这些建议为研究近现代商业和会计等领域的法规制度提供了重要资料和线索。如，《立信会计月报》1942年第5期刊登了立信会计师事务所重要成员顾询的《〈非常时期工商业提存特别准备办法〉之商榷》和王逢辛的《如何建立新式会计制度》。

此外，潘序伦及其同仁还就会计学名词、经济学名词等向相关部门提出非常翔实、具有可行性的建议。

关于会计法律法规的制订，潘序伦认为，我国法规与制度建设既要借鉴国外先进的法规制度，又要考虑我国国情，同时还要充分吸纳社会各界的观点和意见。这种"洋为中用""问计于民"的观点已经成为我国制定法律法规时的常规做法。

潘序伦及立信同仁在中国近现代会计制度建立方面投入了大量的精力，为相关工作的开展发挥了积极推动作用。

第三节　潘序伦对会计实践工作的主要贡献

一、创办立信会计师事务所，推动会计审计实务发展

1924年，潘序伦学成回国之时，正值近代中国民族工商企业发展的黄金时代。为帮助民族工商企业的发展，将科学的簿记方法推广到实务中，潘序伦取《论语》中"民无信不立"之意，以建立信用、争取他人信任为第一主旨，于1927年设立潘序伦会计师事务所（后改称立信会计师事务所），从事会计鉴证业务。

会计实务是"三位一体"立信会计事业中最早出现的一环。立信会计

师事务所可以为（立信各类）学校提供师资，提供学生实习和毕业生就业机会，事务所同仁编辑教材，事务所收入补助部分办校经费，其所用账簿采购随着业务量的增长为立信出版事业（立信会计图书用品社）增加业务，这都是其他事务所无法具备的优势。

立信会计师事务所的业务对象主要是新兴的民族工商业和中外合办企业，根据当时业务需要，其下分设有稽核、文书、法律、信托、外商、学校、编辑、总务等科。为适应业务发展的需要，立信会计师事务所还在一些重要城市设立分所，比如重庆分所、桂林分所、南京分所、广州分所。

潘序伦在立信会计实务工作中，一贯倡导"诚信"理念，秉承"独立、公正、客观"的原则。从1927年开办到1956年停办近三十年中，立信会计师事务所始终以信为本，业务遍及全国，数以千计的企业、机关、团体委托其办理注册登记、查账证明、清算破产等案件，累计上万件。在民国"四大"会计师事务所[①]中，立信会计师事务所委托户最多、业务最广、影响最大，对当时民族企业和民族经济的发展起到了重要作用。

立信会计师事务所于1986年复办后，业务发展迅速，目前在业务规模、执业质量和社会形象方面都取得了国内领先的地位，在全国会计师事务所签发国内上市公司审计报告数量排行榜上一直保持第一，成为本土最具核心竞争优势的专业服务机构。同时，该事务所跨境业务的经验与优势也正在形成、发展、巩固之中，专业服务与国际接轨，并扎实培养出了一批国际化人才。

---

① 即1918年谢霖创立的正则会计师事务所（中国第一家会计师事务所，1930年移设总所于上海）、1921年徐永祚创办的徐永祚会计师事务所（上海第一家中国人办的会计师事务所，抗战时期改称正明会计师事务所）、1927年潘序伦创办的立信会计师事务所、1936年奚玉书改组成立的公信会计师事务所。

二、毕生致力会计人才培养，桃李遍天下

潘序伦对会计人才的培养源于"实业救国"思想，他创办立信会计学校，培养了数以万计适应时代发展的会计人才，桃李满天下，为中国职业教育谱写了光辉的篇章，其教育理念、办学经验在当下也具有借鉴意义。

（一）倡导诚信精神，重视职业道德教育

"立信"是潘序伦教育思想的内核，贯穿于整个办学实践。潘序伦取孔子《论语》中"民无信不立"之意，为学校命名"立信"，以"信以立志，信以守身，信以处事，信以待人，毋忘'立信'，当必有成"作为立信会计学校的校训。潘序伦深深懂得建立信用对事业的长远影响，不遗余力地弘扬"立信"精神，要求学生讲求诚信。为帮助众多青年上学和社会失业人员谋求职业，立信会计学校从创建初期就根据社会需要和自身办学条件，重视职业教育和职业道德，"信""实"相连，以求实为信用的基础，以信用作为求实的保证，并始终将潘序伦"公""信""廉""密""勤""敏"的会计师职业素养要求贯穿于教学实践。

（二）重视全面发展，注重理论与实践紧密结合

潘序伦创办学校的出发点是普及新式会计方法、培养会计人才，以适应社会要求，在教学中根据学员类型采取多样化的授课方式，做到因材施教。立信实行学以致用的教育原则，教材自编自用，分初、中、高三级进行编写，附有习题和思考题，可供大学及中专教学之用，所编教材需经过两三个学期的试讲，不断补充修订。除了教材切合学生实际，学校还注重配备一支理论结合实际的师资队伍。大部分教师来自事务所的会计师和历届优秀毕业生，不仅授课认真，还重视学生练习和实习，以加强学生的动

手能力。同时，学校为教师配备助教，实行助教改卷制度，进一步提高教学质量。

学校注重提高学生综合能力，崇尚德、智、体、美全面发展的教育方针，注重培养综合性人才。学校经常举办各种竞赛，重视语文、数学等基础学科，培养学生表达能力，要求学生坚持身体锻炼，强健体魄。

（三）坚持学以致用，人才培养紧跟社会需要

潘序伦将社会需要作为自己办学的出发点，提出了一整套办学新思路。在办学层次和规格上，潘序伦提出"社会需要什么样会计人才，我们就培养什么样会计人才"。在办学地域上，潘序伦注重地区的广泛性，根据各地需要设立立信高级会计职业学校和补习分校，对在全国范围内推广新式会计、发展我国会计事业起到较大作用。在教育内容上，潘序伦提出"社会需要什么内容，立信就教什么内容"，根据社会需要，立信自编教材，结合实际情况设置课程，以培养全面适应社会发展需要的会计人才。

（四）加强职业指导，为学生走向社会打下良好基础

学校在课程设置上，适应时代潮流需要，除一般簿记项目外，增设审计学、英文簿记、会计学、学校会计等课程，任学生选修。当所得税施行时，学校开设所得税科，直接服务社会。学校重视学生职业指导工作。潘序伦利用自己广泛的社会联系和影响，除对德才兼备的学员大力推荐外，还尽力给会计人员寻找出路。比如举办会计就业训练班，培养学生基本技能，为学生就业积累资本，同时，潘序伦在学校内设立职业介绍部，负责学生就业问题。1940年，潘序伦创设立信会计职业咨询所，根据当时会计人员所任职务、所处地位，分别说明不同情况所应具备的品德、业务能力、管理能力、学识经验等不同要求，将职业指导运用于会计教育上，取

得了良好效果。

（五）关注人才培养成本，着眼事业长远发展

潘序伦明确提出学校成本会计，即以最少的投入获得最大的产出，逐步建立起以校养校的良性循环机制。潘序伦追求办学效益，将会计师事务所、会计学校、会计图书用品社紧密结合，围绕教学这一中心，互相促进，协同办学。事务所为学校提供师资，并可作为学生实务训练的重要基地；图书用品社为学校提供教材、补助办学经费；学校培养出来的人才，又可以协助事务所和图书用品社发展业务，形成了颇具特色的"三位一体"会计教育事业，助力立信会计事业长足发展。

潘序伦曾就学校成本会计问题发表演讲，演讲稿经整理以《学校成本会计》为题在《立信会计季刊》发表，后被收入《各业会计制度》第二集。这一来源于实践经验总结的著作对成本会计研究人员、教育主管部门、学校管理人员均具有非常重要的借鉴意义。

1980 年 12 月，潘序伦在上海《文汇报》发表《应开展"人才会计"的研究》，指出国家培养人才也要计算成本，提高经济效益；1981 年 4 月，潘序伦在《光明日报》发表《培养人才，也要计成本》。这一理念在当时非常先进，引起了社会和教育界的重视。教育部召开会议展开专题讨论，部分院校进行教育制度改革试点。

潘序伦毕生从事的会计人才培养工作，经历了不断探索改革和发展的艰辛历程。立信会计教育事业与市场经济接轨，依靠各方力量办学，不仅适应了社会需要，服务了社会经济，更突出强调了会计教育要始终与时俱进。立信会计人才培养实践促进了近代我国会计教育事业的发展，同时扩大了会计师职业群体，有利于我国近代会计师职业的进步，为中国会计事业发展作出了不可磨灭的贡献。

三、倡导规范会计职业道德精神，继承发扬会计道德思想

潘序伦长期从事会计教育事业，对人才培养及会计职业发展非常重视，多次发表相关论文，阐发会计职业道德思想，希望会计从业人员培养诚信品格，恪守会计职业道德，坚守质量和信誉两条生命线。

其中，早期论文有《中国会计师职业》（1933）、《告立信会计补习学校全体同学书》（1937）、《敬告国内有志于会计职业之青年》（1940）、《为"自习会计"敬告职业界失学青年》（1940）、《我国会计学术与会计职业之回顾与前瞻》（1940）等。

潘序伦毕生都在关注会计职业道德问题，其会计职业道德思想分为"信""实"两个方面。其中，"信"贯穿着儒家道德思想，"实"则渗透着现代会计道德思想，"信""实"相连，以求实为信用的基础，以信用为求实的保证，并将两者贯穿于会计业务中。

会计师事务所工作中，潘序伦亲自过问各个查账案件，并经常到被查单位同查账人员一起进行实际审计工作。他规定：每一个查账案件，事先都要规定工作天数，分清责任，安排审计进程和确定审计重点，写好查账日记（底稿），存入查账档案。对重点审计案件工作，不讲时间，日夜奋战。1937年，抗日战争全面爆发，当时中国银行总行迁往中国香港，由潘序伦承担中国银行准备基金的检查，他在核查中发现金银准备不足，不符合规定，于是拒绝出具证明。该银行以"破坏抗战"之罪相压，潘序伦不为所动，仍坚决拒绝。

潘序伦认为，从事会计师业务，还需要处理好内外、上下、左右、前后、新旧之间的关系，更好地配合会计师同业、律师、建筑师、工程师及

经济界人士，才能借助外力，更好地开展业务。潘序伦深谙此道，积极参加"联青社"、"扶轮社"、中国经济学社、银行俱乐部、星期五聚餐会等团体，与中外工商界人士取得联系。他还鼓励职员参加上海市商会及各同业公会、公共租界纳税华人会等团体的活动，通过广泛交游来发展业务。

立信会计师事务所倡导的诚信、求实、办事灵活等会计职业道德与思想加强了会计师的自律，提高了会计师的竞争力，进而推动业务的扩展，对整个群体有积极的规范和示范作用。

20世纪80年代，复出的潘序伦不顾年迈之躯，致力于恢复立信办学大计，同时也就会计人员的职业道德建设问题，发表了《谈谈会计人员的职业道德》《紧跟形势要求　提高财会人员素质》（潘序伦、丁苏民）、《新技术革命向会计界提出的问题》等论文，向会计界提出了殷切希望。

现代经济的发展日新月异，潘序伦倡导的会计职业道德思想又被赋予了更新颖和深刻的含义，其理论体系也不断得到拓展和丰富。在信用经济和信息社会化的时代中，立信人将永远恪守职业道德，勤勉尽责，坚持执业质量，保护公众利益，承担社会责任，为国内外委托人提供高品质、高附加值的专业服务。

第四节　潘序伦对会计文化传播的贡献

一、积极组织编辑出版会计图书

潘序伦是我国会计事业的先锋探索者，在引进西方会计学术思想和传播会计专业知识过程中具有不可替代的重要地位，立信的编辑出版业务是潘序伦创办的"三位一体"事业之其中一"位",立信会计书刊是中国优秀会计历史文化的重要组成部分。据《编辑立信会计丛书之经过与现状》一文记载,截至 1934 年,"立信会计丛书"已出版 12 种,正在印刷及编辑中的图书有 10 余种,列入出版计划的图书有 17 种。1941 年,为缓解我国尤其是大后方会计图书短缺的状况,潘序伦与同仁商定出版 7 种会计教科书,包括《商业簿记》《会计学》《初级会计学》《成本会计》《银行会计》《政府会计》及《审计学》。

另据《立信会计图书用品社简史》一文记载,一方面,大后方会计书籍缺乏,制约了会计学术发展和会计人才培养;另一方面,受后方物质匮乏影响,商务印书馆难以兼顾会计图书出版。鉴于此,1941 年 6 月,潘序伦与生活书店合资创办立信会计图书用品社①,并自任社长。同年,潘序伦向商务印书馆增租"立信会计丛书"纸型,并在桂林设立分社以及诸多经销处。至 1943 年春,立信会计图书用品社自设印刷工厂,并收回了之前由商务印书馆发行的"立信会计丛书"40 余种图书的版权。1943—1944 年,立信会计图书用品社陆续出版学术专著 20 余种,其中"立信会计丛书"新增 5 种。1944 年,"日寇遽陷湘桂",桂林分社"全部遭毁,损失至重"。受此影响,立信会计图书用品社在我国西南地区的业务几乎全部陷于停顿。1945 年 8 月,抗日战争胜利,立信会计图书用品社将总公司迁至上海。

由于距今年代较远,1941 年以前"立信会计丛书"由商务印书馆出版,因此,相关数据和史料难以准确统计。仅从单本教材来看,自 1930

---

① 据重庆市新闻出版局编纂的《重庆市志·出版志(1840—1987)》记载,立信会计图书用品社是中国共产党领导、支持和开办的出版机构之一。

年8月出版至1934年10月,《高级商业簿记教科书》先后再版、重印5次,销量达3万余册。受当时经济发展水平和文化教育水平影响,图书销量一般都不太高,而《高级商业簿记教科书》年均销售近万册,足见其市场认可度。据统计,1941年6月至1945年8月,立信会计图书用品社先后供销内地簿记会计书本30余万册,会计账簿表单25万余本。

潘序伦在回忆录中说过:"如果说我对我国会计学术有所贡献的话,当以编辑出版'立信会计丛书'为最。"潘序伦对于"立信会计丛书"的编写工作,提出了四项编辑原则:"一是材料必须切实,二是说理不厌详明,三是编制注重合理,四是文笔力求畅达"。据不完全统计,"立信会计丛书"中由潘序伦撰写、翻译和编写的约有40种,其余的则由其他知名学者撰写。著名会计学家杨纪琬曾称"立信会计丛书"是我国自己编写的第一套比较系统、完整,水平也较高的会计著作,在全国各地也都流传很广,在发展中国的会计学理论、推动会计工作、培养会计人才等方面,起了很好的作用。

二、主持、支持编辑出版会计学术刊物

潘序伦与学术期刊编辑工作结缘始于上海商科大学1924年9月创办的《商业杂志》,潘序伦担任商业杂志委员会主任兼编辑主任。以此为发端,此后数十年间,潘序伦在会计期刊编辑方面投入了大量的精力,面对种种不利局面,创办或支持立信同仁创办会计专业期刊,并亲自撰写稿件,为推动中国会计事业发展、传播会计学术研究成果作出了卓越贡献。

潘序伦亲自创办的刊物有《立信会计季刊》(上海,1933)、《立信月报》(上海,1936;1947年更名为《立信月刊》)、《立信会计月报》(重庆,1941)等,这些刊物大多经历过多次停刊、复刊,潘序伦为其创办、

复刊及运行倾注了大量精力，撰写序言、发刊词（或复刊词），并数次亲任编辑主任，负责编辑、发行工作，经常为之撰写会计专业论文。

潘序伦一直坚持"灌输会计学术，改良国内会计"的办刊宗旨，因此，这些刊物专业性较强，内容丰富、精深，经常发表交流会计经验，改进会计人员技能方面的文章，同时关注会计工作的实际问题，又及时翻译国外会计新文献、介绍国外会计发展情况、国内行业会计制度和政府财会法令规章，颇受读者欢迎。

潘序伦的刊物常以专题形式组稿，出版"专号"，如《立信月报》1937年第7期"所得税专号"、第9期"遗产税专号"，1940年第3卷第1期"工商业决算问题专号"、第2期"工商业增资问题专号"、第3期"过分利得税专号"、第4期"房地产租赁问题专号"，都是就某一会计专业问题进行集中、深入讨论。

这些刊物在推广西方复式簿记、统一会计名词、传播会计理论、指导会计实务等方面发挥了重要作用，在中国会计学术史上具有非常重要意义。例如，前叙中西簿记论战中，作为潘序伦等"改革派"的主要阵地，《立信会计季刊》刊发的一系列重要文章，在业内产生了较大影响。《会计名辞汇译》则是先在《立信会计季刊》连载。

潘序伦还利用相关杂志宣传、推广本人及"立信会计丛书"教材，其中，一种方式是刊登图书出版、发行信息，以利图书推广、售卖；一种方式是刊发图书序言，以直接介绍图书内容，如1934年在《立信会计季刊》以《潘著会计学序》介绍潘序伦《会计学》（1934），1937年在立信会计学会《会计学报》刊发《所得税原理及实务序》介绍《所得税原理及实务》，从而大大增加读者的知晓度，调动起读者的阅读兴趣。

潘序伦非常支持立信同仁、会计界同行创办刊物。如为立信会计学校同学会《会计季刊》（1931）、立信会计学会《会计学报》（1936年）创刊号题写刊名以示支持；为东南大学上海商科会计学会《会计学杂志》（1926）、暨南大学商科经济研究会《经济汇报》（1926）、暨南大学商学院《会计学报》（1928）、立信会计学会《会计学报》（1936）撰写序言或发刊词，鼓励学生进行学术研究；向中国会计学社提议，由该学会编辑《会计季刊》（1935）；为《立信会计专科学校卅年级级刊》（1940）作序，予以肯定，并希望未来在各级同学级刊基础上，集合编印校刊；担任复刊后的立信会计专科补习学校《立信校刊》（1947）；等等。

上海市会计学会1979年创办《会计通讯》时，已届耄耋之年的潘序伦欣然担任顾问。

1984年，立信会计编译所采取"以书代刊"形式，编辑出版《立信会计选辑》，介绍会计理论的研究和实践经验，宣传有关财会方面的规章制度。潘序伦亲任编委会主任，并提供稿件多篇。

潘序伦创办或支持的这些刊物，是研究"三位一体"立信会计事业历史的宝贵资料，对于中国近代会计学的学科史研究具有非常重要的史料参考价值，其办刊经验也值得今人参考、借鉴。

三、发表演讲、撰写论文，及时传播会计研究最新成果

除了编辑教材、学术刊物，潘序伦还以发表演讲、撰写论文、向政府部门陈情等方式向社会大众介绍会计知识和会计从业经验、传播现代会计思想，就会计学理论研究与应用实践领域的相关问题表达自己的所思所想和研究成果。

潘序伦的演讲通俗易懂，往往聚焦社会热点，具有较强的感染力，直接面对听众，效果明显；演讲稿经期刊发表后，传播范围迅速扩大，进一

步增加了传播力、影响力。其中，较为著名的演讲有：在上海商学院（1933）和复旦大学商学院会计系（1934）就会计名词问题发表的演讲，分别以《会计名词之商榷》《会计名词之研究》为题刊发；在浙江教育厅附属机关会计人员讲习所（1934）介绍其经营立信会计专科学校的经验，根据施仁夫的笔记，演讲稿以《学校成本会计述要》之名发表于《立信会计季刊》，后以《学校成本会计》为题收入潘序伦本人编辑的《各业会计制度》第二集；在上海市商会所得税问题研讨会（1937）①就所得税问题的发言，根据李文杰记录，以《上海市商会所得税问题研究会议决案之总检讨》为题发表；在四川省立重庆商学院的演讲"我国的新兴会计职业"（1940）、在立信会计专科学校的演讲，也均根据笔记在期刊发表。

潘序伦的期刊论文，主要涉及具体会计问题、会计学的教学与发展研究、会计人才培养、会计职业教育等领域，大多发表于 20 世纪 30 年代、40 年代。其中，有些论文来自演讲内容的整理，如前述《学校成本会计述要》；也有的论文经过补充、修订后以图书形式再次出版，如前述之《会计名辞汇译》首次刊发于《立信会计季刊》，丁佶之《会计名辞汇译》补译及复旦大学会计名辞研究会等的商榷意见也在该刊登载，其后才正式汇集以图书形式出版。

潘序伦注重会计相关法律法规的研究，不仅体现在其所编著教科书之改订的原因之一就是因应国民政府相关法令的变更，还体现在其多次参与相关法规、规范的制订及宣介工作，并为此多次撰写论文、提交建议。如

---

① 1937 年 1 月 25 日，上海市商会所得税问题研究会召开专门会议讨论税法，邀请立信会计师事务所潘序伦、李文杰会计师前往演讲，解释所得税法及其计算细节。所到者有商会主事及各同业公会代表近两百人，会议就所得税法则及其会计问题形成议案四十余件，由上海商会采择上呈。

就相关领域法律问题探讨的《我国公司会计中几项法律问题》（1935）、《我国合伙会计中几项法律问题》（1935），对所得税相关问题提出意见及建议的《对于我国新颁布所得税法规之意见》（1936）、《致财政部所得税事务处函》两封①（1937），关于会计名词问题的《国立编译馆拟定经济学名词初审本中与会计有关各名词之讨论》（1939）、《国立编译馆"会计学名词"之商榷》（1941）等。潘序伦的这些意见，对于工商界加强对相关法令的理解及认识有一定的引导作用，也对国民政府修法起到督促作用。

四、不断总结从业经验，启迪业内后人

潘序伦重视会计执业、办学历史的总结与记录，多次撰文回顾总结立信事业发展历程及本人会计生涯，这些文献是研究立信会计事业及中国近代会计发展历史的重要资料。早期比较重要的有《从商业职业补习教育说到本校》（1931年10月）、《立信会计师事务所概况》（1932年7月）、《本所②十周年纪略及贺词》（1937年1月）、《本所附设会计补习学校创办日校缘起》（潘序伦、李鸿寿、甘允寿）、《本所创办立信会计专科学校缘起》（1937年1月）等。

20世纪80年代，潘序伦还发表了数篇有关立信会计事业的文章，如《立信会计学校的创办和发展》（1980年4月）、《立信会计在天津》（1982年10月）、《立信会计在重庆》（1984年8月）等，为了解、研究立信历史

---

① 即潘序伦等联名的《致财政部所得税事务处函（一）——陈述对于第一类营利事业所得税征收须知草案应行改正各意见》《致财政部所得税事务处函（二）——对于征收须知草案应行补充改正各点》。

② 本节之"本所"均指立信会计师事务所，"本校"指不同阶段的立信会计学校。

提供了可靠的资料。

关于潘序伦的人生历程，其本人曾于1935年7月在《立信会计季刊》发表《求学经过之自述》。半个世纪之后，潘序伦于1983年在《青年一代》《人物杂志》发表《一个会计学家的自述》，1984年在《财务与会计》杂志分11期连载《潘序伦回忆录》（后由中国财政经济出版社于1986年结集出版），通过这些文章，我们可以全面了解潘序伦早年求学及后来创办、发展"三位一体"立信会计事业的历程，也为后人留下了宝贵的学习经验。

（李湖生　彭秋龙　张　璐　汪玉玲　郑鑫尧）